收藏投资学

马 健 著

中国社会科学出版社

图书在版编目（CIP）数据

收藏投资学/马健著．—北京：中国社会科学出版社，2007.4
ISBN 978 - 7 - 5004 - 6122 - 7

Ⅰ. 收... Ⅱ. 马... Ⅲ. 收藏—私人投资 Ⅳ. G894
F830. 59

中国版本图书馆 CIP 数据核字（2007）第 040776 号

策划编辑 卢小生（E - mail：georgelu@ vip. sina. com）
责任编辑 卢小生
责任校对 陶 璇
技术编辑 李 建
封面设计 福瑞来书装

出版发行 中国社会科学出版社
社 址 北京鼓楼西大街甲 158 号 邮 编 100720
电 话 010 - 84029450（邮购）
网 址 http：//www. csspw. cn
经 销 新华书店
印 刷 京南印刷厂 装 订 桃园装订厂
版 次 2007 年 4 月第 1 版 印 次 2007 年 4 月第 1 次印刷
开 本 787 ×960 毫米 1/16 插 页 2
印 张 15.5 印 数 1 - 5000 册
字 数 286 千字
定 价 26.00 元

谨以此书献给我的父母——

马国栋先生和杨亚萍女士

感谢他们多年来对我的尊重、理解、宽容和关爱！

序言：收藏者的贪婪与投资者的慷慨

马　浩[*]

　　人之激情，或曰多余的能量，至少可以由三种途径来宣泄和消耗：创新、破坏和收藏。对现实社会不满，则可能会诉诸某种破坏性行动，来销毁和根除现存的那些令人不满的东西，从而寻求某种解脱。如果这种破坏是纯粹报复性的，它很可能是只专注于破坏而没有任何创造性或创新意图。创新，其实也是一种破坏，一种"创造性的破坏"（熊彼特语），打破现有的常规和均衡状态，创造新的事物和境界，从而抵消对现实的某种不满。所以，无论创新还是破坏，其结果都是对现有事物的某种否定、改变，或打击。而收藏则是千方百计地要留住现有事物，争取把现在带进未来，将历史展现于现在。从这个意义上讲，收藏就是拒绝遗忘，就是反对破坏。因此，收藏有益于文化的基因传承，收藏记载着社会的变迁动态。大而言之，这种人类生活中的固恒性行为（收藏）与人类的演化性行为（破坏与创新）共同构成了人类社会发展的双因子模式。

　　然而，实事求是地说，收藏者的本意也许根本就不是为了某种物件的后世流传，正像大多数人拼命挣钱并不是为了富裕以后去当慈善家从而显得乐善好施一样。说白了，收藏者的直接动机很可能就是贪婪。贪婪，也就是人们对某些事物所表现出的某种特有的、不可抑制的好感，持久而又痴迷。收藏，正是对某种贪婪的不断满足，对某种激情的大肆挥霍，或者说对一个人多余能量的倾情释放。按照制度学派的开山鼻祖凡勃伦的说法，收藏，应该是有闲阶级的专有活动。激情、兴趣，以及闲工夫除外，如果没有闲钱，是不可能在收藏上有所建树的。收藏是一种奢侈的游戏，一种费工夫的爱好，一种独特的生活方式。囊中羞涩者忙于破坏抑或创新，往往无暇或无意于收藏。而事收藏之主力军则大概应该是那些在钱场上稍有斩获并兼有闲暇与意趣者。

无论如何，谈收藏就离不开"钱"字。收藏是往外砸钱的买卖。然而，很多收藏品，如绘画等艺术品，会随着时间的流逝而逐渐升值，甚至由于某些原因导致其价格陡然蹿升。如此，虽然是砸钱的买卖，其结果很可能是一笔回报巨大的投资。于是，有人开始鼓吹"收藏投资学"，要把收藏的投资功能当做一门学问来探究。马健先生撰写的《收藏投资学》便是这样一种尝试。作者在书中集中展示了对收藏活动的深入了解，并从经济学、社会学、心理学等多种视角对有关收藏的方方面面进行了全面的审视和详尽的剖析。概念清晰，举证得体；文笔流畅，夹叙夹议。案例资料翔实，故事精彩多趣；严肃而不呆板，精道亦显大气。作者扎实的学术功底，对相关文献的搜寻和把握，以及严谨的写作规范，着实令人赞赏不已。

如果被当做收藏活动分析与探幽来读的话，马健先生的这本书应该至少不会让读者失望。然而，如果以"收藏投资学"作为标准尺码的话，该书的使命定位及实际贡献尚需斟酌与商榷。

如果我们硬要把收藏看做是投资，恐怕多半是误解了收藏者的初衷。对于那些"铁杆儿"收藏家而言，谈投资（企图盈利）甚至可能是一种冒犯和羞辱。一般来说，收藏家之收藏在收藏家本人这一代变现并被享用的机会和案例可谓少之又少。否则，收藏就不再是收藏了，而是变成了对收藏品的投机，是"炒作"而不是"投资"。然而，收藏家的收藏，对其后代或者接受其捐赠的机构来说，确实是货真价实的投资，长期回报通常很高，而这些回报并没有被收藏家本人享用。因此，把收藏家比喻为投资者，实在是把他们打扮得过于慷慨大方，所谓前人辛勤栽树，只为后人乘凉。虽然收藏家的实际行动通常证明他们的收藏最终都变成了后人和别人所获益的"投资"，大概没有多少收藏者在收藏之初（或者收藏过程中）的主要动机是为了给别人做投资挣回报，而不是为了满足自己的贪婪和占有欲。因此，对"收藏投资学"的说法，我们难免心存芥蒂。

其实，作者本人也意识到了这一点，并在书中如此言道："事实上，收藏品作为一种投资工具（有效的投机工具）的意义甚微。"如果说对于机构投资者（如银行等金融机构）来说，"投资"收藏品还算有意义的话，对于典型的个体收藏家来说，投资很难说是收藏的主要目的。收藏更像是一种高额的消费而不是一种投资。收藏者之所以收藏某些东西，应该说大多起因于喜好和贪婪。收藏的过程本身可能就是一个自我满足的动力，不需任何"投资回报"。对于某些收藏家而言，收藏的价值可能大于生命本身。如果收藏很难成为一种有效的投资手段的话，那么，收藏投资很可能就是一种悖论。进一步而言，收藏投资学便很可能存在天然缺陷，养分不足，发育艰难。如此，作者在倡导"收藏投资学"之时，很自然地显得收藏有余，投资不足。

大家知道，投资的关键在于对投资对象的正确估价以及对其未来价格走势的正确判断。应该说，作者在收藏定价方面的研究是花了大力气的，而结果并非令人欢欣鼓舞。这倒令我想起著名投资家巴菲特前几年的一段话。他说，如果他到大学里教金融学，会给学生出一道考试题：如何给".com"公司定价。凡是给出（任何）答案的学生都给不及格。交白卷的学生给良好。哪位学生如果在试卷上如此诘问："你怎么能出这么愚蠢的问题？"这位学生则可以得优秀。原因很简单，只有天晓得它们的价格，正如曾经的荷兰郁金香，长春君子兰。更不用说那些让所谓最顶尖的行家里手都打眼的"不真"。想当年，家家唐伯虎，户户宣德炉。看今日，处处见钧瓷，人人有启功。我想，如果价格搞不定的话，投资也就无从谈起。但是，如果收藏品的价格可以像萝卜白菜一样清楚地知道的话，收藏也就变成了机械性的购买，不需要浪费些许激情了。

该书写得着实漂亮，也很耐读，只是没有真正完成作者的使命，或者不幸使用了"收藏投资学"的错误名称。这种错误使得该书像一张独特的错票，原版叫做"收藏纵论"。也许，将来"收藏投资学"突飞猛进的发展可能推翻我今日的判断，那么，本书无疑将成为中文文献中该领域的奠基之作。因此，无论是"错票"还是"真经"，该书都具有极高的收藏价值。

2006 年 8 月 28 日于伊利诺依春田市

目　录

第一章　导论：收藏经济初见端倪

奈斯比特和阿伯丹（Naisbitt & Aburdene，1991）曾经预言，在 21 世纪，收藏投资将取代证券投资和房地产投资，成为人类主要的投资方式。虽然到目前为止，他们的预言仍然缺乏实证研究的支持，不过，可以肯定的是，收藏品已经成为了继证券和房地产之后的第三大投资热点。

在国外，许多银行都把 3% 左右的利润用于收藏投资。例如，德意志银行（Deutsche Bank）下属的 250 多家分行就在进行着公开的收藏投资。迄今为止，该银行已经收藏了超过 1 万件收藏品，比德国现代美术馆的收藏品数量还要多。此外，新加坡大华银行（United Overseas Bank）和新加坡星展银行（DBS）也分别拥有 1500 多件和 1300 多件收藏品。事实上，瑞士银行（Swiss Bank）、英国富林明投资银行（Robert Fieming Group）、意大利圣保罗银行（San Paolo）、澳大利亚西太平洋银行（West Pacific Bank），以及亚洲地区的泰国泰华农民银行（Kasikorn Bank）、中国台湾玉山银行（E. Sun Bank）等金融机构一直都在进行着收藏投资。不仅如此，从 1979 年开始，荷兰银行（ABN Amro）、美国花旗集团（Citi Group）和美国摩根斯坦利集团（Morgan Stanley Group）等大名鼎鼎的金融机构还先后推出了收藏投资的咨询服务，并且为客户提供相应的金融支持。（晓涵，2005）

有研究表明，中国人对收藏品的偏爱，数千年来从未间断。不过，在中国历史上，全国性的收藏热却只有三次。第一次出现在北宋末年，第二次出现在康乾盛世，第三次出现在清末民初。历史上的这三次收藏热有许多共同的特点：第一，上至帝王将相，下至平民百姓，几乎都视收藏为乐事。第二，收藏品的复制品和仿制品层出不穷，而且常常真伪难辨。第三，在收藏市场上，收藏品的成交相当活跃。第四，关于收藏方面的研究成果大量涌现。在此基础上，朱浩云（2001）曾经做出这样的推测："中国的第四次收藏热即将来临。"他的这个判断，主要是基于以下 6 个方面的理由：

第一，中国经济发展迅速，社会稳定。

第二，中国的民间收藏活动正在向广度和深度发展。

第三，收藏市场正在蓬勃发展。

第四，收藏品拍卖高潮迭起，成交价格屡创新高。

第五，众多机构竞相进入收藏市场。

第六，收藏方面的研究成果涌现，社会媒体的报道推波助澜。

从某种意义上讲，朱浩云的这个预言，目前至少已经部分地成为现实。根据国际收藏市场的经验，当人均国内生产总值（GDP）达到 1000 美元时，收藏市场才能真正启动；而当人均 GDP 达到 8000 美元时，收藏市场才会出现繁荣。（许群等，2005）事实上，早在 2003 年，中国的人均 GDP 就已经突破了 1000 美元大关。而那些人口数量在 50 万人以上的 98 个沿海城市和内陆大城市的人均 GDP 则突破了 3000 美元。例如，2004 年，长江三角洲地区 66 个主要城市的人均 GDP 就达到了 4247 美元，部分地区甚至超过了 6000 美元。根据美国美林集团（Merrill Group）《2004 年度全球财富报告》公布的数据，截至 2003 年，中国个人资产超过 100 万美元的人数已经达到了 23.6 万人，他们的总财富高达 9690 亿美元，并继续以超过 10% 的速度增长。（周文翰，2005）不仅如此，包括保利集团、万达集团、今典集团、中凯集团、天地集团和金轮集团等企业在内的大型机构，也纷纷试水收藏市场，而且投入了大量资金。例如，金轮集团在收藏市场上的投资，就已经超过了 3 亿元。

让我们再来看看以下两组数据，以便对中国经济的发展情况和中国收藏市场的发展情况有一个比较直观的了解。第一组数据是 2001 年以来的中国国民经济发展情况（见表 1.1），第二组数据是 2000 年以来的中国收藏品拍卖行业发展情况（见表 1.2）。

表 1.1　　　　　　　　　2001～2005 年的中国国民经济发展情况

年份	GDP	同比增长幅度	第三产业	同比增长幅度
2001	95933 亿元	7.3%	32254 亿元	7.4%
2002	102398 亿元	8.0%	34533 亿元	7.3%
2003	116694 亿元	9.1%	37669 亿元	6.7%
2004	136515 亿元	9.5%	43384 亿元	8.3%
2005	182321 亿元	9.9%	73395 亿元	9.6%

资料来源：根据中华人民共和国国家统计局《国民经济和社会发展统计公报》2001～2005 年的相关资料整理。

表 1.2 　　　　　　　　 2000～2005 年的中国收藏品拍卖行业发展情况

年份	拍卖公司数量	收藏品拍卖会数量	总成交额	占 GDP 的比重
2000	13 家	69 场	10.6 亿元	0.01186%
2001	17 家	102 场	12.2 亿元	0.01272%
2002	21 家	155 场	17.6 亿元	0.01719%
2003	30 家	182 场	23 亿元	0.01971%
2004	48 家	406 场	73 亿元	0.05347%
2005	83 家	619 场	157 亿元	0.08611%

资料来源：根据 2000～2005 年相关资料整理。

　　所谓"乱世藏金银，盛世兴收藏"，从以上的两组数据中，我们不难发现，在中国经济持续高速增长的同时，中国的收藏市场无论是在绝对量（总成交额）方面，还是在相对量（占 GDP 的比重）方面，都一直保持着迅猛增长的势头。当然，由于统计口径和具体操作上的困难，我们只获得了拍卖交易市场的统计数据，而很难找到地摊交易市场、门店交易市场、邮购交易市场和网上交易市场的具体数据。不过，根据尧小锋（2004）的研究，2004 年，中国收藏市场的年成交额应该为 200 亿元左右，并且还在以每年 10%～20% 的速度增长。如果综合考虑到这几类市场的情况，那么，收藏市场的总成交额占 GDP 的比重，显然应该远远高于以上的比例。

　　此外，根据陈宝定（2001）的估算，中国的收藏者数量已经达到了 7000 多万人，占全国人口的 6% 左右。而根据我们的不完全统计，1990 年以来，中国出版的收藏类图书至少在 400 种以上。与此同时，收藏类报刊也在不断增加，仅仅是那些刊名中与收藏有关的正式出版期刊，就有《收藏》、《鉴藏》、《收藏家》、《收藏界》、《中国收藏》、《收藏·拍卖》6 种。而与收藏相关的期刊，更是不胜枚举，例如，《画廊》、《荣宝斋》、《古玩城》、《中国书画》、《艺术市场》、《艺术与投资》，等等。

　　另一个关于收藏市场迅猛发展的间接证据，来自于中央电视台经济频道的"鉴宝"节目。这个在非黄金时段播出的节目，从第一期开播时，就创下了 0.33% 的收视率（收看人数超过 40 万人，仅次于当时经济频道收视率最高的节目"非常 6＋1"）。而它在经济频道的收视率，也一直稳居前三位。（邓翔，2004）鉴宝节目的总导演兼主编李建伟坦言："保守地估计，鉴宝节目从 2003 年 10 月正式开播到 2004 年 7 月，至少接到过 15 万封观众来信。"（孟静，2004）

　　目前的种种迹象表明，中国的收藏经济已经初见端倪了。但遗憾的是，同证券投资领域和房地产投资领域浩如烟海的研究成果相比，关于收藏投资的研究成果却不尽如人意。一方面，纯粹探讨收藏投资技巧的著作和文章不断问世；另一方面，这些论著显然缺乏理论层面上的深入总结和系统概括。从某种意义上讲，这种现状已经成为了目前制约收藏投资学研究的一大障碍。不仅如此，同国外学者在收藏投资领域的研究成果相比，中国的研究状况更是显得不容乐观。事实上，国外学者关于收藏投资的不少学术论文，早已经发表在了包括《经济学季刊》（*Quarterly Journal of Economics*）、《计量经济学》（*Econometrica*）、《美国经济评论》（*American Economic Review*）和《经济问题杂志》（*Journal of Economic Issues*）在内的许多国际一流经济学刊物上。

在这种情况下，我们试图对收藏投资学的一些主要问题进行比较深入的探讨。这些问题主要包括：收藏品价格、收藏投资的成本与效用、收藏投资风险、收藏投资周期、收藏投资中的赝品问题、收藏投资策略，等等。当然，需要指出的是，我们旨在运用一种一以贯之的分析逻辑来研究收藏投资学的主要问题。

为了将研究重点集中在这些主要问题上，而不是广泛地讨论关于收藏投资学的方方面面，我们有意无意地忽略了对许多问题的论述。由于我们的研究仅仅是一种初步的尝试，因此，在许多问题的阐述上，还缺乏更具有一般性或形式化的表达。此外，我们的研究还不得不受到诸如有限理性、分析工具、著作篇幅和知识准备等多方面的约束。

第二章 收藏品价格

第一节 经济思想史上的收藏品
价格：文献综述

在经济思想史上，关于收藏品价格的论述，可以说是寥寥无几。即使偶有涉及，也大都将收藏品当做特例处理，一笔带过。

加利阿尼（Galiani）在《货币论》一书中最早提出了效用和稀缺性价值原理。虽然加利阿尼不赞成用人的主观估价来说明物品的价值。但他认为："价值是一种观念。"加利阿尼还指出："价值是观念的东西，不过我们的观念本身具有公正性和稳定性，因为它是以需求和享乐，即以人的内在结构为基础的。"

从需求和享乐的观点出发，加利阿尼提出并且系统地发展了他的效用和价值观。他认为："价值是一种比例。它由'效用'和'稀缺性'按比例构成……空气和水是对人类生活极为有用的要素，然而它们没有价值。因为它们不具有稀缺性；另一方面，来自日本海岸的一袋沙石可以说是稀少之物，然而，它看来并没有什么特定用途，所以它们也不会有价值。"把效用和稀缺性看做是构成价值的两个不可或缺的要素，在经济学说史上还是第一次。

按照加利阿尼的观点，对于收藏品而言，"稀缺性"和"效用"显然是至关重要的。那么，什么是稀缺性和效用呢？所谓稀缺性，是指欲望超过了能够用于满足欲望的资源的普遍状态。"物以稀为贵"这句耳熟能详的话，让我们很容易理解稀缺性与价格之间的关系。

那什么又是效用呢？萨伊（Say）在《政治经济学概论》一书中指出："效用即物品满足人类需要的内在力量。"西尼尔（Senior）在《政治经济学大纲》一书中对"效用"的解释则详细得多。他认为："效用指的并不是我们称之为有用事物的内在特质。它所指的只是事物对人们的痛苦与愉快的关系。来自各个物质的痛苦和愉快的感觉，是由无数成因所引起变更，是时刻在变化的。"换句话说，他所说的效用实际上指的是主观的感受。

一般来说，我们可以把效用理解为某个人从消费某种物品或劳务中所得到的好处或满足。效用是一个相对的、主观的、难以准确衡量的概念。

斯密（Smith）在《国民财富的性质和原因的研究》一书中指出："价值一词有两个不同的意义。它有时表示特定物品的效用；有时又表示由于占有某物而取得的对他种货物的购买力。前者可以叫做使用价值，后者可以叫做交换价值。"他注意到："使用价值很大的东西，往往具有极小的交换价值，甚或没有；反之，交换价值很大的东西，往往具有极小的使用价值，甚或没有。"例如，水是非常有用的，但它很难与其他东西相交换；而钻石的使用价值虽然很小，却可以交换大量的其他物品。这就是著名的"钻石与水"价值悖论。

从某种意义上讲，李嘉图（Ricardo）的价值论是从引述和评论斯密的"钻石与水"价值悖论开始的。他在《政治经济学及赋税原理》一书中指出："具有效用的商品，其交换价值是从两个源泉得来的——一个是它们的稀少性，另一个是获取时所必需的劳动量。"这意味着，"有些其数量不能由劳动增加，其价值也不能随供给的增加而减少的物品，如罕见的雕像和图画，稀有的书籍和古钱等，其价值只随人的喜好和财富而变动。"

穆勒（Mill）在《政治经济学原理》一书中写道："物品要有价值，必须具备两个条件：一是有效用；二是在它的获得上存在若干困难。"值得一提的是，穆勒在将各种物品划分为不同类型时，将收藏品专门划分为一类，即"供给绝对有限，而且不能再生产的东西，如古玩字画等。"他还认为，关于这类供给绝对有限，其数量不能任意增加的商品的价值决定法则，与其说是由稀少性决定的，倒不如说是由供给决定的。

可是，马尔萨斯（Malthus）并不同意他们的观点。他在《政治经济学原理》一书中指出："决定商品交换价值的是人们对使用价值（效用）的需要和对于所掌握的商品的相对评价。"马尔萨斯把价值归结为人们对商品的估价，并把商品效用和人占有这种效用的欲望作为估价的基本要素。

庞巴维克（Böhm - Bawerk）则宣称："物品对于我是一个重要的东西，它对我就是有价值的。"在系统地研究了价格形成过程之后，他指出，物品的价格是由以下四个因素决定的：

第一，对物品的需求数量（即需求程度）。

第二，买主对物品评价的数字（即需求强度）。

第三，提供出售的物品数量（即供给程度）。

第四，卖者对物品评价的数字（即供给强度）。

在《资本实证论》一书中，庞巴维克还饶有兴致地举过一个关于纪念金币价格变动的例子来阐述他的观点。

马克思在《资本论》一书中论及收藏品时指出："在非物质生产中，甚至当这种生产纯粹为交换而进行，因而纯粹生产商品的时候"，有两种情况：

一种结果是生产出了"具有离开生产者和消费者而独立的形式，因而能在生产和消费之间的一段时间内存在，能在这段时间内作为可以出卖的商品而流通，如书、画以及一切脱离艺术家的艺术活动而单独存在的艺术作品"。

另一种则是"产品同生产行为不能分离，如一切表演艺术家"。他提醒我们："必须牢牢记住，那些本身没有任何价值，即不是劳动产品的东西（如土地），或者至少不能由劳动再生产的东西（如古董、某些名家的艺术品等）的价格，可以由一系列非常偶然的情况来决定。"换句话说，即使是价值理论大师马克思在对待收藏品时，也将它作为特例来处理。

在这种情况下，无论是古典经济学，还是新古典经济学，关于收藏品价格问题的文献之所以寥寥无几，也就不足为怪了。

事实上，许多大名鼎鼎的经济学家，例如，凯恩斯（Keynes）和施蒂格勒（Stigler）都对收藏抱有浓厚的兴趣。众所周知，凯恩斯是20世纪最伟大的经济学家之一。不仅如此，凯恩斯同样可以被称为20世纪最重要的收藏家之一。凯恩斯在12岁（1895）时就开始收藏古籍善本。当他19岁（1902）以大学生的身份初入剑桥大学的时候，已经收藏了329本早期印刷的古典文学书籍。他在一生中以极其敏锐的眼光收藏了数量惊人的古籍善本、名人手稿和现代绘画。当凯恩斯驾鹤西去之时（1946），已经收藏了4000余卷古籍善本和大约300卷名人手稿和信件，而他收藏的现代绘画的市值则高达3万英镑。（哈罗德——Harrod，1995）芒比（Munby）在论及凯恩斯所收藏的牛顿（Newton）手稿和著作时，曾这样赞誉道："这可能是私人所收藏的最上乘的精品！"

更有趣的是，令诺贝尔经济学奖得主施蒂格勒感到最自豪的回忆，竟然并非获得诺贝尔经济学奖这一殊荣，而是"在一次拍卖会上只花了几百美元就买到了一本1776年出版的斯密的名著《国民财富的性质和原因的研究》（第一版）"。巴罗（Baro，2003）回忆道："施蒂格勒为了收藏好这部名著，可谓费尽心机。他将这部名著放在木箱中，然后把箱子摆在家里的地板上，让它看起来毫不起眼，以免遭到盗窃。"

尽管如此，但遗憾的是，在经济思想史上，较之经济学家们对其他物品的关注，对收藏品价格问题的研究，实在是凤毛麟角。正如任建军（2004）指出的那样："经济学说史上的劳动价值论、生产费用价值论、边际效用价值论、均衡价值论在收藏品的价值量化问题上无能为力，故而学理不多，偶尔研究者也语焉不详。"他曾经与一些计量经济学家合作，进行了多次收藏品价值量化的数学模拟试验。不幸的是，"在数据回归上都未能和拍卖的价格完全吻合。计量经济学和传统的资产定价模型很难直接应用于收藏品上，因为大多数模型的基本精髓是贴现法，即将未来的现金流按照适当的贴现率计算成现值，这是基于对未来的定价。定价模型做出来的某种资产的价格和收藏品价格在时间走向上有天壤之别，二者之间的价格实质是截然不同的，同时也无法在数据回归上面获得求证。如果要形而上地套用某种定价模型，就会有几个技术性难题不能解决：如何确定收藏品未来的现金流呢？如何确定贴现率？显而易见，收藏品根本就没有什么'现金流'。"（任建军，2004）

值得一提的是，张五常（2005）倒是曾经试图运用经济学的价格理论研究收藏品的真伪问题。他指出："从经济学的角度考古很世俗，凡事论价。"不过，"以假乱真，谈何容易！经济学的价格理论大显神威，说成本高的部分会仿得马虎，市价够高会仿得逼真。"

赵汝珍（1942）曾经在《古玩指南》一书中，探讨过"古玩之可贵"的原因，其论述之精辟，即使在今天看来，也是少有人能及的。他指出：

> 古玩之可贵，尽人知之。惟古玩之所以可贵，除少数人理解外，社会众生尽多莫名其妙。怀疑者有之，误解者亦有之。怀疑者以为，宝贵古玩乃有钱阶级之傲行，或系名人之盲动，藉此鸣高，故为风雅。误解者以为，古玩之可贵只在年代，凡古物即可贵，而愈古愈可贵。其实皆非也。盖古玩之所以可贵者，其重要之原因有二：一为古玩之自身者；一为人为者。所谓自身之原因，即古玩本质之精妙，作工之优良，后世所不能仿作者。例如，唐宋之书画，其造诣之精，后世任何努力所不能及；三代铜玉，其作工之精细，文字之记录与后世考古有极大之裨助，其他各品无不称是。且均为中国文化与艺术之最高样本，可宝可贵，理所宜然。至人为之原因尤多，简而言之，收罗古玩为昔人之消遣方法，为昔人之积钱方法，纳贿方法，救急方法，升官谋缺之方法，进身保禄之方法，重要官吏无不赖古玩以生发。古玩之重要，自系当然之结果。故古玩除自身固有之价值，又益以人为之价值，此其所以可宝贵也。今虽时易势非，然古玩本质之价值并无变易，即人为之价值亦大体无殊；且因数量之日削而好者之日增，供不应求，又产生其新有之声价，此其所以愈可宝贵也。

第二节　收藏品价格的影响因素

尽管绝大多数人都愿意相信：一件收藏品的价值越高，其价格也应该越高。然而，在收藏市场上，情况却往往并非如此。而且，收藏品的价值与价格相背离的现象从古至今都并不鲜见。举例来说，在广州举办的一次拍卖会上，某位当代著名画家有两幅水墨画同时参拍。被行家公认为是画家应酬之作的那幅作品，在开拍后以 21 万元的高价成交，而随后开拍的另一件作品，虽然被大家公认为那位画家的精品力作，却一直无人问津，以至于最终流标。（谭天，1997）

事实上，"价值"这个概念本身就是一个让人捉摸不透、感到玄乎其玄的东西。玛吉（Magee，2003）曾经指出："关于什么是价值这一话题，我们或许可以展开一场为期一百年的论战，最终也未必能够得出令人心悦诚服的结论。但是，如果我们能够意识到，价值就像'美'一样，只存在于个人眼中的话，我们将可以大大地缩短论战的时间，而达成共识。"在玛吉（2003）看来，"价值是人们对某一事物的估价。它意味着，某件事物对你而言，究竟值多少"。摩根斯坦（Morgenstern）也持类似的看法。他认为，投资者应该将这条拉丁箴言奉之为信条："价值取决于其他人愿意支付的价格。"（马尔基尔——Malkiel，2002）

下面让我们来看看黄永玉的例子。黄永玉年轻时曾与弘一法师有过一次偶遇，他当时对弘一法师书法作品所具有的艺术价值的判断就很有意思（李辉，2004）：

> ……黄永玉问道："你写字送人啊？"
>
> "是啊！你看，写得怎么样？"和尚的口气温和至极。
>
> "唔！不太好！没有力量，老子喜欢有力量的字。"
>
> ……跟老和尚做朋友的时间很短，原来他就是弘一法师李叔同……
>
> "老子的爸爸妈妈也知道你，'长亭外，古道边'就是你作的。"
>
> "歌是外国的；词呢，是我作的。"
>
> "你给老子写张字吧！"
>
> 老和尚笑了："记得你说过，我写的字没有力气，你喜欢有力气的字……"

"是的，老子喜欢有力气的字，不过现在看起来，你的字又有一点好起来了。说吧！你给不给老子写吧？"……

如果说"价值"这个概念让人难以捉摸，那么，影响收藏品价值（以及价格）的因素就更是令人难以把握了。正如洪尼西指出的那样："在科隆受到称颂的艺术品在慕尼黑不一定受欢迎；在斯图加特获得成功的艺术品，不一定会给汉堡观众留下深刻的印象。"（托夫勒——Toffler，1996）占主流地位的收藏品"价值学派"学者一直试图采用归纳法"穷尽"影响收藏品价值（以及价格）的因素。谭天（1997）曾经将收藏品价格的影响因素分为艺术价值因素、经济形势因素、作品制作因素和人为因素。夏叶子（2005）则进一步将影响收藏品（艺术品）投资利润（利润的本质实际上就是卖出价与买入价的"价格差"）的因素分为间接因素和直接因素。具体来说，他又分别将间接因素和直接因素细分为以下数种：

1. 间接因素。包括以下 6 个方面：

（1）社会质量的提高；

（2）宏观经济因素；

（3）微观经济因素；

（4）区域经济因素；

（5）银根与利率；

（6）与资本投资市场的关系。

2. 直接因素。包括以下 22 个方面：

（1）收藏品的学术价值和历史地位；

（2）收藏品的社会性；

（3）收藏品的文物性；

（4）收藏品的科学性；

（5）收藏品的民族性；

（6）收藏品的历史意义；

（7）收藏品的流行性；

（8）收藏品的新闻性及轰动效应；

（9）收藏品的纪录性和资料性；

（10）收藏品的知名度；

（11）收藏品的美誉度；

（12）收藏品的系列性及配套性；

（13）收藏品变现的难易程度；

（14）收藏品的故事性及故事的题材性；

（15）收藏品的流传性及流传档案；

（16）收藏品的存世量（库存量）、周转量及再现市场的频率；

（17）著名经营机构参与交易对价值的影响；

（18）鉴定因素对收藏品价值的影响；

（19）专家认可度对收藏品价值的影响；

（20）媒体对收藏品价值的影响；

（21）真实性和可靠性；

（22）技术指标对价值的影响。

仅"技术指标"一项，又可以被细分为年代、风格技法、突破和创新、尺寸、材料质量、工艺性和劳动量，等等。但是，即使如此，我们仍然有理由相信，收藏品价格的影响因素实际上还远未被"穷尽"。

事实上，按照收藏品"价值学派"的思路，简而言之，收藏品价格的影响因素可以被分为两大类：一类是质的因素。收藏品的材料、风格、艺术水平、年代、品相等都是影响收藏品价值的重要因素。另一类则是量的因素。具体而言，又可以分为流通量、出世量和存世量。

值得一提的是，尽管在收藏界里经常使用的是"存世量"这一概念，但严格来说，使用存世量这一概念来分析收藏品是不太妥当的。因为，从理论上讲，在绝大多数情况下，收藏品的存世量实际上是根本无法准确计算的。在这里，我们有必要将收藏品的流通量、出世量和存世量进行一番定义和比较。

所谓流通量，是指在一段时期内，某种收藏品在收藏市场上流通交易的数量。而出世量，是指已经被人们发现的某种收藏品的数量。显而易见，已经被人们发现的收藏品并不一定都会在收藏市场上流通交易，因此，流通量不同于出世量。所谓存世量，则是指某种收藏品尚存于世的数量。存世量既包括已经为人们所知的收藏品数量，又包括尚未为人们所知但确实存在于世，而且可能在将来为人们所知的收藏品数量。当我们在使用存世量这个概念的时候，所指的实际上是流通量或者出世量。我们对存世量的感知也主要是通过流通量间接反映的。但是，流通量对于出世量和存世量而言，并没有准确的代表性。其原因是多方面的。例如，一些喜欢追求"独乐"的收藏者所拥有的"秘不示人"的收藏品，通常是很难为外人所知，更难以进入收藏市场流通交易。此外，搜寻收藏品数量的信息是需要成本的，施蒂格勒就曾经形象地将这种信息搜寻成本的构成分为"时间"和"鞋底"两部分。不仅如此，这种成本还呈边际递增的趋势，即为了搜寻新信息所需要支付的成本将越来越多。图2.1就直观地描述了流通量、出世量和存世量三者之间的关系。

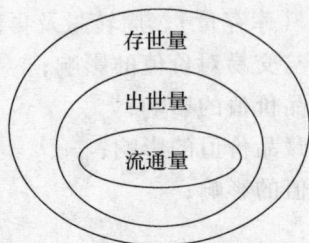

图2.1　流通量、出世量和存世量的关系示意图

资料来源：马健：《收藏品的数量概念》，载《收藏》2004年第12期，第119页。

　　如果有一件收藏品是众所周知的所谓"孤品"，但是，突然有一天，某位收藏者由于急需资金而在收藏市场上出售与这件"孤品"的品质完全相同的另一件"孤品"，那么，"孤品"还依然名副其实吗？事实上，这就是收藏品的出世量向流通量的转换。如果说希望知道某种收藏品的出世量不是一件易事的话，那么，希望知道它的存世量就更是难上加难了。假如哪位收藏者在1999年上半年对"德化造"瓷器很感兴趣，并且在对这类瓷器的品质和"存世量"（实际上是流通量或者出世量，因为几乎谁都无法确切知道存世量是多少）进行周密调查，仔细研究之后，决定购买数件进行投资的话。到了1999年下半年，他的美梦恐怕就要破灭了。因为在1999年5月，发生了一件震惊世界考古界和收藏界的大事。由世界著名的打捞专家哈彻（Hatcher）率领的寻宝队伍利用"不平静的M号"（Restless M）寻宝船，根据1843年英国东印度公司水道专家豪斯伯格（Honsberg）的"东印度航线"（Directions for sailing to the East India）所提供的线索，在南海贝尔威得暗礁（Belvidere Reef）附近的海域经过数月的勘探，终于发现了清代道光年间（1822）沉没于南中国海的客货商船——被后人誉为"东方泰坦尼克号"（Titanic of the East）的当时中国最大的帆船"的星号"（the Tek Sing，意为"真的星星"）。不过，有人欢喜有人愁的是，人们在船上发现了保存完好的35万件"德化造"瓷器。不仅如此，哈彻还委托德国纳高（Nagel）拍卖公司将这35万件"德化造"瓷器推向拍卖会。负责此次拍卖的纳高拍卖公司经过精心策划，将部分瓷器运往欧洲、亚洲、北美和澳大利亚的11个城市进行巡回展览。此外，他们不仅在德国斯图加特城（Stute Garter）火车站特别兴建了一幢类似中国帆船的展览馆来展出具有代表性的瓷器，而且在同年 10 月出版了一本厚达 450 页的拍卖目录，以堆（Lot）的形式详细介绍所有拍品。这本目录还同时被上传到互联网（www. auction. de）上供人阅览。

1999 年 11 月 17～25 日，德国斯图加特火车站人山人海，来自欧洲、美国和日本等地的买家千里寻来，蜂拥而至。除了现场拍卖外，纳高拍卖公司还采取了邮寄出价和电话出价等竞价方式。即使买家在千里之外，也可以轻而易举地参与竞拍。可以想象到的是，这次拍卖会举办得非常成功：35 万件"德化造"瓷器被一抢而空，拍卖的总成交额高达 3000 多万德国马克，有的媒体甚至将其誉为有史以来最大和最成功的一次拍卖会。这是因为：

从来没有哪场拍卖会的拍品在拍卖之前被如此系统和精心地展览过。

从来没有哪场拍卖会拍卖过数量如此巨大的一种拍品（瓷器）。

从来没有哪场拍卖会能让买家在如此合理的价格范围之内，有机会获得这么多具有悲惨和迷人历史的古董瓷器。

从来没有哪场拍卖会是连续 9 天持续不停的。

这个经典案例无疑很好地说明了存世量向出世量和流通量的转换。35 万件，这个天文数字和部分投资者的惨痛损失，显然让我们不得不至少从理论上将流通量、出世量和存世量区分开来。事实上，流通量、出世量和存世量三者之间是处于不断地动态转换之中的。我们所能够直接感知到的只不过是流通量，而如果希望知道某种收藏品的出世量和存世量则几乎完全不可能，因为呈边际递增趋势的关于收藏品数量信息的搜寻成本高昂得令我们难以支付。众所周知，北宋时期流通于四川地区的"交子"纸钞在收藏市场上的流通量为零，那么，其出世量是多少呢？中国人民银行数十年前就向社会以重金求之而一直未果。但是，"交子"的出世量就真的为零吗？如果真的为零，其存世量义是多少？这些恐怕都只有上帝才知道！不过，我们唯一可以确定的是：对于绝大多数收藏品的真品而言，存世量是有减无增的。

虽然占主流地位的收藏品"价值学派"实际上并没有系统而完整地阐述和论证过他们的观点，但是，对于收藏品的价值与价格相悖的例子，"价值学派"通常的解释是：真正具有价值（所谓的"真实价值"）的收藏品最终会得到人们的认同。他们将这种认同的过程称为收藏品的价格向其真实价值回归的过程。可是，由于我们每个人的偏好是不一样的，因此，一个人对某件收藏品的价值判断，其他人并不容易精确地把握。而且，收藏品的价值实际上是一个人对收藏品的内在的、主观的评价。正是由于这个原因，尽管我们可以用比较具体的货币单位来定量地表示收藏品的价格，却只能用比较抽象的词汇来定性地对收藏品进行价值判断。正如玛吉（2003）指出的那样："真实价值这个术语，并不具备什么可以通过外部客观事实来验证的特定含义。除非我们人为地给真实价值赋予特定的要求，并硬性地规定它们为真实价值的判断标准。但是，即使如此，我们仍然不可能改变真实价值的本质。因为，我们所选择的这些标准，仍然脱不了观点和判断的范畴。价值并非客观存在的事物，它只是我们内心中的一种看法，一种高级的抽象概念，而不是现实存在的客观事实。"

换句话说，"价值学派"对收藏品价格问题的解释实际上只不过是一种"套套逻辑"。他们所谈论的"价值"也只不过是一种"空中楼阁"。因为，从本质上讲，人们几乎根本无法准确地判断出收藏品的价值。所以，从事后的角度来看，他们总是可以根据收藏品的价格寻找出其价值之所在，从而证明收藏品的价格是由收藏品的价值决定的，并且将收藏品价格的变动视为收藏品的价格向其价值"回归"或"背离"的调整过程。显而易见，从收藏品的学术价值、艺术价值、文物价值，或者科学价值、历史价值、新闻价值中寻找一种甚至几种关于收藏品价值与价格之间关系的合理解释，实际上并非难事。

不可否认，"价值学派"这种"事后诸葛"式的"套套逻辑"的确很容易解释收藏市场上的价格问题。但是，我们有理由问，这种自圆其说的"套套逻辑"对于我们理解收藏市场上的价格问题真的具有实际意义吗？进一步的问题是，我们怎样才能有效地使用这种"套套逻辑"来分析收藏市场上的价格变动？事实上，虽然"价值学派"给我们提供了一个解释收藏品价格问题的"套套逻辑"，却并没有给我们提供一个具体而可行的分析框架。我们则试图跳出"价值学派"的"套套逻辑"，从另一种视角总结收藏品价格的影响因素，并且在此基础上，提出一种操作可行、解释力强的收藏品价格分析方法。

通过对收藏市场的经验研究，我们发现，影响收藏品价格的最重要因素主要有三种，即收藏品的吸引力、炫耀性和投机性。

一、吸引力（Attraction）

哥德哈伯（Goldhaber，1997）指出：金钱和吸引力是双向流动的。金钱可以买到吸引力，吸引力也可以赢得金钱。换句话说，"注意力经济"实际上是基于不断地创新或者至少设法新颖。重复同一个观点或提供同一个信息很难吸引人们的注意力。他甚至认为："人们可以制造'虚假的注意力'以保持双方注意力的平衡。"

哥德哈伯在《艺术与注意力经济》一文中认为："艺术的目的就是吸引注意力，成功地吸引注意力是艺术存在的全部意义。"这就是说，从某种意义上讲，影响收藏品价格的决定性因素并不是收藏品本身所具有的艺术价值和收藏品的存世数量，而是收藏品的吸引力。

收藏品的艺术价值对收藏品价格的影响实际上并没有人们通常想象中的那样大。正如郭庆祥所说："有些画家很有名，画价卖得很高，但不一定有艺术价值。"（萧臣，2004）一个典型的例子是，某些省级书法家协会和美术家协会的负责人，尽管其艺术水平被公认为"非常一般"，然而，他们的书画作品价格仍然高得"有理有据"。在很多情况下，收藏品的数量对收藏品价格的影响同样没有人们通常想象中的那样大。据估计，一些勤奋创作的书画家，例如，张大千和齐白石的传世作品数量至少在 3 万件以上。不过，他们的书画作品并没有因为数量太多而受到人们的抵制。正好相反，张大千和齐白石的书画作品几乎一直就备受青睐，而且经久不衰。这是因为他们的书画作品具有持久的吸引力。

哥德哈伯指出，如果某种形象的收藏品随处可见，并且为我们所熟知，我们就不会在它面前停留和欣赏。但是，如果一件收藏品是绝无仅有的，我们也深知自己难以一睹其芳容，那么，当这种机会出现时，我们更倾向于用心去欣赏它。因为艺术主要是诉诸情感的，因此，一旦注意力被吸引，理智就会在不知不觉中退隐到背后。齐白石的例子就是收藏品的价格随吸引力的改变而改变的一个典型案例。

20 世纪 20 年代，齐白石初到北京的时候，由于他的艺术风格与当时的主流审美情趣和艺术理想相去甚远，因此，"生涯落寞，画事艰难"。不过，当陈师曾携带齐白石的书画作品参加 1922 年在日本举办的中国画展，并且将这些书画作品全部售出之后，齐白石在日本一举成名，他的书画作品在国内的"润格"也随之上涨了几十倍之多。对此，齐白石感慨道："曾点胭脂作杏花，百金尺纸众争夸。平生羞杀传名姓，海外都知老画家。"（沈煜笠，1999）

在哥德哈伯的另一篇论文《注意力经济与生产力悖论》中，他还进一步阐述了他的观点。哥德哈伯指出，如果我们用美元数量来测量一个艺术家的生产力，我们会发现，最引人注目的艺术家赚的钱最多。如果用工作时间或每小时在画布上画的笔数作为依据测量艺术家的生产力，其结果显然是荒谬的。在很多时候，一个"勤于思而缓于行"的艺术家所获得的注意力，以及由此带来的收益都比那些高产艺术家要多得多。按照哥德哈伯的这个逻辑，我们不难发现，最引人注目的收藏品也理所当然地应该成为价格最高的收藏品。哥德哈伯的注意力经济理论显然有助于我们理解为什么那些公认的艺术价值并不见得高的名人书法作品，不仅广受世人关注，而且市场价格高昂的原因（见表 2.1）。

表 2.1　　　　　　　　2000～2005 年清代帝后书法作品的拍卖成交情况

书法作者	参拍量	成交量	成交率	单件作品最高价	总成交额
康熙皇帝	28 件	21 件	75%	720000 元	3990000 元
雍正皇帝	10 件	7 件	70%	374000 元	1460000 元
乾隆皇帝	230 件	169 件	73.5%	6050000 元	59130000 元
嘉庆皇帝	7 件	6 件	85.7%	181500 元	520000 元
道光皇帝	5 件	5 件	100%	627000 元	1300000 元
咸丰皇帝	4 件	2 件	50%	40000 元	70000 元
同治皇帝	2 件	1 件	50%	38500 元	40000 元
光绪皇帝	4 件	2 件	50%	17600 元	20000 元
宣统皇帝	6 件	2 件	33.3%	66000 元	70000 元
慈禧太后	360 件	236 件	65.6%	776750 元	12900000 元

资料来源：根据 2000～2006 年的相关资料整理，截止时间：2006 年 2 月。

　　不仅如此，一些臭名昭著的名人，例如，希特勒（Hilter）的绘画作品，也颇受某些收藏者的青睐。读过希特勒传记的人都知道，希特勒在年轻时曾经一度热衷于艺术创作。虽然他的绘画作品只是业余水平，但由于他是举世闻名的"大恶魔"，因此，希特勒的绘画作品比一般业余画家的作品走运得多。1988 年，智利圣地亚哥的一家拍卖公司就曾经推出过一幅希特勒年轻时的绘画作品《魏德豪芬一瞥》。这幅画长 48 厘米，宽 38 厘米，描绘了奥地利的宁静街景，右角有阿道夫·希特勒的亲笔签名。据该拍卖公司老板利昂（Leon）介绍："尽管希特勒并非艺术大师，但他年轻时候的绘画和雕塑却引起了人们极大的兴趣。鉴于它们的历史价值，所以售价昂贵。如果在欧洲，这幅《魏德豪芬一瞥》准能卖到三四万美元。"正如利昂所料，这幅画确实在拍卖会上以不低的价格——450 万比索（约合 1.8 万美元）成交。（刘刚和刘晓琼，1998）

　　哥德哈伯的注意力经济理论还可以解释一些具有吸引力的收藏品，例如，彩色币、异形币和镶嵌币的市场价格会比那些吸引力平平的普通钱币的价格高出许多的原因。举例来说，世界上第一枚心形钱币——美国北马里亚纳群岛于 2003 年发行的"无尽的爱"心形纪念银币（面值 5 美元，含银 25 克，目前的市场价格约 400 元人民币）。还有蒙古国于 2004 年发行的"奔马图"方形纪念银币（含银 5 盎司，目前的市场价格约 1000 元人民币）。比较有创意的镶嵌币则包括利比里亚发行的"撒哈拉沙漠陨石"镶嵌纪念银币（镶嵌有"撒哈拉沙漠陨石"实体，含银 2 盎司，目前的市场价格约 700 元人民币），以及美国北马里亚纳群岛于 2004 年发行的"罗马教皇与十字架"水晶镶嵌纪念银币（镶嵌有奥地利"施华洛世奇"水晶，目前的市场价格约500元人民币）。

当然，以上这些收藏品的吸引力同民主刚果和利比亚联合发行的"时间就是金钱"组合纪念币（目前的市场价格约700元人民币）相比，可就是"小巫见大巫"了。"时间就是金钱"组合纪念币以精妙的组合与绝佳的工艺完美地体现了"时间就是金钱"这一主题。这套组合纪念币的设计构思源于中国古代的"司南"和"日晷"。民主刚果发行的"司南"分体异形币包括"罗盘"银币1枚，面值10法郎，重25克；"司南"铁币1枚，面值5法郎，重8克，按照中国古代勺形司南原形缩小，并且带有强磁性。如果将勺形铁币放在罗盘银币的中央，勺形司南将自动指向南方。利比亚发行的"日晷"银币1枚，面值10元，重25克。正中内置一枚20毫米长的镀金铜棒作为时间的指针，可以插入银币中心的圆孔内。

从以上这些异形币和镶嵌币的高昂价格中我们不难发现，收藏品本身的吸引力确实会对收藏品价格产生至关重要的影响。

值得一提的是，收藏品的"体验性"对收藏品的吸引力也具有相当重要的影响。派恩和吉尔摩（Pine & Gilmore, 2002）在《体验经济》一书中甚至直言不讳地宣称："我们已经进入了体验经济时代。"在他们看来，无论什么时候，只要能够以商品为道具使消费者融入其中，"体验"就出现了。按照派恩和吉尔摩的思路，收藏者愿意为收藏品所带来的体验付费，是因为"这种体验美好、难忘、非他莫属、不可复制、不可转让。"总而言之，体验是一种使收藏者以个性化的方式参与其中的事件。

他们举了美国特伊（T. Y.）公司的例子来说明收藏品的体验性对收藏者的吸引力。特伊公司费尽心思地确保绒毛玩具比尼娃娃（beanie babies）的稀缺性。它限制每种型号玩具的产量，停止生产某个热销的品种，同时严格限制在任何一家商店或经销商手中留存任何类型玩具的数量。到目前为止，特伊公司已经推出了250个不同型号的比尼娃娃，"那将是个永无止境的收集过程"。通过使产品变得更稀罕，特伊公司让人们更加渴望拥有一个自己的绒毛玩具的独一无二的体验。（派恩和吉尔摩，2002）

另一个更为典型的例子是芭比娃娃（barbie）。自从芭比娃娃于1959年面世以来，美国曼特尔（Mattel）公司已经销售了10亿个以上的芭比娃娃系列玩具，平均每两秒钟就卖出一个。在140多个国家和地区，平均每个星期就有150万个芭比娃娃被买走。

曼特尔公司的创办人汉德勒（Handler）曾经说过："芭比娃娃能够满足所有女孩子最基本的需要，通过芭比娃娃，可以显示儿童在成人世界的状况。通过芭比娃娃，女孩子可以幻想将来某一天她们可能拥有的成功、魅力、浪漫、冒险和丰富的机会。这些幻想涉及儿童所拥有的许多永恒的需求，从自信到成功，从获得爱到给予爱。"罗德（Rohde）在《永远的芭比》中则指出："她并不教导我们如何养育小孩，成为依赖丈夫的女人，她教导我们要独立自主。芭比是属于自己的女人，她只要换一件衣服就可以改变她自己：前一分钟还在聚光灯下独唱，下一分钟就变成驾驶太空船的飞行员。"斯皮茨（Spitz）在《艺术与心理》中也认为："芭比娃娃就像过渡性物件一样，陪伴孩子逐渐地与母亲分开。与此同时，因为芭比是一个女人，它又代表了与母亲的关系。"事实上，芭比娃娃不仅是女孩子成长期间的一种过渡，而且是一个女孩子永远的朋友。

芭比娃娃经久不衰的销售业绩很好地证明了他们的观点。据曼特尔公司的估算，芭比娃娃的销量在过去 5 年里飞速增长，目前全世界的芭比"人口"已达 8 亿之多。仅 1992 年卖出的芭比娃娃及其附属物品就高达 10 亿美元。在美国，3~10 岁的女孩子百分之百地认识"芭比"这个品牌。其中，96% 的女孩至少拥有一个自己的芭比娃娃，平均每人拥有 10 个芭比娃娃。意大利和英国的女孩平均每人拥有 7 个芭比娃娃，法国和德国女孩平均每人拥有 5 个芭比娃娃，而亚洲地区的中国香港女孩也平均每人拥有 3 个芭比娃娃。许多成年人收藏的芭比娃娃数量更是多达数百个。（www. barbie. everythinggirl. com 和 www. babiwawa. net）

事实上，对于许多收藏者而言，来自收藏过程的体验确实是令人十分难忘和异常兴奋的，因此具有很大的吸引力。例如，凯恩斯每次从旧书店淘得古籍善本，即使价格比拍卖会上的价格还要昂贵，仍然会让他感到"大喜过望"。（哈罗德，1995）中国台湾的玩具熊收藏家李若菱（2003）认为："收藏泰迪熊（Teddy Bear）的乐趣在于感受每一只熊的独特个性和感情，因为其中的感悟值得再三回味。"在她看来，虽然早期的泰迪熊主要是供小孩玩耍和陪伴小孩的玩具。然而，随着时光的流逝，对于欧美一般家庭来说，泰迪熊常常承载着非常个人的特殊感情，甚至文化传承的意义。例如，一只年岁悠久的泰迪熊甚至可能陪伴过一个家庭的祖孙三代。李若菱认为，这是一种悠久的"熊熊温馨文化"。从某种意义上讲，正是由于这个原因，一只 1926 年出产的"Happy"泰迪熊才能在苏富比（Sotheby's）拍卖公司于 1989 年举办的拍卖会上，拍出 5.5 万英镑的高价。派恩和吉尔摩的体验经济理论很好地解释了这些具有"体验性"（吸引力）的收藏品，例如，芭比娃娃和泰迪熊虽然价格高昂，但是，仍然有许多收藏者趋之若鹜的原因（见表 2.2）。

表 2.2　　　　　中国台湾地区的泰迪熊（Teddy Bear）参考价目表

名称	数量	制作年份或复制年份	价格
皮皮熊	非限量	1909/1993 年	4800 元新台币
傀儡熊	4000 只	1910/1998 年	26000 元新台币
和平熊	1500 只	1925/1999 年	39500 元新台币
小丑熊	5000 只	1926/1999 年	12000 元新台币
亚洲快乐小熊	3000 只	1996 年	9000 元新台币
德国登山小熊	2000 只	1997 年	17000 元新台币
天使熊	1500 只	1998 年	25000 元新台币
荷兰木鞋小熊	1847 只	1999 年	12000 元新台币
面具小熊	3500 只	2000 年	18000 元新台币
苏格兰熊	3000 只	2001 年	10800 元新台币

资料来源：根据李若菱《泰迪熊》，河北教育出版社 2003 年版，第 58～109 页相关内容整理。

　　虽然人们通常并不使用"吸引力"这个词来分析影响收藏品价格的因素，但是，许多资深收藏者实际上无不深知艺术家的知名度，收藏品所涉及的题材之类的因素对收藏品价格的决定性影响。收藏品的吸引力在很大程度上是直接影响收藏品价格的决定性因素。一个典型的例子是，1997 年，在中国嘉德国际拍卖公司举办的一场拍卖会上，齐白石唯一的一幅以"苍蝇"为题材的书画作品，虽然尺寸仅为 9.7 厘米×7 厘米，但由于其题材特殊而成为全场的焦点，最终拍出了 19.8 万元的高价，被一些媒体称为"最昂贵的一只苍蝇"。事实上，金钱与吸引力的关系是相互的。金钱可以买到吸引力，吸引力也可以赢得金钱。因此，能否找到在将来能够获得更多吸引力的收藏品，无疑就成为投资成败的关键之一。

　　下面让我们来看两个吸引力赢得金钱的例子。

　　利希滕斯坦（Lichtenstein）似乎一直是备受争议的波普艺术家。艺术评论家多尔蒂（Doherty）曾经在《时代》（Time）杂志上撰文，将利希滕斯坦描绘成"美国最差的艺术家之一"，把他的绘画作品形容成"艺术界中一文不值的挪用品"。另一位艺术评论家科兹洛夫（Kozloff）也在其发表于《国家》（The Nation）杂志上的一篇文章中认为："利希滕斯坦的绘画作品无知、恶劣、赶时髦、令人恶心——是目前最轰动一时的事物。"对丑闻一贯十分敏感的各种新闻周刊和时尚杂志非常高兴地转载了这些评论，并时刻准备参与这场论战。因为尽管抽象绘画一直都是很难讨论的艺术，然而，波普艺术却可以让记者们大显身手。新闻界对波普艺术的强烈反应使它的诬蔑者们得到了某种"苦涩的满足"。一些收藏家当即开始收购利希滕斯坦的作品，一位名叫克劳斯哈尔（Kraushar）的保险商甚至一口气购买了 60 余幅利希滕斯坦的作品——几乎没有一件作品的价格超过 1000 美元。而到了 1976 年，这批作品的售价已经高达 600 万美元了。

劳森伯格（Rausenburg）的丝网印花绘画作品在 1963 年的价格一直在 2000～4000 美元之间。不过，当劳森伯格荣获 1964 年威尼斯双年展（La Biennale di Venezia）特别奖之后，他的丝网印花绘画作品价格迅速上涨到了 10000～15000 美元。有艺术评论家指出，罗伯特·劳森伯格的获奖意义非凡，因为他是荣获威尼斯双年展特别奖的第一位美国艺术家，也是迄今为止最年轻的一位。而且，这次获奖还标志着波普艺术被引入欧洲。（常宁生，2001）

需要指出的是，收藏品的吸引力是动态变化的。换句话说，收藏品的吸引力既有可能随着时间的推移而不断增加，也有可能随着时间的流逝而明显减小。不仅如此，深谙此道之人还善于制造"虚假的吸引力"，以吸引"金钱的流动"。那些为了引人注意而故弄玄虚地创作出的"穷山、恶水、败花、丑树、危房、傻人"不就常常令人眼睛一亮，但一年半载之后便在市场上踪迹全无了吗？可是，不管怎样，对于收藏投资而言，发掘能够经得起时间的检验，并能够持续地吸引人们注意力的收藏品，无疑是"注意力经济时代"的收藏品投资之道。

二、炫耀性（Flaunt）

凡勃伦（Veblen）在《有闲阶级论》一书中写道："在任何高度组织起来的工业社会，荣誉最后依据的基础总是金钱力量；而表现金钱力量，从而获得或保持荣誉的手段是有闲和对财物的明显浪费。"凡勃伦认为："收藏品的效用同它的价格高低有密切的关系。"

举例来说，一只手工制银汤匙的价格大约是 10～20 元，它的适用性通常并不大于一只同样质料的机器制汤匙，甚至也并不大于以某种"贱"金属，例如，铝为原料的机器制汤匙，而后者的价格大约不过 1～2 角。就实际用途而言，手工制银汤匙往往不及机器制铝汤匙。事实上，手工制银汤匙的主要用途是迎合人们的喜好，满足人们对美感的要求。而以贱金属为材料的机器制品，则除了毫无情趣地供实用以外，是别无可取之处的。凡勃伦总结道：

第一，制成两种汤匙的材料，在使用目的上各有其美感与适用性。虽然手工艺品所用材料的价值，往往高于贱金属约百倍以上，但是，就实质与色彩而言，前者并不见得大大地超过后者。

第二，假定某种被认为是手工制品的汤匙，实际上是仿造的赝品。但仿造得非常精巧，在外观上与真正的手工艺品几乎一模一样。只有精于此道者仔细观察才能识破。可是，这一作伪情况一旦被发现，那么，这件物品的效用，包括使用者把它当做一件收藏品时所感到的满足，将立即下降大概80%～90%，甚至更多。

第三，即使对于一个相当细心的观察者来说，这两种汤匙在外表上也显得相差无几。除了分量轻重显然不同以外，几乎没有什么别的破绽。不过，只要那个机器制的汤匙本身不是件新奇物品，并且可以用极低的价格购得，它就不能由于其形式上与手工制品和色泽上与手工制品相同这一点而抬高身价，也不能由此显著地提高使用者的"美感"的满足。

当然，凡勃伦承认，具有艺术价值的物品之所以可贵，在于它们具有艺术上的真正价值。否则，人们就不会这样其欲逐逐，已经据为己有的人就不会如此洋洋得意，夸为独得之秘。然而，凡勃伦同样意识到，这类物品对占有者的效用，一般主要不在于它们所具有的艺术上的真正价值，而在于占有或消费这类物品可以增加荣誉，可以祛除寒酸、鄙陋的污名。换句话说，这类物品之所以能够引起独占欲望，或者说之所以能够获得商业价值，与其将它所具有的美感作为基本动机，不如将其作为诱发动机。"一切珠玉宝石在官能上的美感是大的。这些物品既稀罕，又值价，因而显得更加名贵。假设价格低廉的话，是绝不会这样的。"

在此基础上，凡勃伦敏锐地指出：我们从使用和欣赏一件高价的而且认为是优美的收藏品中得到的高度满足，在一般情况下，大部分是出于美感名义假托之下的高价感的满足。我们对于优美的收藏品比较重视，但是，所重视的往往是它所具有的较大的荣誉性，而不是它所具有的美感。"因为审美力的培养需要花费很长的时间和很多的精力。"他甚至进一步认为，任何贵重的收藏品，要引起我们的美感，就必须能同时适应美感和高价两个要求。除此之外，高价这个准则还影响着我们的爱好，使我们在欣赏收藏品时把高价和美感这两个特征完全融合在一起，然后把由此形成的效果，假托于单纯的艺术欣赏这个名义之下。于是，收藏品的高价特征逐渐被认为是高价收藏品的美感特征。某种收藏品既然具有光荣的高价特征，就令人觉得可爱，而由此带来的快感，却同它在形式和色彩方面的美丽所提供的快感合二为一，不再能加以区别。因此，凡勃伦认为，当我们称赞某件收藏品时，如果把这件收藏品的艺术价值分析到最后，就会发现，我们的意思是说，这件收藏品具有金钱上的荣誉性。由于重视收藏品的高价特征这个习惯进一步巩固，并且，人们也已经习惯于把美感和荣誉两者视为一体，大家逐渐形成了这样的观念：凡是价格不高的收藏品，就不能算做美的。

可不是吗？油画收藏者们经常提及的，恨不能为己所有的油画，难道不是梵·高（Vincent Van Gogh）创作的《加歇医生的肖像》（Portrait of Doctor Gacher）（嘉士得拍卖公司于 1990 年以 8250 万美元拍出）吗？国画收藏者们经常提及的，恨不能为己所有的国画，难道不是陆俨少创作的《杜甫诗意百开册页》（北京翰海拍卖公司于 2004 年以 6930 万元人民币拍出）吗？书法收藏者们经常提及的，恨不能为己所有的书法，难道不是米芾创作的《研山铭》（中贸圣佳拍卖公司于 2002 年以 3298 万元人民币拍出）吗？摄影作品收藏者们经常提及的，恨不能为己所有的摄影作品，难道不是斯泰肯（Steichen）创作的《池塘月光》（The Pond – Moonlight）（苏富比拍卖公司于 2006 年以 293 万美元拍出）吗？正如约翰斯（Johns, 1997）所说："当我们看到梵·高所画的加歇医生的面孔时，再不会看到一个常见的忧伤与悔恨的肖像，而是一大堆金光闪闪的迷人的金钱。梵·高、雷诺阿、毕加索这些名字现在已成为了财富和荣誉的象征。"

凡勃伦举了一个仿古精装本书籍的例子来说明这个问题。他写道：

> 有些人爱书成癖，觉得古籍善本格外动人。当然，这种爱好并不是出于对这类代价高昂、高度朴拙的版本的有意识的、自觉的赞赏。这里的情形同手工制品优于机器制品的情形相似。他们认为，在外表上和制作上一味仿古的那类书籍具有很多优点，这些优点主要来自于审美方面的效用。在出售这类仿古书籍的书店里，人们看到的是古拙的字体，印刷在手工制的直纹毛边纸上，四周的空白特别宽阔，书页则是不切边的。总而言之，书籍的装帧显得质朴、笨拙，古色古香。而这些都是煞费苦心、刻意经营出来的。

在凡勃伦看来，凯尔姆司各托（Kelmscott）印刷所的做法，假设从纯粹适用性的角度来看，简直达到了荒唐的地步。它所发行的供现代人阅读的书籍，其文字却用古老的拼法，用黑体字印刷，用柔皮为背缀，还要加上皮带。另一个足以抬高这类精装本书籍身价、巩固其经济地位的方法是把发行量控制在一定范围之内。发行量有限是一种有效的保证——表明这个版本是珍贵的，因此是奢侈浪费的，它能够增进消费者的金钱荣誉。

事实上，凡勃伦的炫耀性消费理论是一种社会心理效应，而不完全是一种经济效应。因为凡勃伦所说的炫耀性消费，实际上必须依赖于个人对群体的预期才会真正起作用。这就是说，在凡勃伦看来，具有艺术价值的物品带给购买者的总效用不仅包括由于直接"消费"这件物品所带来的"物理效用",而且包括由于这件物品本身的高昂价格所带来的"社会效用"。凡勃伦的炫耀性消费理论显然有助于我们理解日本富豪和财团在20世纪80年代从国际收藏市场上一掷千金地购买梵·高、莫奈等著名画家代表作的看似"非理性"的行为。

早在20世纪60年代就以收藏印象派作品而闻名的日本最著名的经纪人大佐福吉在1989年再一次做出惊人之举。他利用在纽约访问的10天时间,花费2000万美元,购买了西格尔(Siegel)、阿尔普(Arp)、德库宁(Williem de Kooning)、克莱因(Klein)和沃霍(Warhol)等人的作品。1989年11月,毕加索(Picasso)的作品《皮埃雷特的婚礼》(Pierrette's Wedding)出现在巴黎的一场拍卖会上,这幅作品的主要竞争者是日本富翁鹤卷和一位法国人。当《皮埃雷特的婚礼》的报价上升到4260万美元的时候,那位法国人开始犹豫起来了,不敢继续贸然加价,而鹤卷则志在必得,一下子把价格加到了4890万美元,击败了所有竞争对手。

1990年,在纪念梵·高逝世100周年的热潮中,梵·高的作品《加歇医生的肖像》在嘉士得(Christie's)拍卖公司以8250万美元的价格被日本纸业大王斋藤英夺得,创下了当时收藏品拍卖的最高成交价。与此同时,他还以7810万美元的价格买下了雷诺阿(Renoir)的作品《红磨坊的舞会》。尽管花费不菲,斋藤英却"连叫便宜"。根据日本海关的不完全统计,截止到1987年8月,日本人从海外购入了87万多幅画作,总金额高达734亿日元。其中,从欧美等国购入的高档绘画约为1.2万多幅,总估价约为685亿日元,每幅画作的平均价约为538万日元。其中包括毕加索的《朵拉·玛尔的肖像》(约1.08亿日元)、雷诺阿的《拿扇子的女人》(约3亿日元),以及塞尚(Cezanne)、莫奈(Monet)等著名画家的作品。另据苏富比拍卖公司和嘉士得拍卖公司的不完全统计,截止到1989年11月,从苏富比拍卖公司和嘉士得拍卖公司卖出的名画中,美国人购得了其中的25%,欧洲人购得了其中的34.9%,而日本人的购买量高达39.8%,成为最大的买主。(刘刚和刘晓琼,1998)

尽管这些看似"非理性"的购买行为极大地满足了他们的炫耀性消费心理,不过,此后的结果却不容乐观。1997年以来,由于日本"泡沫经济"的破灭,东南亚金融危机的影响,以及日本经济体制所存在的一系列结构性矛盾,日本经济陷入了以通货紧缩为主要特征,并伴随阶段性衰退的长期停滞。昔日被抢购来的西方名画,开始陆续流向经济增长相对稳定的欧美国家。据苏富比拍卖公司的估计,在该公司1998年上半年受委托拍卖的绘画作品中,大约40%来自于日本。嘉士得拍卖公司也发现,日本人委托该公司拍卖的绘画作品正在大幅度增加。1997 年，日本人通过拍卖公司拍卖的收藏品总额达到了 2500 万英镑。英国《每日电讯报》（Daily Telegraph Newspaper）在一篇报道中讥讽道："日本的艺术爱好者正在抓紧时间前往位于东京的川桥美术馆，以便赶在基弗（Kiefer）的 11 幅作品流出国门之前再看上最后一眼。"由于高桥治宪的两家公司相继破产，他不得不转让自己于 1988 年以 800 万英镑购得的这 11 幅作品。这 11 幅作品最终由英国人恩特威斯尔（Entwisle）以 400 万英镑的价格夺得。（李向民，1999）

在日常生活中，我们不难发现，当人们得知某人从事收藏活动时，就会觉得这个人非常有品位；当人们得知某人收藏了珍贵的收藏品时，更会觉得这个人很有身价。中国民间就有很多关于收藏品价格的俗语，例如，"一页宋版，一两黄金"、"黄金有价，钧窑无价"、"黄金万两易得，田黄一颗难求"、"家有钱财万贯，不如宋瓷一件"，等等。正是由于这个原因，古今中外的许多大富翁，例如，美国的洛克菲勒（Rockefeller）、英国的伯利尔（Balliol），往往不惜巨资收购各种收藏品。今天，即使是美国微软（Microsoft）公司董事长比尔·盖茨（Bill Gates）这样的信息技术（IT）新贵也开始频频在收藏品拍卖市场露面，让人们感受到了收藏的巨大魅力。（胡慧平，2005）

凯夫斯（Caves，2004）的研究也发现，人们从事收藏，多多少少都存在着自我包装的动机，目的是向周围的人展示自己的价值观或兴趣。很多传记文献都对收藏家们寻找社会承认和永载史册的动机施以重墨。因为，一般来说，只要提到成功的收藏家，人们就会自然而然地认为他们拥有很高的品位和鉴赏力。事实上，收藏品作为一种投资工具（有效的投机工具）的意义甚微。收藏家们通常会由于其他收藏爱好者或鉴定者对他们的收藏品的美学评价感到欣喜若狂。因为"一旦收藏过程成功"，"永载史册的想法就得以梦想成真"。

约翰斯（1997）同样意识到，很多收藏家购买收藏品的动机完全与艺术本身无关。他们从事收藏的重要目的之一，是为了社会声望，为了给人以有文化修养的印象。很多巨富收藏家一直对建造自己的私人博物馆乐此不疲，因为这可能最终成为亿万富翁身份的象征。

例如，石油巨商梅尼尔（Meniere）一辈子都热衷于收藏，迄今为止已经收藏了几万件收藏品。她在休斯敦建立了自己的博物馆，这座由皮亚诺（Peano）设计的博物馆是世界上最好的博物馆之一。这显然可以在很大程度上提高她的社会声望和艺术品位，并成为她的亿万富翁身份的重要象征。

又如，尽管石油大亨哈默（Hammer）因为收藏有数千件世界名画，而被誉为世界上首屈一指的收藏家。他一生中最渴望得到的收藏品是雷诺阿的作品

《船上集会的午宴》，然而，收藏该画的菲利普（Philip）却一直不肯割爱。哈默对此耿耿于怀。他曾经宣称：如果这幅画出现在拍卖会上，他将不惜卖掉美国西方石油公司的股份来购买。（刘晓君和席酉民，2001）

三、投机性（Speculation）

对于绝大多数中国人而言，一提到"投机"，就很容易联想到"倒把"。在人们心目中，"投机"二字是一个地地道道的贬义词。可是，在外国人眼里，可不完全是这样。英语中的"投机"是 Speculation，意思是预测、推断，是市场知识的综合运用；而英语中的"投机者"是 Speculator，意思是预测者、推断者，是市场知识的综合运用者。换句话说，投机与投机者二词原本并无贬义，甚至还带有几分褒义的色彩——手握水晶球的预言家。

事实上，很多收藏品都具有天生的投机性。最容易观察到收藏品投机现象的收藏市场是邮票市场、金银币市场、电话卡市场，等等。在收藏市场上，存在着大量的投机者，他们参与收藏品交易的目的就是利用收藏品价格的上下波动来获利。显而易见，那些供给弹性大的收藏品，例如，JT 邮票就很好地满足了这种投机需要。当价格看涨时，投机者迅速买入自己看好的品种，以期在价格上涨时卖出获利。大投机商经常利用某些小道消息和价格波动，人为地操纵市场，从而对收藏品价格的变动起到推波助澜或力挽狂澜的作用。有时候，投机大户甚至制造谣言，虚张声势，哄抬价格，操纵市场，以此从中获利。最典型的例子莫过于 20 世纪 90 年代初中国邮票市场的疯狂了。

与投机因素紧密联系的是心理因素，即投资者的信心。当人们对收藏市场的前景信心十足时，即使没有什么利好消息，价格也可能会莫名其妙地狂涨；反之，当人们对市场的前景失去信心时，即使没有什么利空消息，价格也可能会一泻千里般地暴跌。当收藏市场处于"牛市"时，人心向好，一些微不足道的利好消息都会刺激投资者的看好心理，引起价格上涨；当收藏市场处于"熊市"时，人心向淡，往往任何利好消息都无法扭转价格疲软的趋势。

在华尔街上，流传着这样一句格言："在牛市里，再高的股价都不算高；在熊市里，再低的股价也不算低。"（马尔基尔，2002）事实上，在收藏市场上，这样的事情也不时发生。这就是"放大机制"所产生的影响。

希勒（Shiller，2004）指出，放大机制是通过一种反馈环运作的。他的反馈环理论认为，最初的价格上涨导致了更高的价格上涨。因为随着投资者需求的增加，最初价格上涨的结果反馈到了更高的价格中。第二轮的价格上涨又反馈到第三轮，然后反馈到第四轮，依此类推。换句话说，诱导因素的最初作用被放大了，产生了远比其本身所能形成的大得多的价格上涨。希勒认为，过去的价格上涨增强了投资者的信心和期望，于是，这些投资者进一步哄抬市价，以吸引更多的投资者，这种循环不断进行下去，就造成了市场的过度反应。这是"牛市"的情形，而"熊市"的情形正好与此相反。

在收藏市场上，投机者的心理变化往往与收藏品投机因素交织在一起，产生综合效应。约翰斯（1997）甚至认为："无论以什么理由来收藏，大多数收藏家都是依靠他们的耳朵而不是眼睛在买画。"值得一提的是，即使这些收藏家是依靠他们的"眼睛"在买画，情况也未必会有所好转。刘建伟（2004）就发现，"每在展厅参观，常常遇到这么一种情形：一看画上落款是某某名家，便毫不犹豫赞曰'好好！意境深远。'如果是名不见经传的陌生画家，则顺口贬之'果然不行'。"1955年，因为一幅习作而得以免试进入中央美术学院华东分院（今中国美术学院）学习的张正恒曾经以自己的亲身经历谈到过有名和无名的不同遭遇。当年，他把自己的精心之作给人看时，总不能得到公允的评价。一气之下，他在作完画后，题上了黄宾虹的款。出人意料的是，其他人在看后皆称精品。张正恒长叹道："我的画写上自己的名字就是不会画画，而写上黄宾虹的名字就是精品，到底是人画画，还是画画人？"（张正恒，1996）

收藏投机者进行投机活动的目的，是利用收藏品价格的波动来获利，投机者的心理也随着市场价格的变化而不断变化。投机者的这种心理变化通常会成为其他投机者捕捉交易机会和分散价格风险的大好时机，从而促成投机交易的完成。因此，投机者的心理变化与投机行为是在收藏品交易中形成的互相制约、互相依赖的"共生现象"，它们共同作用于收藏市场，并且造成了收藏品价格的剧烈波动。

虽然投资与投机的区别几乎是众所周知的，但是，当我们试图准确定义这两个概念时，却遇到了极大的麻烦。区分的困难首先在于，投资与投机在未来收入的实现方面和本金的归还方面都不可避免地涉及风险性。对于很多人来说，风险程度几乎完全是一种个人的认知判断。某些投资者或许会认为，购买某种收藏品的风险很大；但其他投资者却很有可能认为，购买这种收藏品的风险微不足道。因为不同程度的风险之间的界限显然很难把握。广为人们所接受的观点是：投资的核心目标是获得稳定的收入，而投机的典型特征则是追求短期的利润。事实上，有一种玩世不恭、带有几分"成者英雄败者寇"色彩的定义也颇有道理："投资是一次成功的投机，而投机是一次不成功的投资。"投资者中有失败者，投机者中也不乏成功者。换句话说，投资与投机是相互交融的，投资中有投机的成分，投机中也有投资的成分。概括起来，收藏市场上的投机行为具有如下特点：

收藏投机者的目的是为了在短期内获得比较高的利润，并且愿意为之承担比较大的行为风险。收藏投机者从事收藏品交易的目的与收藏投资者不同，他们希望能够在短期内利用收藏品价格的变动获得差额利润。投机者通常不会太注重收藏品的"真实价值"，他们更为关注的是"势"，也就是所谓的"人气"。因此，收藏投机者所获得的收益的不确定性是很大的。但如果操作得当的话，也可能会在短期内获得比较丰厚的预期收益。不过，一旦判断失误，其损失也是非常之大的。我们可以用表 2.3 来将收藏品投资行为与投机行为的特点进行一番比较。

表 2.3　　　　　　　　　　　收藏品投资行为与投机行为的特点比较

	投资行为	投机行为
交易目的	获得稳定的收益	在短期内获得差额利润
承担风险	比较小	比较大
决策依据	价值分析为主	市场分析为主
持有时间	比较长	比较短

资料来源：马健：《收藏投资的理论与实务》，浙江大学出版社 2004 年版，第 60 页。

由此可见，不管是收藏品投资行为还是投机行为，其最终目的都是为了获得预期收益，只是具体的操作手段不同而已。事实上，我们可以这样描述收藏品投资行为，对于收藏品投资而言，资金的持有时间相对比较长，始终以收藏品作为手中的筹码，即使变现出局，也会在比较短的时间内选择其他种类的收藏品重新建仓。如果以 C 代表收藏品，以 M 代表资金的话，那么，我们可以用以下公式来表示收藏品投资行为：C—M—C。与此相似，收藏品投机行为，则是指以空仓者身份等待时机，只要发现机会就迅速建仓，在获取预期利润或者市场价格达到其制定的"止损点"时，就马上变现出局。我们可以用以下公式来表示收藏品投机行为：M—C—M。

总而言之，收藏市场上的投资行为与投机行为的界限实际上并非泾渭分明的。凯恩斯甚至认为，从事投资就好像是玩"叫停"（game of snap）、"传物"（old maid）、"占位"（musical chair）等游戏。谁能够不先不后地说出"停"字，谁能够在音乐终了之时占到一个座位，谁就是胜利者。他曾经用照片选美竞赛的隐喻阐述过他的这个思想：

　　假设报纸上登出了 100 张美女照片。参赛者从中选出最美的 6 个，谁的选择结果与全体参赛者的平均偏好最接近，谁就胜出。在这种情况下，参赛者的最佳策略显然不是选择他自己认为最美的 6 个，而是选择他认为别人认为最美的 6 个。如果每个参赛者都从这一观点出发，那么，他们都不会选择自己认为最美者，也不会选择一般人认为最美者，而是推测一般人认为最美者。这已经到了第三级推测。

　　凯恩斯相信，有些人还会推测到第四级、第五级，甚至更多。按照凯恩斯的思路，如果你是一个纯粹的投资者，仅仅将收藏品作为一种投资品种，而不夹杂自己主观偏好的话，那么，理性的投资行为显然并不是选择自己喜欢的收藏品，而是选择那些最可能被大多数人关注和欣赏的收藏品，即使这件收藏品制作得拙劣呆板，平淡无奇。这就是说，成功的收藏投资应该建立在对大多数人购买心理的预期之上。我们之所以选择购买某种收藏品，并不是因为这件收藏品具有如评论家们所声称的诸如历史价值、艺术价值之类的所谓"真实价值"，而是因为你预期会有人花更高的价格从你手中买走它。这就是所谓的"更大笨蛋理论"（Theory of Greater Fool）。

　　投资者之所以愿意花高价买下自己并不一定喜欢的收藏品，是因为他预期会有更大的笨蛋花更高的价格从他手中买走这件收藏品。例如，一个投资者之所以在"虎年彩色 1 盎司银币"的市场价格为 400 元时不去购买，而是等到其市场价格在不久之后上涨到 1000 元时才去购买。并非因为他相信这种"彩虎"银币的实际价值应该用 1000 元衡量，而不是用 400 元衡量，实际上是因为他推测还会有更多的人愿意花更高的价格购买这种"彩虎"银币。

　　又如，对于很多投资者而言，毕加索、石鲁等人"阳春白雪"般的艺术风格实际上是很难令他们接受的。不过，在收藏市场上，他们的画作仍然能够卖出很高的价格。尽管评论家们对这类现象有着各式各样的解释，但是，凯恩斯的解释似乎更具有说服力：投资者之所以愿意花高价买下自己并不一定喜欢的收藏品，是因为他预期会有更大的笨蛋花更高的价格从他手中买走这件收藏品。只要有更大的笨蛋出现，那么，收藏品的价值和真假就都不再是那么至关重要了。

第三节　收藏品价格分析方法

　　事实上，我们可以建立一个关于收藏品价格的 A—F—S 模型来作为我们的分析框架（见图 2.2）。在图 2.2 中，我们用英文字母 A（attraction）、F（flaunt）、S（speculation）分别表示收藏品的吸引力、炫耀性和投机性，而用希腊字母 α、β、γ 分别表示收藏者对吸引力、炫耀性和投机性这三个因素所赋予的权重，V 则表示收藏品的影子价格，即收藏品内在的，但可能还没有显露的价格。

图 2.2 收藏品价格的 A—F—S 模型

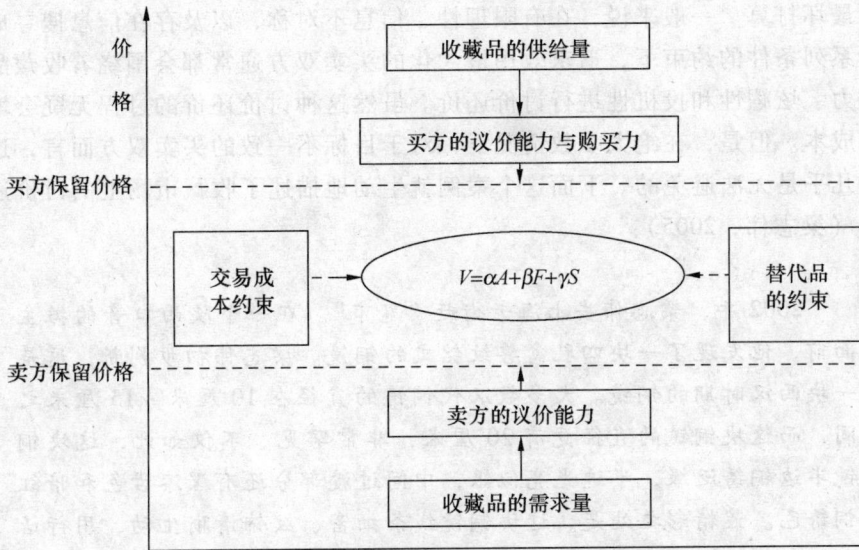

不失一般地，我们可以将收藏品价格的形成过程理解为卖方和买方的议价过程（即讨价还价的过程）。尽管从表面上看，影响收藏品价格的直接因素是买卖双方的议价能力、买方的购买力，以及收藏品的供给量和需求量。但事实上，买卖双方议价的中心却是收藏品的吸引力、炫耀性和投机性（我们可以用公式表示为：$V = \alpha A + \beta F + \gamma S$）。此外，收藏品的价格还要受到交易成本的约束和收藏市场上其他替代品的约束。

在收藏市场上，收藏品的卖方总是希望以尽可能高的价格出售他所拥有的收藏品；而收藏品的买方则总是希望以尽可能低的价格购买到收藏品（追求收藏品的"炫耀性"价值的收藏者除外）。但是，收藏品的买卖双方都有一个出售或购买收藏品的价格底线。对于收藏品的卖方而言，他出售收藏品的价格底线是卖方保留价格，即卖方愿意出售收藏品的最低价格；对于收藏品的买方而言，他购买收藏品的价格底线则是买方保留价格，即买方愿意为收藏品支付的最高价格。显而易见，如果收藏品的价格低于卖方保留价格或者高于买方保留价格，交易是无法顺利进行的。因为，在这种情况下，进行交易给买卖双方带来的效用都小于不交易的情形。所以，收藏品价格的可能性区间在卖方保留价格和买方保留价格之间。

需要指出的是，无论是卖方保留价格，还是买方保留价格，都只是买卖双方的最坏打算。一般来说，在有限理性、信息不对称，以及存在信息搜寻成本等一系列条件的约束下，追求效用最大化的买卖双方通常都会围绕着收藏品的吸引力、炫耀性和投机性进行讨价还价。虽然这种讨价还价的过程无疑会增加交易成本。但是，在绝大多数情况下，对于目标不一致的买卖双方而言，这种过程几乎是无法避免的。下面这个案例就生动地描述了收藏市场上的讨价还价过程（梁志伟，2005）：

> 2002年，梁志伟去上海老街赶"鬼市"。在一个陕西口音的摊主面前，他发现了一块四乳禽兽纹铭文的铜镜。梁志伟初步判断，这是一块西汉时期的铜镜。大多数汉代铜镜的直径在10厘米~15厘米之间，而这块铜镜的直径竟有20厘米，非常罕见。不仅如此，这块铜镜半边铜锈泛绿，半边光亮似银，中间过渡部分还有黑漆古色和暗红铜锈色。最精彩之处是，这块铜镜线条细密、纹饰清晰生动，用行话说，属于铜模头版或二版货。虽然梁志伟心中为遇上了好货而惊喜，但是，脸部表情依然冷淡如初。拿在手上瞄了一眼，似乎很不经意地问价。摊主开口价5000元。他装作被吓倒的样子，一面随手放下铜镜，一面说"价格只能讲'百'"。说完赶忙就走。出人意料的是，性急的摊主竟然径直走过来问道："这块铜镜你到底要不要，可出多少价？"
>
> 梁志伟急忙又随摊主回到他的摊位，拿起铜镜反问道："你最低卖多少元？"
>
> 摊主大减价说："1800元。"
>
> 梁志伟摇摇头，虽然他的心理价位（买方保留价格）是600元，口里却随意说道："300元。"
>
> 接下来的对话更有意思：
>
> "我真的想买，再加价至400元。"
>
> "我真的想卖，最低价800元。"

"我今天还没有开张，再减 50 元，750 元？"

"我今天也没买到东西，再加价 50 元怎样？"

摊主听完，垂头丧气不再吭声。梁志伟知道杀价已经杀得差不多了，再加价肯定能够成交，但他也不急于再加价。便装着看旁边一个熟人的摊位，想买一件叫价 900 元的缺盖小残的清代道光年间青花将军罐。坐了几分钟，他起身随意对卖铜镜的摊主说："我想交你这个朋友，最后出价 600 元，能卖就卖，不卖我就走了。"

摊主听后也很爽快："600 元成交！"

从开口价 5000 元到成交价 600 元，买卖双方的议价能力对收藏品价格的巨大影响由此可见一斑。

买方的购买力也是影响收藏品价格的重要因素。据司马迁的《史记》记载："赵惠文王时，得楚和氏璧。秦昭王闻之，使人遗赵王书，愿以十五城请易璧。"这就是"价值连城"的和氏璧。

无独有偶，17 世纪末，被欧洲人称为"强力王"的萨克森王兼波兰国王奥古斯特二世（August II der Starke），对东方瓷器的收藏充满着强烈的欲望。在他的一生中，最大的开支除了战争费用，就是购买东方瓷器的开销。据文献记载，奥古斯特二世曾经于 1717 年以 600 名全副武装的萨克森骑兵，换取了普鲁士帝国腓特烈·威廉一世（Friedrich Wilhelm I）的 127 件中国瓷器，其价值相当于德国旧银币 2.7 万塔里尔，这在当时简直是个天文数字（飞石，2001）。

相反，当社会的总体购买力偏低时，收藏品的价格也会普遍偏低。一些收藏家曾经不无遗憾地回忆道：在 20 世纪 50～60 年代，张大千的绘画作品约为两三百元一幅，而齐白石的绘画作品大概为五六十元一幅，李可染、李苦禅的绘画作品则大多二三十元就能买到。问题是，在那个时代，普通人一个月的工资最多也就是五六十元（忻文，2005）。

1994 年，广州中国艺术博览会办公室曾经对广州市民的艺术消费心理进行了一次较大规模的社会调查。这次调查统计结果也很能说明问题（见表 2.4）。

中国艺术博览会广州办公室的这次调查发现："人均月收入低于 600 元的家庭，购买艺术品的约占该档次家庭数的 1/3，所购艺术品的价格绝大部分在 500 元以下；人均月收入在 3000～5000 元的家庭，购买艺术品的约占该档次家庭数的 2/3，所购艺术品的价格近一半仍在 500 元以内，约 1/10 的艺术品价格在 2000 元以上。"

美国的研究者在对美国收藏市场进行调查后，也得出了类似的结论："美国商业性艺术的服务对象主要是年收入在 3 万～10 万美元之间的中产阶级。据不完全统计，这些家庭的平均油画拥有量为 30～40 幅。"（章利国，1997）

表 2.4　　　　　　　　　　广州市民的艺术消费偏好情况

就艺术题材而言	就表现手法而言
38.5% 的人喜欢现实题材的作品	46% 的人喜欢写实的作品
26.9% 的人喜欢历史题材的作品	20.5% 的人喜欢写意的作品
14.8% 的人喜欢神话题材的作品	12.3% 的人喜欢抽象的作品
3.9% 的人喜欢超现实题材的作品	2.8% 的人喜欢观念的作品

　　资料来源：中国艺术博览会广州办公室：《广州市民艺术品消费心理调查报告》（1994）。转引自张幼云《论艺术接受者的趣味结构》，载方全林主编《走向市场的艺术》，学林出版社 1997 年版，第 85 页。

需要指出的是，由于影响收藏品价格的因素众多，收藏者的偏好与收藏品的价格实际上并不具有明显的正相关关系。以邮票为例，我们可以按照主题的不同，将中国的 JT 邮票分为 13 大类：体育活动、建筑、文化艺术、妇女青年儿童、集邮活动、花卉植物、经济与国防建设、风景名胜、动物、青铜器与瓷器、人物、科学技术、重大事件。

上海财经大学集邮联合会（2000）曾经编制过 1996 年 12 月到 1998 年 12 月的中国 JT 邮票综合价格指数。所谓价格指数（Price Index），是指反映一定时期内商品价格水平变动情况的统计指标。中国 JT 邮票综合价格指数的编制方法是，将反映各个档次的每套邮票发行量乘以在某个时点上的价格，然后将乘积汇总，再将这个汇总值除以各个档次所有邮票的总发行量。换句话说，价格指数实际上是一个加权算术平均数。中国从 1980 年就开始举办"全国最佳邮票评选"。由全国的集邮者共同投票选出的最佳邮票，显然能够在很大程度上代表集邮者的个人偏好。但是，从佳邮评选结果的角度和从 JT 邮票价格的角度，对中国 JT 邮票的题材受欢迎程度进行的排序结果，却相去甚远（见表 2.5 和表 2.6）。

表 2.5 中国 JT 邮票的题材与综合价格指数的关系

题材	价格指数均值
体育活动	52.19
建筑	47.74
文化艺术	42.44
妇女青年儿童	32.05
集邮活动	29.92
花卉植物	28.86
经济与国防建设	28.04
风景名胜	22.30
动物	21.02
青铜器与瓷器	16.66
人物	14.24
科学技术	9.05
重大事件	8.96

资料来源：根据上海财经大学集邮联合会编著《邮品经济学》，上海财经大学出版社 2000 年版，第 143 ~ 144 页相关资料整理。

表 2.6 中国 JT 邮票的题材受欢迎程度的排序

排名的角度	排序的情况
从佳邮评选结果的角度	人物 > 文化艺术 > 风景名胜 > 动物 > 花卉植物 > 青铜器与瓷器
从 JT 邮票价格的角度	体育活动 > 建筑 > 文化艺术 > 妇女青年儿童 > 集邮活动 > 花卉植物

资料来源：根据上海财经大学集邮联合会编著《邮品经济学》，上海财经大学出版社 2000 年版，第 144 页相关资料整理。

除此之外，收藏品的价格还要受到交易成本的约束和收藏市场上其他替代品的约束。如果某件收藏品的供给弹性为零（即无论收藏品的价格如何变动，其供给量始终保持不变，如收藏品中的孤品），卖方将处于类似于完全垄断的地位，因为他所拥有的收藏品是独一无二的。但是，他却不能独自地决定收藏品的价格。因为在收藏市场上，尽管他拥有的这件收藏品是独一无二的，然而，还有很多人也拥有其他同样是独一无二的收藏品。这就是收藏市场上的替代品对收藏品价格的约束。而且，从本质上讲，这些收藏品给人们带来的经济收益和精神收益是相似的。因此，如果卖方保留价格大大高于买方保留价格，以至于根本没有讨价还价的余地，会使买方不得不放弃这次交易。由于卖方寻找潜在的买方是需要支付信息搜寻成本的。不仅如此，新一轮的讨价还价过程同样需要支付高昂的谈判成本。在这种情况下，即使卖方拥有独一无二的收藏品，他也很难独自地决定收藏品的价格，而不得不通过与买方讨价还价的博弈过程来共同确定收藏品的价格。

如果某件收藏品的供给弹性大于零（且供给弹性小于 1，即供给缺乏弹性的情况），卖方将处于类似于寡头垄断的地位。因为即使在收藏市场上还有与之品质相同、品相相同或者相近的收藏品，其数量也不至于太多。在这种情况下，卖方和买方在讨价还价的博弈过程中，还要考虑市场上潜在交易方的信息搜寻成本，以及新一轮讨价还价过程所需要的谈判成本等一系列交易成本。因此，卖方同样需要通过与买方讨价还价的博弈过程来共同确定收藏品的价格。

事实上，正是由于收藏市场上的交易成本，尤其是信息搜寻成本和讨价还价成本的存在，以及收藏市场上各种收藏品互为替代品的现状——例如，吴昌硕的花鸟画与齐白石的花鸟画具有某种程度上的替代性，而齐白石创作的不同题材的国画之间同样具有某种程度上的替代性——才使得卖方虽然处在类似于完全垄断或者寡头垄断的地位，也不能独自地决定收藏品的价格。因为由卖方独自决定的价格在绝大多数情况下只能是"有价无市"的虚假价格。总而言之，在收藏市场上，无论是供给弹性为零的收藏品，还是供给弹性大于 0 的收藏品，其价格的形成过程实际上都是卖方和买方以收藏品的吸引力、炫耀性和投机性为议价中心，在交易成本和替代品的约束下，进行讨价还价的博弈过程。

在收藏市场上，几乎从来没有"不二价"这回事。收藏品价格问题则因此而成为一个很有意思的问题。可不是吗？影响收藏品价格的因素不仅包括收藏品的吸引力、炫耀性和投机性，而且包括买卖双方的议价能力、买方的购买力、替代品的替代性，以及收藏品的供给量和需求量等因素。

正如赵汝珍（1942）所说："古玩无定价，千元之物可以一元得之。"汪丁丁（2003）甚至认为："如果人们头脑里特定物品的意义发生了变化，那么，意义的变化也足以导致该物品市场价格的变化。"不仅如此，由于收藏者的投资意识、投机心理等因素的影响，收藏市场变得日益复杂。这就使得收藏品的价格也变得令人越来越难以把握。因为正如希勒（Shiller，2004）指出的那样："从众心理和追风行为的力量会驱使人们继续做别人都在做的事情。"因此，想要准确地判断和分析收藏品价格，实际上并非易事。许多微妙的因素都会对收藏品的价格产生重要而深远的影响。

例如，1993 年 6 月 20 日，在上海朵云轩举办的首届拍卖会上，一幅汪精卫的行书作品在拍卖前并不被人们看好，底价为 3500 元港币。但是，当拍卖师宣布开拍以后，场上举牌应价者很多，价格也随之直线上升。当报价超过

4 万元港币时，场上只剩下两位竞买人了，他们看上去均没有让步的意思。当价格被叫到 8 万元港币的时候，在场的人都有点看不明白了。他们实在很难想象，这幅并不见佳的书法作品何以能值如此高价。然而，更令他们吃惊的是，价格并未就此打住。两位竞买人继续一前一后，一快一慢地举起手中的应价牌。这件拍品的价格，也随着应价牌的起伏而一路飙升。最后，这件拍品竟然被拍到了 22 万元港币。

虽然买到了汪精卫的书法，买受人却并没有一丝成功的喜悦。他在签署拍卖成交确认书时，一脸沮丧。据说，买受人的对手是香港有名的"要一槌"，尽管此人未必懂书画，但财大气粗，很少有人能在拍卖会上与他竞争。而这次恰好遇到了一位志在必得的对手。拍出在行家们看来如此"不合理"的高价，也就在情理之中了。对此，香港著名收藏家张宗宪评论道："这样的作品和价格，在国际拍卖市场上，无论以其商业性，还是艺术性而言，都是不相符的。"（刘宁元，1998）

另外，值得一提的是，在收藏市场上，许多人对于"市场参考价"是深信不疑的。一些对收藏市场不甚了解的初学者甚至按照书籍报刊的"收藏市场最新行情"中的市场参考价，按图索骥地大肆收购收藏品。遗憾的是，他们除了在以低于市场参考价收购到收藏品时，自以为捡了便宜窃喜几回以外，更多的或许还是欲哭无泪！马广彦（2001）曾经指出："离开了现实的市场拍卖成交价，任何由个人随意估计的价格都是不真实的，不可靠的，甚至会把收藏者引入价格的误区，以高价格买入价值甚低的东西。"他举过这样一个例子，同一只明代嘉靖年间的青花瓷大缸（高 37 厘米），在 1997 年 7 月以前拍卖的最高成交价格只有 5.28 万元人民币，而在一本专门介绍古代瓷器价格的书中，竟然提供了 18 万元人民币的参考价。当然，我们可以将这个例子作为一些不负责任的作者"信口开河"的特例。那么，拍卖公司中专业人士对收藏品估价的准确性又如何呢？

让我们对收藏品在拍卖前的估价与拍卖时的成交价进行一次统计研究，分析一下收藏品在拍卖前的估价与拍卖时的成交价究竟存在怎样的相关性。我们的研究样本取自"朵云轩 1993～2002 年书画拍卖成交价前 100 名目录"（见表 2.7）。需要指出的是，由于弘一法师的《华严经集》在拍卖前没有经过估价，因此，我们的研究样本实际上是 99 件艺术品。

表 2.7　　　1993～2002 年朵云轩书画拍卖成交价前 100 名目录　货币单位：万元人民币

作者	作品名称	估价	成交价	成交价位于估价区间者
傅抱石	山水、人物	280～400	352	√
傅抱石	山水、人物	160～180	201.3	
弘　一	华严经集	无	145	
弘　一	普贤行愿品赞	40～50	143	
张大千	惊才绝艳	120～160	110	
任伯年	花鸟草虫	24～28	105	
张善孖	山君图	28～38	88	
谢稚柳	溪内林薮	20～30	78.1	
徐悲鸿	落花人独立	48～68	77	
林风眠	芦塘白鹭	30～40	72.6	
傅抱石	观瀑图	46～56	71.5	
吴湖帆	峒关蒲雪	48～58	67.1	
傅抱石	观山图	32～40	66	
张大千	山雨催泉	60～80	60.5	√
齐白石	荷塘蜻蜓	10～16	58.3	
张大千	山水名胜	70～90	55	
齐白石	贝叶草虫	50～60	55	√
张大千	金碧山水	50～70	52.8	√
齐白石	寿酒神仙	48～55	52.8	√
张大千	高寻白帝	15～18	51.7	
傅抱石	雪景	60～80	50.6	
齐白石	荷乡清暑	40～48	50.6	
陈佩秋	仿宋小品册	45～50	49.5	√
高奇峰	松月双鹰	40～50	48.4	
傅抱石	东山丝竹	50～60	46.2	
张大千	朵云呈祥	40～50	44	√
任　薰	花卉	20～28	44	
傅抱石	湘夫人	46～60	44	
朱　耷	芦雁图	120～180	412.5	
王　翚	普安图	80～120	236.5	
文徵明	修竹仕女	120～150	231	
文徵明	玉兰图	50～80	148.5	
王　翚	普安晋爵图	50～60	104.5	
李　鱓	寿天百禄	38～42	89.1	

作者	作品名称	估价	成交价	成交价位于估价区间者
华嵒	鸣禽图	38～48	80.3	
王振鹏	货郎图	50～80	78.1	√
祝允明	行草诗卷图	20～28	77	
罗聘	竹石图	30～40	71.5	
黄慎	捧花老人	18～28	67.1	
李鱓	秋园双禽	20～28	66	
金农	临华山庙碑	20～30	60.5	
沈周	柳燕图	35～45	57.1	
王铎	行书	8～10	55	
华嵒	梧桐清音	28～35	55	
丁云鹏	关公像	40～48	52.8	
王铎	行书	20～30	50.6	
袁江	竹苞松茂	48～50	49.5	√
盛茂烨	峨嵋雪	60～80	48.4	
沈士充	山烟春晚	20～24	47.8	
丁云鹏	孔子问道	36～42	44	
吴湖帆	如此多娇	120～180	214.5	
傅抱石	山水、人物	180～220	170.5	
张大千	晚山看云	80～100	143	
傅抱石	兰亭雅集	120～180	132	√
赵之谦	书法、花卉	100～120	110	√
吴湖帆	秋岭横云	26～30	104.5	
徐悲鸿	红叶双骏	28～34	78.1	
吴昌硕	佳果佳卉	48～58	78.1	
傅抱石	西园雅集	80～90	74.8	
任伯年	渔父图	20～30	71.5	
齐白石	华实各三千年	35～40	70.4	
傅抱石	雪赋图	22～30	66	
吴湖帆	雪港捕鱼	50～60	61.6	
齐白石	花卉	55～75	60.5	√
张大千	金碧山水	60～80	57.2	
赵之谦	行书	20～26	55	
李可染	苍岩飞瀑	36～40	52.8	
徐悲鸿	白马图	20～24	52.8	
程十发	万世同根	50～60	52.8	√

续表

作者	作品名称	估价	成交价	成交价位于估价区间者
徐悲鸿	相马图	50~70	50.6	√
徐悲鸿	独立佳人	50~70	50.6	√
吴昌硕	牡丹丛兰	50~70	49.5	
徐悲鸿	白马图	20~24	48.4	
吴昌硕	四季花卉	28~32	46.2	
陆俨少	洞庭橘红	26~30	45.1	
齐白石	老鼠偷油	10~12	44	
张大千	金碧山水	30~40	44	
傅抱石	松阴清集	22~30	44	
髡残	治法园机	80~100	275	
赵伯驹	荷亭消夏图	40~60	233.2	
郑燮	兰竹图	35~45	165	
金农	隶书宋人笔记	28~38	111.1	
邓石如	隶书六朝镜铭	18~28	99	
华嵒	五伦图	82~100	88	√
王铎	行草诗文	28~38	79.2	
郭宗茂	芦花双鸭	80~120	77	
倪元璐	草书诗	30~40	72.6	
项圣谟	江山无尽	18~22	71.5	
石涛	蓬莱仙境	80~90	66	
李鱓	富贵多寿	40~60	61.5	
王铎	行书五律	28~38	57.2	
华嵒	明妃出塞	20~30	56.1	
王铎	楷书	50~60	55	√
蒋仁	行书知念帖	5~8	55	
华嵒	二仙图	56~60	50.6	
王铎	行书	20~28	49.5	
华嵒	槐荫秋戏	40~48	49.5	
郑燮	墨竹图	30~45	48.4	
王翚	茂林仙馆	25~35	45.1	
石涛	湖水泊船	36~50	44	√

资料来源：根据祝君波《朵云轩拍卖的100件高价书画分析》（上），《东方经济》2003年第5期，第62~63页，以及祝君波《朵云轩拍卖的100件高价书画分析》（下），《东方经济》2003年第7期，第62~63页的相关资料整理。

在朵云轩 1993～2002 年书画拍卖成交价排名前 100 名的收藏品中，拍卖时的成交价位于拍卖前的估价区间内的收藏品仅有 19 件，约占全部收藏品的 19.2% 左右。根据表 2.7 所提供的数据，我们还可以画出收藏品估价的下限与成交价的相关关系示意图（见图 2.3），以及收藏品估价的上限与成交价的相关关系示意图（见图 2.4）。

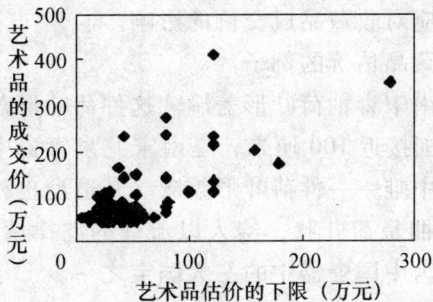

图 2.3 收藏品估价的下限与成交价的
相关关系示意图

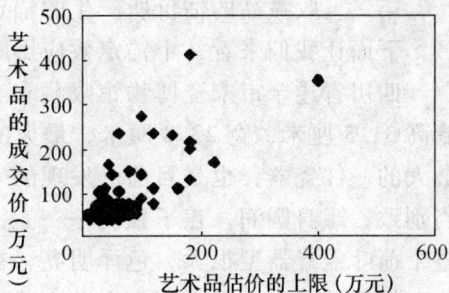

图 2.4 收藏品估价的上限与成交价的
相关关系示意图

即使我们放宽评判的标准，采用"相关系数"指标来分析收藏品在拍卖前的估价与拍卖时的成交价之间的相关性，结果也不容乐观。如果用 x_1 表示收藏品估价的下限，用 x_2 表示收藏品估价的上限，用 y 表示收藏品的成交价，并且用 r_1 表示收藏品估价的下限与成交价的相关系数，用 r_2 表示收藏品估价的上限与成交价的相关系数，可得

$$r_1 = 0.68$$

$$r_2 = 0.71$$

$0.5 \leqslant r_1 = 0.68 < 0.8$，这说明收藏品在拍卖前的估价下限与成交价之间存在中度正相关关系；$0.5 \leqslant r_2 = 0.71 < 0.8$，这说明收藏品在拍卖前的估价上限与成交价之间同样存在中度正相关关系（具体的数学推导和计算过程见本章附录）。

通过以上分析我们不难发现，总的来看，收藏品的估价与成交价大体上呈中度正相关关系。需要指出的是，由于技术处理上的困难，本书有意忽略了收藏品在拍卖前的估价对收藏品在拍卖时成交价的影响。而行为经济学的研究表明，这种影响是显而易见的。在这里，我们有必要引入行为经济学中的一个重要概念——"锚定效应"（Anchoring）。所谓锚定效应，是指人们在进行估价的时候，不是根据待估价对象的绝对定位水平，而是根据待估价对象与某一参照点之间的相对定位关系来确定其价格。它实际上相当于在一个原点相对漂移而不固定的坐标系里进行目标的价格定位。（姜奇平，2004）

对于收藏品估价而言，锚定效应对于估价和成交价的影响主要体现在两个方面：

第一，锚定效应对收藏品估价的影响。

第二，收藏品的估价所产生的锚定效应对收藏品成交价的影响。

下面让我们来看一个锚定效应影响收藏品估价的例子。

四川省遂宁市宋瓷博物馆收藏有一件南宋青釉荷叶形盖罐。这件荷叶形盖罐高 31.3 厘米，宽 23.8 厘米，最大的腹围接近 100 厘米，是南宋龙泉青瓷中最大的一件瓷器，也是目前已发现的宋瓷中唯一一件荷叶形盖罐。其造型也相当别致，罐身圆润，盖子独特——盖沿弯曲呈荷叶状，给人以流动的韵律感；整个荷叶盖罐器型很大，色泽明亮，被称为中国瓷器中的三大国宝之一。

据该馆工作人员介绍，有关专家对这件荷叶盖罐的估价在 5000 万元人民币左右。其重要理由之一是，2005 年 7 月 13 日，伦敦嘉士得拍卖公司曾经在"中国陶瓷、工艺精品及外销工艺品"拍卖会上，以 1568.8 万英镑（约 2.3 亿元人民币）的价格拍出过一件元代青花"鬼谷下山"圆罐，创下历年来亚洲艺术品拍卖的最高成交价纪录，同时也刷新了中国瓷器拍卖的世界纪录。有的专家认为，该罐以"天价"成交的重要原因是：该罐经历了 700 多个春秋仍然完好无缺，而且画工精细，是画家所为而非普通工匠之作。与这件"鬼谷下山"圆罐的相似之处是：南宋青釉荷叶形盖罐具有造型别致、器型较大、保存完好的特点。因此，有关专家在对南宋青釉荷叶形盖罐进行估价时，以元代青花"鬼谷下山"圆罐（2.3 亿元人民币）这一参照点为"锚"，给出了 5000 万元人民币的估价。

事实上，大多数人在对收藏品进行估价时，往往是根据某个初始值或参考值（锚定点）来评估信息，然后根据进一步获得的信息或更详细的分析，逐渐对评估结果进行调整。"如果在估计中不能得到第三方的信息，则通常把当前情形作为锚定点。"（周国梅、荆其诚，2004）

此外，收藏品在拍卖前的估价实际上还会对竞买者产生心理暗示，从而影响其竞买决策和保留价格。如果考虑到这种影响，那么，在理想状态下，收藏品在拍卖前的估价与收藏品在拍卖时成交价的相关系数应该略小于我们的计算值。

值得注意的是，这些"市场参考价"都是具有丰富经验的专业人士研究出来的，可以说是在各种来源的"市场参考价"中最可靠的了。但是，仍然出现了这种市场参考价（估价）与实际成交价相差甚远（准确性仅为19.2%左右）的情况。这到底是怎么回事？事实上，人们对收藏品的估价，会受到许多微妙因素的影响。比较典型的，如"赋予效应"（endowment effect）。所谓赋予效应，是指同样一件物品，一旦人们拥有它时，相对于还未拥有这件物品的人而言，会对此物品估一个更高价。卡尼曼（Kahneman）曾经在普林斯顿大学（Princeton University）做过一个实验来证明赋予效应的存在。在这个实验里，卡尼曼找来了两组学生：

第一组：卡尼曼拿了几十个印有校名和校徽的杯子来到教室。这些杯子在学校超市里的零售价是5美元。在拿到教室之前，卡尼曼已经把标签撕掉了。他让每个人写出自己愿意以什么价格购买这个杯子（他给出了0.5~9.5美元之间的选择）。

第二组：卡尼曼同样拿了这些杯子来到另一个教室。但是，他这次一进教室就送给在座的每个同学一个杯子。过了一会儿，卡尼曼又来到教室，对学生说，由于学校今天组织活动，杯子不够，需要收回一些。他让每个人写出自己愿意以什么价格出售他们手中的杯子（他同样给出了0.5~9.5美元之间的选择）。

两组学生对相同杯子的估价有什么不同呢？

第一组学生平均愿意花3美元的价格购买一个带校名的杯子；而第二组学生则将自己已经拥有的杯子的出价陡然增加到了7美元。其中的差异就是由所谓的"赋予效应"引起的。（薛求知等，2003）

一般来说，对于供给弹性比较大的中低端收藏品而言，由于在市场上存在着很多与之品质相同或相近的收藏品，收藏者们拥有这类收藏品的可能性也比较大，因此，供给弹性大的收藏品受到的收藏界内的关注程度是比较高的。在一定时期内，即使"一南一北"或"一东一西"两个相距甚远的地方的市场参考价也不会悬殊得令人"大跌眼镜"。因为如果两地间价格相差太大而带来获利机会的话，市场这只"看不见的手"就会自动调节两地间的价格，使之逐渐趋同。例如，国内就有一些画商长期奔走于北京、上海和广州等地。在北京购买岭南画派的书画作品，南下广州销售；在广州吃进海派名家的书画作品，又奔赴上海出货。充分利用书画市场上因地域性因素而产生的差价，赚取不薄的利润。所以，即使某些地区的市场参考价是由不负责任的调查和主观的凭空臆断得出的，但只要参考若干个地区的不同来源的市场参考价，我们也可以大体上做到心中有数，"八九不离十"。

然而，对于供给弹性比较小的高端收藏品而言，情况就大不一样了。因为对这类收藏品进行价格判断是相对比较困难的，在其交易过程中又会受到许多不确定因素的影响。再加上供给弹性小，收藏者们拥有这类收藏品的可能性也不大，因此，供给弹性小的收藏品受到的收藏界外的关注程度可能会比较高（部分原因是这类收藏品具有比较大的新闻价值，如张先的《十咏图》、米芾的《研山铭》受到的几乎是举世瞩目的关注），而受到收藏界内的关注程度却可能相对比较低。如果供给弹性小的收藏品具有历史性拍卖纪录，"权威人士们"往往会以最近一次拍卖成交价格作为自己估计市场参考价的基础。如果没有历史性拍卖纪录，"权威人士们"就只能在掌握极为有限信息的情况下踌躇满志地自由发挥了，其可信度到底有多高，显然实在难说。至于马广彦（2001）所提到的那种在收藏类图书上信口开河般定出"权威市场参考价"的过程，则是作者的想象力得以发挥的大好机会！

　　需要指出的是，这种现象的出现也说明了一个道理：虽然在收藏市场上，非理性因素有时候会占优势，不过，在众多市场主体的共同参与之下，收藏品的价格也许最终会趋于理性化（如供给弹性大的收藏品的情况）。反之，如果市场主体的数量比较少，那么，市场的"校正"作用就会被削弱很多。因此，虽然总的来看，那些没有经过真正的市场检验，而是由个人主观估计所得出的市场参考价的可信度都值得怀疑。但是，较之供给弹性小的收藏品的市场参考价，供给弹性大的收藏品的市场参考价显然具有更大的"参考价值"。

附　　录

　　如果用 x_1 表示收藏品估价的下限，用 x_2 表示收藏品估价的上限，用 y 表示收藏品的成交价，并且用 r_1 表示收藏品估价的下限与成交价的相关系数，用 r_2 表示收藏品估价的上限与成交价的相关系数，可得：

$$r_1 = \frac{n \sum x_1 y - \sum x_1 \sum y}{\sqrt{n \sum x_1^2 - \left(\sum x_1\right)^2}\sqrt{n \sum y^2 - \left(\sum y\right)^2}}$$

代入经过整理的相关数据，可得：

$$r_1 = \frac{99 \times 574603.0 - 4774 \times 8415.8}{\sqrt{99 \times 381232 - (4774)^2}\sqrt{99 \times 1120651 - (8415.8)^2}}$$

$$= 0.68$$

$$r_2 = \frac{n \sum x_2 y - \sum x_2 \sum y}{\sqrt{n \sum x_2^2 - \left(\sum x_2\right)^2}\sqrt{n \sum y^2 - \left(\sum y\right)^2}}$$

代入经过整理的相关数据，可得：

$$r_2 = \frac{99 \times 769513.9 - 6219 \times 8415.8}{\sqrt{99 \times 671607 - (6219)^2}\sqrt{99 \times 1120651 - (8415.8)^2}}$$

$$= 0.71$$

按照 R. A. 费希尔（Fisher）提出的 t 分布检验，假设 $H_{0:\ \rho} = 0$，$H_{1:\ \rho} \neq 0$。代入相关数据，计算检验的统计量，可得：

$$t_1 = |\ r_1\ |\sqrt{\frac{n-2}{1-r_1^2}} = |\ 0.68\ |\sqrt{\frac{99-2}{1-(0.68)^2}}$$

$$= 9.18$$

根据显著性水平 $\alpha = 0.05$ 和自由度 $n-2 = 99-2 = 97$，查 t 分布表可知 $t_{\alpha/2}$ $(n-2) = 1.98$。因为 $t_1 = 9.18 > t_{\alpha/2} = 1.98$，所以拒绝原假设 H_0。又因为 $0.5 \leqslant r_1 = 0.68 < 0.8$，这说明收藏品在拍卖前的估价下限与成交价之间存在中度正相关关系。

同理，假设 $H_{0:\ \rho} = 0$，$H_{1:\ \rho} \neq 0$，代入相关数据，计算检验的统计量，可得：

$$t_2 = |\ r_2\ |\sqrt{\frac{n-2}{1-r_2^2}} = |\ 0.71\ |\sqrt{\frac{99-2}{1-(0.71)^2}}$$

$$= 9.93$$

根据显著性水平 $\alpha = 0.05$ 和自由度 $n-2 = 99-2 = 97$，查 t 分布表可知 $t_{\alpha/2}$ $(n-2) = 1.98$。因为 $t_2 = 9.93 > t_{\alpha/2} = 1.98$，所以拒绝原假设 H_0。又因为 $0.5 \leqslant r_2 = 0.71 < 0.8$，这说明收藏品在拍卖前的估价上限与成交价之间同样存在中度正相关关系。

第三章　收藏市场

第一节　收藏品与收藏主体概述

由于收藏品是人们进行收藏投资的对象，而收藏市场则是人们进行收藏投资的场所。因此，对收藏品与收藏市场进行研究是相当必要的。

李雪梅（1991）认为，所谓收藏品，即收藏物的统称。旧时人们习惯称被收藏的物品为"古董"或"骨董"，均为古器物的意思。古时多把收藏品称为"古玩"或"文玩"，现代则称其为文物，泛指遗存在社会上或埋藏在地下的历史文化遗物，古董仅为其中的一部分。现在，我们所讲的"收藏品"一词的含义就更为广泛了。除文物之外，还包括当代的邮票、火花、烟标、书报、门卷，等等。

杨明旭（1994）则进一步指出，一般来说，"收藏品具有相当的艺术价值与科学价值，具有明显的时代特征。"

事实上，收藏品只是一个比较笼统的抽象概念，它所包含的种类很广。根据陈宝定（2001）的估算，当代收藏的种类已经超过了 2000 种。一些收藏品甚至会让人目瞪口呆，大跌眼镜。让我们列举一些收藏品的种类，这不仅可以让我们对当代收藏品的种类所具有的包罗万象的特点有一些直观的认识，而且可以拓宽我们的收藏思路和收藏领域。当代收藏品的种类包括：木纹、算盘、电影说明书、塑料袋、车牌、汽车模型、大炮、电话磁卡、旗帜、烟灰缸、锁、扇子、扑克牌、帽子、纽扣、梳子、明信片、筷子、粮票、餐具、钱币、瓷片、植物标本、蝴蝶标本、甲虫标本、苍蝇标本、蚊子标本、跳蚤标本、假发、耳环、唱片、手提包、钱包、记者证、瓶子、灯泡、洋娃娃、烟标、家谱、邮票、铅笔、玛瑙石、风筝、电话机、雨花石、钟表、民间玩具、飞机、电视机、照相机、笔、沙子、石头、手印、细胞、结石、人脑、乌龟、鸟卵、矿泉水瓶子、刀叉、戒指、鞋子、抹布、信箱、坦克、梦境、声音、鸟语、气味、科幻、劣画、地球仪、木偶、啤酒罐、曲棍、风车、邮筒、专利模型、汽车、手榴弹、乒乓器材、入门券、请柬、酒标、糖果纸、花边、手帕、钥匙、手杖、理发用具、秤、印痕、戏装、易拉罐、咖啡粉碎机、电影海报、皮影、雕像、名人签名、名人字画、笔尖、墨、打字机、咒语、谜语、广告节目单、作家资料、火花、钢笔、烟标、报纸、创刊号杂志、字典、书皮、口琴、指挥棒、刨笔刀、手风琴，等等。（溪明等，1994）

不仅如此，在国外的收藏市场上，一些在我们看来似乎价值全无的收藏品，实际上却是价格不菲的（见表 3.1）。

表 3.1　　　　　　　　　英国收藏市场的部分收藏品价目表

名称	年代	价格
天鹅牌蓝黑墨水瓶	20 世纪 30 年代	6 英镑
紫色搪瓷金属漏斗	20 世纪 40 年代	8.5 英镑
"泰坦尼克号"系列收藏卡（25 张）	1999 年	10 英镑
铝合金榨汁器	20 世纪 50 年代	15 英镑
荷兰本道普牌可可罐	20 世纪 20 年代	20 英镑
子爵牌电话机	1986 年	20 英镑
白色陶瓷滚筒木柄擀面杖	20 世纪 50 年代	25 英镑
《蜘蛛人》杂志创刊号	1997 年	25 英镑
旋风式战斗机模型	20 世纪 80 年代	30 英镑
威尔斯星牌香烟招牌	20 世纪 20 年代	42 英镑
吉尼斯牌啤酒广告托盘	20 世纪 50 年代	50 英镑
米老鼠造型塑料照相机	20 世纪 80 年代	50 英镑
法国产电木发梳	20 世纪 20 年代	55 英镑
英国维多利亚时代紫铜水壶	19 世纪 70 年代	105 英镑
可口可乐广告标贴	20 世纪 40 年代	115 英镑
麦克维蒂饼干箱	1910 年	120 英镑
英国兰苓洛矶Ⅱ型自行车	1986 年	200 英镑
马契阿贝罗王子"爱人"香水瓶	20 世纪 50 年代	220 英镑
保尔·伊萨特镇纸	1900 年	480 英镑
野餐用藤条箱	20 世纪 40 年代	480 英镑
轿车造型收音机	20 世纪 40 年代	500 英镑
蛇形桃花木制手杖	1900 年	550 英镑
滚石乐队《滚石时代》唱片	20 世纪 70 年代	700 英镑
德洛斯·马拉特拍摄的彩色照片	1996 年	800 英镑
伯尔尼熊造型木制棋子（1 套）	1800 年	2850 英镑
乌木外壳八曲调音乐盒	19 世纪 50 年代	3250 英镑

资料来源：根据米勒主编《西洋古玩收藏指南》，胡瑞璋译，上海辞书出版社 2004 年版，第 1～103 页的相关资料整理。

那么，我们应该如何对这些种类繁多的收藏品进行分类呢？

李雪梅（1991）将收藏品分为以下 9 大类：

（1）文物类；

（2）珠宝、名石和观赏石类；

（3）钱币类；

（4）邮票类；

（5）文献类；

（6）票券类；

（7）商标类；

（8）徽章类；

（9）标本类。

溪明、铁源和荣升（1994）对收藏品的分类方法与李雪梅的相似，只是在此基础上，又增加了工艺美术品类收藏品。

杨明旭（1994）将收藏品分为以下 11 大类：

（1）邮票类；

（2）印刷品类；

（3）钱币类；

（4）珠宝玉器与金银首饰类；

（5）陶瓷类；

（6）字画碑帖与印章类；

（7）竹木漆器根雕与牙角器类；

（8）文房四宝类；

（9）铜器类；

（10）纺织品与绣品类；

（11）昆虫标本类。

夏叶子（2005）则进一步将收藏品分为以下 14 大类：

（1）奢侈品类；

（2）陈设品（工艺品）与非实用品类；

（3）国家荣誉、民族感情的寄托品类；

（4）民间日常用品类；

（5）明星藏品类；

（6）系列藏品类；

（7）礼器与祭器类；

（8）民俗用品与民族用品类；

（9）民间艺术品与文体用品类；

（10）"国粹"藏品类；

（11）武器、军用品与军事藏品类；

（12）工业制品类；

（13）舶来品类；

（14）化石与标本类。

虽然以上几种具有代表性的分类方法各有千秋，但是，其共同的主要缺陷在于分类标准不统一。换句话说，他们在对收藏品进行分类时，普遍存在同时采用多个标准的情况。例如，严格来说，邮票属于票券类收藏品的一种，只是由于收藏人数众多，因此被单独划分为了一类收藏品；又如，分别属于钱币类和邮票类收藏品的清代的"红印花小字当壹圆"邮票和宋代的靖康通宝，同时又是国家一级文物。因此，它们显然也应该被归入文物类收藏品。诸如此类的例子不一而足。

事实上，对于收藏品种类的划分而言，应该遵循宜粗不宜细的原则。这是因为，一方面，很多收藏品的分类并不是一成不变的；另一方面，随着时间的推移，又有越来越多的物品被人们收藏。举一个简单的例子，在20世纪90年代初期，收藏市场上曾经出现过一种广受收藏者欢迎的收藏品——企业金卡，即企业拜年卡，又称广告邮资明信片。从1992年开始，一些企业开始在1993年贺年（有奖）邮资明信片上印制自己的宣传图文，它是企业兼做拜年之用的一种邮资明信片，用于企业的形象宣传与产品介绍。1992年，共有15家企业印制了17种企业金卡；1993年，共有70余家企业印制了百余种企业金卡。刚开始时，由于这种收藏品的印量不大（大多在几千枚左右），图案精美，题材丰富，而且大多不公开发售，收藏起来具有一定的难度，因此很快就受到了不少收藏者的青睐，并逐渐成为了一种具有相对独立性的收藏品。

20世纪90年代中期，一枚发行时间较早的企业金卡的售价竟然高达2000元左右。即使是刚发行的企业金卡，其预订价格也很少低于5元。不过，随着企业金卡交易的日渐火爆，企业金卡的发行单位和发行数量都在随之猛增，甚至出现了完全以收藏者为导向，以营利为目的，设计平平，印刷粗糙，而发行量动辄上万枚的企业金卡。这对收藏者的影响可想而知。企业金卡收藏开始渐渐低迷起来。到了2005年，绝大多数企业金卡的价格都在0.5~2元之间。2005年，某收藏品经营单位甚至刊登出了"200种企业金卡售价230元"的广告，即使如此，有意购买企业金卡的收藏者也寥寥无几，收藏者数量继续减少。在不久的将来，企业金卡是否依然能成为一个独立的收藏品种类，也许还得打一个问号。

由此可见，当我们对收藏品进行分类时，分类粗一点，弹性大一些，或许更有利于收藏品分类工作的与时俱进。按照这种思路，我们不妨遵照国际上比较通行的时间标准，以 1945 年（第二次世界大战结束）为界，将收藏品分为以下两大类：古代与近代（1945 年以前）收藏品，以及现代与当代（1945 年以后）收藏品。

一、古代与近代（1945 年以前）收藏品

对于这类收藏品而言，我们有必要介绍一下古董与文物这两个容易混淆的概念。

宋代的吴自牧说："买卖七宝（金、银、琉璃、玻璃、珊瑚、玛瑙、砗磲为七宝）者，谓之骨董行。""骨"与"古"乃方言同音，因此，"骨董"与"古董"的含义并无大异。正如唐代的张萱在《疑耀》中所说："骨董二字乃方言，初无定字。"

赵汝珍（1942）认为："所谓古董者，即古代遗存珍奇物品之通称。"他对古董范围的定义比较宽（古代物品），对古董标准的定义比较严（珍奇）。

廖国一和覃锦清（1994）则认为："古董是指可供人们珍藏、玩赏或买卖的器物，它是具有较高鉴赏价值的古器物。"

在他们看来，"古董是具有较高玩赏价值的器物，它仅是古器物的一部分。"他们对古董范围的定义显然是比较窄的（仅限于古器物）。

根据赵汝珍（1942）的考证，"明时诸家记载，尚称'骨董'或'古董'。'古玩'，乃清代通行之名词，即古代文玩之简称也。"换句话说，骨董、古董、古玩、文玩的含义实际上相差无几，只是不同时代对古董的不同称呼而已。那么，什么是文物呢？简单地说，文物是指人类在其历史创造过程中遗留下来的一切物质文化遗存和精神文化遗存。《中华人民共和国文物保护法》（2002）对文物的范围进行了五个方面的界定：

（1）具有历史、艺术、科学价值的古文化遗址、古墓葬、古建筑、石窟寺和石刻、壁画；

（2）与重大历史事件、革命运动或者著名人物有关的以及具有重要纪念意义、教育意义或者史料价值的近代现代重要史迹、实物、代表性建筑；

（3）历史上各时代珍贵的艺术品、工艺美术品；

（4）历史上各时代重要的文献资料以及具有历史、艺术、科学价值的手稿和图书资料等；

（5）反映历史上各时代、各民族社会制度、社会生产、社会生活的代表性实物。

文物的主要种类大致包括钱币、玉器、青铜器、陶瓷器、书法与绘画、碑帖、服饰、雕塑与铭刻、金银器、文房四宝、织绣、衣服、生产工具、生活用具、兵器、仪器、家具、甲骨、玺印与封泥、度量器、壁画与岩画、简牍、画像砖瓦、玻璃器、铁器、革命文物、民俗文物与民族文物、建筑物及其附件、古人类与古生物化石，等等。

需要指出的是，文物的范围既包括古代与近代收藏品，又包括现代与当代收藏品。举例来说，中华人民共和国文化部颁布的《文物藏品定级标准》（2001）在确定国家一级文物时，就不仅将反映中国各个历史时期的生产关系及其经济制度、政治制度，有关社会历史发展的特别重要的代表性文物作为国家一级文物的定级标准，而且将与中华人民共和国成立以来的重大历史事件、重大建设成就、重要领袖人物、著名烈士、著名英雄模范有关的特别重要的代表性文物作为国家一级文物的定级标准。

二、现代与当代（1945年以后）收藏品

现代与当代收藏品主要包括美术品、工艺品、民间艺术品、日常生活用品、科学技术产品和自然资源6大类。

（1）美术品。所谓美术品，是指由现代与当代的艺术工作者创造的美术作品，主要包括国画、油画、壁画、漫画、书法、雕刻、篆刻、摄影，等等。

（2）工艺品。所谓工艺品，是指由现代与当代的艺术工作者创造的兼具实用价值和审美价值的作品，主要包括日用工艺品（如染织、陶瓷、家具、金属制品）、陈设工艺品（如象牙雕刻、玉石雕刻、装饰壁挂）、装潢工艺品（如书籍装帧、商品包装、展览陈列、书画装裱）。

（3）民间艺术品。民间艺术品的范围很广，仅仅在造型艺术方面就包括绘画、版画、年画、木刻、雕塑、剪纸、灯彩、风筝、金银首饰、服饰及其附件、餐具、织染绣品、编织艺术品、家具，等等。

（4）日常生活用品。日常生活用品涉及人们的衣、食、住、用、行的各个方面，例如，戏装、餐具、邮票、报纸、钟表、汽车，等等。它们是人们在日常生活中赖以生存和发展的物质基础，具有一定的历史价值与艺术价值。

（5）科学技术产品。随着科学的发展与技术的进步，科学技术日益以物质形态的方式深深地渗入了人类社会生活的方方面面。科学技术产品是人类智慧的结晶，是人类在探索自然的过程中留下的宝贵遗产，具有重要的研究价值和收藏价值。因此，电视机、摄像机、电话机、传真机等各种电器都已经开始成为人们竞相收藏的对象。

（6）自然资源。大自然蕴藏着丰富的动物、植物和矿物资源。以矿物资源为例，就包括了金属、非金属、化石、燃料，等等。仅在非金属中，就又包括了玉石、翡翠、玛瑙等珍贵的玉器，以及青田石、鸡血石、寿山石等名贵石材。这些自然资源自古以来就是为人们所珍视的收藏品。

不过，对于收藏投资而言，仅仅进行这样的分类显然是远远不够的。为了研究方便起见，我们还有必要引入经济学中的供给弹性（Elasticity of Supply）这个概念来对收藏品进行经济学意义上的分类。所谓供给弹性，是供给的价格弹性（Price Elasticity of Supply）的简称，它表示一种物品的价格变动所引起的供给量变动的程度，由供给量变动的百分比与价格变动的百分比的比值来确定。用数学公式可以表示为：

$$供给弹性 = \frac{供给量变动的百分比}{价格变动的百分比}$$

供给弹性（Es）的大小主要取决于供给的难易程度。根据供给定律，一般来说，供给量与价格是同方向变动的，因此，供给弹性通常为正数。

若 Es > 1，表示供给量变动幅度大于价格变动幅度，即供给富有弹性；

若 Es < 1，表示供给量变动幅度小于价格变动幅度，即供给缺乏弹性；

若 Es = 1，表示供给量变动幅度等于价格变动幅度，即供给单位弹性；

若 Es = 0，表示无论价格如何变动，供给量保持不变，即供给无弹性；

若 Es = ∞，表示对于某一给定的价格，供给量可以任意增加，即供给完全弹性。

在经济学家看来，各种物品的供给弹性之所以不同，是因为产品的供应，从购置设备、组织生产到投放市场存在一定的时滞。所以，对于大多数产品而言，短期的供给弹性比较小，而中长期的供给弹性则比较大。

对于收藏品这种在穆勒看来最重要的特点是"供给绝对有限，而且不能再生产"的特殊物品来说，我们的着眼点显然不能简单地放在收藏品的生产上，而应该放在收藏品的存世量与出世量向流通量的转换上。对于收藏品而言，收藏品供给弹性，是指收藏品价格变动所引起的收藏品流通量变动的程度，它由收藏品流通量变动的百分比与收藏品价格变动的百分比的比值来确定。用数学公式可以表示为：

$$收藏品供给弹性 = \frac{收藏品流通量变动的百分比}{收藏品价格变动的百分比}$$

具体来说，收藏品供给弹性的取值可以分为五种状况，如表3.2所示。

表 3.2　　　　　　　　　　　收藏品供给弹性的五种取值

供给弹性（Es）的取值	价格变动对流通量变动的影响	例子
Es > 1（富有弹性）	流通量变动幅度较大	发行量很大的 JT 邮票
Es < 1（缺乏弹性）	流通量变动幅度较小	限量发行的丝网版画
Es = 1（单位弹性）	流通量等比例变动	罕见
Es = 0（完全无弹性）	流通量完全不变	钱维城国画《九如图》
Es→∞（完全弹性）	流通量可以任意增加	非限量发行的招贴画

需要指出的是，收藏品流通量的增加，除了来自于存世量与出世量向流通量的转换，还有可能直接来自于存世量的增加。因为某些当代收藏品，例如，非限量发行的招贴画的印制发行，在很大程度上就直接取决于市场需求量的变动。在一个忽略了投机因素影响的收藏市场上，当某种收藏品的价格上升时，其需求量通常会减少，而流通量则会增加。如果价格很低，流通量就会小于需求量；如果价格很高，则流通量会大于需求量，从而出现收藏品的短缺与过剩（见表3.3）。

表 3.3　　　　　　　某种非限量发行的招贴画的需求量与流通量关系

价格	需求量	流通量	短缺（－）或过剩（＋）
10 元/张	90 万张	0 张	－ 90 万张
20 元/张	60 万张	30 万张	－ 30 万张
30 元/张	40 万张	40 万张	0 张
40 元/张	30 万张	50 万张	＋ 20 万张
50 元/张	20 万张	60 万张	＋ 40 万张

从表3.3中我们可以看出，如果这种招贴画的价格为10元/张的话，需求量为90万张，但这时的流通量为0，需求量超过流通量的数额为90万张。换句话说，当价格为10元/张的时候，这种招贴画的短缺量为90万张。当价格为20元/张的时候，短缺仍然存在，但是，短缺量减少为30万张。当价格为50元/张的时候，流通量超过了需求量，流通量为60万张，需求量为20万张，过剩量为40万张。此外，还有一种价格可以实现既无短缺，又无过剩，这种价格就是30元/张。在这种价格下，需求量与流通量相等，即40万张。这种需求量与流通量相等时的价格被称为均衡价格。在均衡价格时的成交量被

称为均衡数量。

在收藏市场上，收藏品供给弹性的最常见指标，是"富有弹性"、"缺乏弹性"与"完全无弹性"这三种情况。由于收藏品自身的特殊性，严格满足经济学意义上的供给弹性标准的情况显然是少数。因此，我们不妨将判断标准略为放宽一些，把那些基本满足这三种特征的收藏品分别称为供给弹性大的收藏品、供给弹性小的收藏品与无供给弹性的收藏品。所谓供给弹性大的收藏品，是指那些在收藏市场上，由于存在很多品质相同或相近的收藏品，因此，流通量变动与价格变动的关系非常密切的收藏品。例如，发行量为 20400 万套的"壬申年"生肖猴邮票。所谓供给弹性小的收藏品，是指那些在收藏市场上，由于很少存在品质相同或相近的收藏品，因此，流通量变动与价格变动关系并不十分紧密的收藏品。例如，限量发行 500 幅的丁绍光《母女图》丝网版画。所谓无供给弹性的收藏品，是指那些在收藏市场上独一无二，仅此一件，流通量变动几乎完全不随价格变动的收藏品。例如，任伯年的国画《华祝三多图》。

总的来说，与其他市场上的市场主体相比，收藏市场主体的行为模式是比较复杂的。例如，某个收藏者在今天的一笔收藏品交易中，可能扮演的是买方的角色；而在明天，甚至在今天的另一笔收藏品交易中，他可能就会扮演卖方的角色。因此，对于收藏市场而言，按照行为模式的不同来划分收藏市场主体，显然并不是十分合适的。

李雪梅（1991）将收藏主体定义为："收藏活动的参与者和实施者，包括收藏爱好者、收藏家和收藏组织等。"

溪明等人（1994）认为："收藏爱好者，指从自身的兴趣、爱好出发，只收藏不研究，以收藏为一种消遣、寄托的占有型和发挥型的收藏者。"

北京市总工会曾经深入到 10 个中型企业，对 2000 多人进行过一次抽样调查。这次调查发现，喜爱收藏的人竟占被调查人数的 60%。另一项调查则发现，在被誉为"中国收藏界的半壁江山"的上海，一条里弄的 40 户居民中，就有 23 户喜爱收藏。（李雪梅，1991）

根据不完全统计，目前全世界的收藏爱好者总数已达 5 亿人之多。而根据陈宝定（2001）的估算，目前中国的收藏爱好者约有 7000 万人。他曾经将业余爱好者生动地形容为三类：第一类是占有型，"像蚂蚁一样，只是收集"；第二类是发挥型，"像蜘蛛一样，只从自己肚中吐丝"；第三类是成材型，"像蜜蜂一样，既收集，又整理"。在他看来，收藏爱好者多属于占有型和发挥型。

在溪明等人（1994）眼里，"收藏家，是指拥有一定数量的收藏品，具有一定的鉴别能力，对收藏品有深入的研究，在同类收藏者中具有一定地位的收藏者。"李雪梅（1991）则进一步提出了判断收藏家的如下4个标准：

第一，拥有一定数量的或珍贵的收藏品。这是收藏家应该具备的基本条件之一。当然，到底拥有多少数量的收藏品才能达到收藏家的水平，显然因收藏品种类的不同而不同。例如，对于邮票、火花、商标等票券类收藏品的数量要求就比较大。以世界业余收藏家协会烟标分会为例，该协会规定，烟标数量在5万种以上的收藏者才能申请成为该会的正式会员。

第二，具有一定的鉴赏能力。郑逸梅（1998）曾经指出："收藏"必须具有两个基本条件：一是有资历；二是有鉴赏力，缺一不可。对于文物收藏家而言，鉴赏能力显得尤为重要。很多收藏家就是以其出色的鉴赏能力而声名远扬的。一些人在购买收藏品时，甚至还特别要求收藏品上有这些收藏家的鉴赏印章。

第三，对收藏品进行充分研究。收藏家应该具备较高的文化素养，并能够对自己的收藏品进行充分研究。只"收"不过是个采购员，只"藏"不过是个保管员。只有把收藏品当做研究资料，深入分析，寻找规律，有所发现时，才能成为真正的收藏家。例如，王世襄编著了《明式家具珍赏》，骆崇骐编著了《中国鞋饰文化》，饶贵祥编著了《毛泽东像章研究》，而这些著作大都成为相关领域的经典之作。

第四，具有一定的资历。所谓资历，是指资格和经历。收藏家在同类收藏者中，具有一定的地位，并有较长的收藏经历，因此被其他收藏者所尊崇或认可。一般来说，搞收藏需要花费较多的精力。对于收藏家而言，每一件收藏品无不凝聚着其心血和甘苦。正是通过这种艰难的寻觅过程，才逐渐巩固了收藏品在收藏家心目中的地位。

所谓收藏组织，是指在同一个规范和目标的吸引下，协调收藏者活动的组织。（李雪梅，1991）根据陈宝定（2001）的统计，到目前为止，中国已经成立了包括中国收藏家协会在内的、具有法人资格的综合性收藏组织约200家。另外，还有很多钱币类、集邮类和奇石类的专业性收藏组织。

事实上，基于收藏投资的视角，我们还可以按照收藏市场主体购买收藏品的动机的不同，将收藏市场主体划分为收藏者、投资者和收藏投资者三大类。所谓收藏者，是指那些纯粹追求收藏偏好的满足所带来的精神收益的人；所谓投资者，是指那些纯粹追求收藏投资所带来的经济收益的人；所谓收藏投资者，是指那些既追求收藏偏好的满足所带来的精神收益，又追求收藏投资所带来的经济收益的人。

　　需要指出的是，为了行文方便起见，在下文中涉及收藏市场主体时，我们一般都将其统称为收藏者，而不再细分为收藏者、投资者和收藏投资者。

　　显而易见，收藏者和投资者购买收藏品的动机都比较单一。他们或者仅仅追求收藏所带来的乐趣，或者仅仅追求收藏所带来的经济收益——虽然投资者在追求货币化收益过程中，只要稍微用心感悟一下，也会或多或少地体会到收藏所带来的乐趣，获得心理上的满足和精神上的享受。不过，这样一来，他的动机就不"纯"了，成了一个既追求收藏所带来的经济收益，又追求收藏所带来的精神收益的收藏投资者。可是，这种收藏者和投资者向收藏投资者的转换是很容易发生的。根据边际效用递减规律，当收藏带给人们的经济收益越来越大时，这些经济收益带给他们的边际效用就会越来越小（呈递减趋势），总效用也会随之减小；当收藏给人们带来的心理上的满足和精神上的享受越来越多时，这些心理满足和精神享受带给他们的边际效用也会越来越小，总效用的减少同样不可避免。只有当收藏给人们带来的经济收益，以及收藏所带来的精神收益（心理上的满足和精神上的享受）以某种方式进行组合时，才能尽可能减少因边际效用递减所造成的损失，进而实现效用最大化。这是收藏市场主体的理性选择。按照这个逻辑，我们不难发现，纯粹的收藏者和投资者都为数不多，数量最多的是收藏投资者。在收藏市场上，这三种主体的数量表现出一种大致呈"钟形"的正态分布。如果用横轴表示收藏市场主体的分类，用纵轴表示收藏市场上三种主体的数量，我们可以用图3.1直观地表示收藏市场主体的数量分布情况。

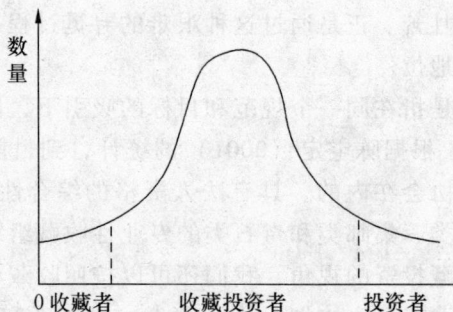

图 3.1　收藏市场主体的数量分布

　　资料来源：马健：《收藏投资的理论与实务》，浙江大学出版社2004年版，第177页。

夏叶子（2005）对北京地区收藏市场的入市人数、入市动机和成交金额进行过一项调查。他发现，收藏者和收藏家入市的人数，占入市总人数的20%左右，成交金额约占总成交金额的65%～70%。收藏爱好者的入市人数，占入市总人数的80%左右，成交金额约占总成交金额的10%左右。另外，还有为数不多，但对市场行情具有举足轻重影响的"炒作"者。

陈官忠（2006）针对浙江省民间文物收藏情况所进行的研究，也从另一个角度验证了我们的这种分类方式。他把浙江省的民间收藏者分为企业主收藏家、职业收藏者和业余收藏爱好者三类。他们的收藏目的、价值取向和收藏渠道各有不同。

其一是企业主收藏家。虽然企业主收藏家在人数上不占优势，却代表和反映了浙江省民间收藏的档次和水平。总的来说，这部分人具有一定的经济基础。随着企业的发展和经济实力的增强，他们中的大多数人往往从20世纪90年代初期就开始从事收藏活动，并且各有侧重。收藏的门类和品种各具特点，自成体系。他们的收藏品主要来自于国内文物商店和拍卖公司。其中，少数经济实力较强的企业主收藏家，已经开始从国外的大型拍卖公司购买收藏品了。从调研的情况来看，企业主收藏家的收藏活动一般都具有以下特点：

第一，进入时间早，收藏历史长。他们中的大多数人都有10年以上的收藏历史。

第二，经济实力强，对收藏品档次的要求高。不少企业主收藏家投入收藏的资金，少则几百万，多则数千万，有的甚至以亿元计。据金轮集团艺术部经理姚海芳介绍，金轮集团在过去5年间，每年购买海外文物所花费的资金都在3000万～6000万元之间。迄今为止，总投资已经超过了3个亿。

第三，懂行且爱好，对收藏投资非常专注。搞收藏的企业主绝大多数都是收藏爱好者，经过多年的学习和实践，不少人已经有了较高的收藏素质，有的还成为收藏专家。

第四，收藏的主要目的是资产的保值增值。他们花在收藏上的投资可以计入企业的成本。一方面可以合理避税，实现企业利润的最大化；另一方面，由于近几年收藏品价格飞涨，从增值的角度来看，收藏实际上成为一种重要的投资方式。

第五，就现阶段的情况而言，一般是"只进不出"。不少企业主收藏家还打算创办民营博物馆。

其二是职业收藏者。这一群体的人数同样不多，但是，他们基本上以此为职业，在浙江省的民间收藏活动中作用很大。这一群体中的大多数人都有很长的收藏经历，其中不少人还是各地文物古玩市场和收藏家协会的骨干。多数人拥有一定数量和质量的收藏品。不仅如此，许多人还拥有自己的收藏品门市部。职业收藏者从事收藏活动的特点如下：

第一，收藏意识和经济意识强。他们以文物收藏和经营为业，既有收藏意识，又有经济意识，还有一定的专业知识和经济实力。他们早年深入到各地古玩市场、大户人家淘宝，甚至挨家收购文物，完成了原始积累。近年来，又频繁出入国内外的拍卖会，购买各种收藏品，然后转手卖给有关的文物商店、拍卖公司或者个人，赚取差价，获得经济回报。

第二，以经营为主，同时搞收藏。他们熟悉市场行情，收购的文物除了少数留藏之外，绝大多数都转手出售，靠交易养收藏。经过多年的收藏，在一些人的手中，已经拥有了不少上档次的收藏品。有的职业收藏者还成为名副其实的内行专家。例如，宁波的何晓道收藏的古家具和民俗文物，以及他所创办的"宁海县十里红妆民俗博物馆"，就已经颇具规模和影响。职业收藏者的文物交易活动，支撑并活跃了各地的古玩市场和文物流通市场。

第三，业余收藏爱好者。这支队伍人数众多，在收藏者队伍中占80%左右的比例。人员构成比较庞杂，大多数人是在20世纪90年代末民间"收藏热"兴起之后新进入的人员。社会各阶层的参与者都有，以文化界人士、离退休人员和机关公务员等工薪阶层居多，也有少数领导干部。他们在经济上投入的资金有限，收藏的档次和水平不高，其中大多数人是受"收藏热"的影响，有"淘宝"和财富积累的心理；也有不少人是受"盛世收藏"观念的影响，并且自身对收藏活动感兴趣。他们通常是从古玩市场或文物商店购买一些档次不高的收藏品，供自己收藏。多数人的收藏缺乏明确的重点和特色。但是，他们的收藏门类多，品种杂，历史遗存下来的各种器物、工艺品都有人收藏。当然，在这个群体中，也有一部分经济条件较好、社会地位和文化层次较高的收藏爱好者，他们的手中拥有一批价值和档次都比较高的收藏品。除此之外，少数业余收藏爱好者在单一门类的收藏上，也颇具规模，有的还逐步发展成为中小收藏家。

陈官忠（2006）认为，浙江省收藏者队伍构成的特点是，整个群体结构呈"金字塔"形分布。企业主收藏家居于塔尖的位置，是收藏者队伍的龙头，实力强，影响大；紧随其后的是职业收藏者，他们是收藏者队伍中的骨干力量，也是收藏活动中的引领者和推动者；而人数众多的业余收藏爱好者，则是收藏者队伍中的基本力量，是收藏活动的主要参与者，没有他们的广泛参与，就没有浙江收藏活动的盛况。企业主收藏家和职业收藏者在全省各地都有典型的代表。总的来说，浙江的宁波地区和绍兴地区的收藏水平最高，其次为金华地区和嘉兴地区，而宁波慈溪的民营企业主收藏群体最为集中。业余收藏爱好者在全省各地都有一个人数众多的群体。其中，杭州、嘉兴、宁波、绍兴、金华、衢州的人数最多，人气最旺，收藏活动最为普遍，也最为活跃。

第二节 传统收藏市场分类及其特点

经验地看，传统收藏市场的种类主要包括地摊交易市场、门店交易市场与邮购交易市场三种。

一、地摊交易市场

所谓地摊交易市场，是指有组织地或自发地形成的收藏集市。这种集市广泛地存在于北京、上海、广州、西安、沈阳、成都等大中城市。例如，北京潘家园旧货市场、上海福佑工艺品市场、西安八仙庵古玩市场、沈阳南湖公园古玩市场，等等。北京甚至流传着一句民谣："到北京游故宫，登长城，吃烤鸭，逛潘家园。"足见地摊交易市场的魅力之大。这种地摊交易市场，有的凌晨四五点便摆摊，有的早上五六点就开市，大都在午后一两点逐渐散去，以周末最为热闹，保留着明清古玩早市交易，即"鬼市"的特色。所谓鬼市，即"至晓而散"的夜间集市。

清代末年，北京的鬼市极盛。一些皇室贵族的纨绔子弟，将家藏的古玩珍宝偷出换钱。还有一些鸡鸣狗盗之徒，把窃来之物趁着天黑卖出。古玩行家则经常捡漏，买些便宜货。

民国年间，每逢赶集的日子，来自四乡的古玩商贩，半夜时分就开始设摊，淘古玩者则前往地摊觅宝。由于黎明前的市场光线暗淡，人声混杂，觅宝者的身影犹如鬼影晃动，因此，人们称这样的古玩集市为鬼市。

当代鬼市的发展，实际上始终没有偏离清末时的大方向——同以前一样包罗万象：字画、陶瓷、家具、铜器、玉器、竹雕、奇石、钱币、香炉、紫砂、烟标、火花、连环画、鼻烟壶、象牙雕、古籍善本、文房四宝，等等。可谓五花八门。不少东西在商店里难觅踪迹，而在鬼市里却能亲眼目睹。一般来说，几乎只要是带点文化味的小玩意儿，有点年头的旧摆设，上至明清，下至"文化大革命"时期，千奇百怪，无所不包。前来摆摊的是来自全国四面八方的流动从业人员，汇集了来自各个地方的收藏品。在地摊交易市场上，"捡漏"的故事总是不断激励着收藏者们圆自己的那个梦。例如，1997年4月，摄影家李振盛就曾经从潘家园旧货市场以称斤论两的价格捡回了万幅摄影艺术品。其中，仅仅是吴印咸、黄翔、石少华、陈复礼等摄影大师创作的 20 寸以上精装精裱作品，就超过了 1600 件。这批不慎被处理掉了的中国摄影家协会历届展览作品档案，当年仅洗印装裱成本的总估价就达 65 万元，李振盛却只花了 630 元，这还包括了运输费和装卸费。消息一经披露，潘家园更是人山人海。（秦杰，2004）有人甚至这样形容潘家园："北京有两个地方人头攒动，一个是天安门广场，所有人都扬着头看升国旗；另一个是潘家园旧货市场，所有人都低着头寻国宝。"不过，地摊交易市场上陈列待售的收藏品中的赝品畸多，既有曾国藩、梁启超的书法，也有郑板桥、任伯年的国画，但多是一些漏洞百出的低劣仿制品，略有一点常识的收藏者一眼就能分辨出来。从某种意义上讲，地摊交易市场实际上是一种"集市"。因此，其运作方式也非常类似于"赶集"，地摊交易市场的特点大致可以被归纳为两点，即流动性大、赝品量多。

（一）流动性大

地摊交易市场大都在固定日期（如周末）进行交易，而平时则冷冷清清，甚至难觅踪迹。据廖文伟和刘英奇（2001）的调查，地摊商贩中大约有 70% 来自于农村，他们平日走村串户、翻山越岭，从山乡农民手中收集各式各样的收藏品，其中的确有一些不为人所识的传世珍品。但是，"上山下乡"并不是总能有所收获，更多的情况是空手而归。因此，这些摊贩们并非每周都去地摊交易市场，换句话说，摊贩们在地摊交易市场上的流动性是非常大的。地摊交易市场流动性大的特点，决定了摊贩们普遍比较缺乏建立长期业务关系的态度，因为流动性实在是太大了，买卖双方之间也许一辈子就打一次交道。

（二）赝品量多

由于地摊交易市场的流动性比较大，因此，在这种市场上赝品数量之多也就不足为怪了。一般来说，地摊交易市场上的赝品以仿制品居多，陶瓷、青铜器、玉器、碑帖、书画、钱币、秦砖汉瓦、竹木牙雕、文房四宝，应有尽有。不过，这些仿制品的仿制水平大都不敢恭维。许多人希望在地摊交易市场上"捡漏"，但是，寄希望于在这里找出几件有价值的真品，无异于大海捞针。因此，在地摊交易市场上"捡漏"常常被比喻为"淘金"。然而，即使是淘出了"金"，也不一定就是"真金"，很有可能是"镀金"的复制品或仿制品。

为了对地摊交易市场有一个更为直观的了解，我们不妨来看看西安八仙庵古玩市场的情况。西安八仙庵古玩市场是一个兼具地摊交易市场和门店交易市场特点的收藏市场。该市场主要包括两大部分：一是每周逢周三、周日早上开市的"鬼市"；二是收藏市场中的收藏品商店。夏季的鬼市大都开始于凌晨 5

点左右，冬季则开始于凌晨6点半左右。每逢鬼市，很多省内和省外（以河南和山西为主）的农民便赶来这里，他们带着来源不一的收藏品——有些是祖上家传或起屋建房时发现的，有些是在穷乡僻壤挨家挨户收购而来的。收藏者则打着手电筒，在地摊前察看、问价和交谈，一片繁忙景象。八仙庵古玩市场中的收藏品商店多属于"小而全"类型，几乎每家都出售古陶、青铜器、玉器、唐三彩、瓷器、家具、字画，等等，可以说是五花八门，应有尽有。

八仙庵古玩市场的鬼市之所以受到众多收藏者的青睐，至少有两个方面的原因：一是价格相对低廉；二是真品比例较高。因为在鬼市上出售的收藏品大多是农民直接销售的，避开了中介环节，所以，在鬼市上交易的收藏品往往比平时在收藏品商店里交易的便宜一半，甚至更多。以"三长"瓦当为例，"长生无极"瓦当在收藏品商店里的售价一般是200～300元，而在鬼市上，120～180元就可以成交；"长乐未安"瓦当在收藏品商店里的售价是300～500元，而在鬼市上，280元就可以易手；"长生未安"瓦当在收藏品商店里的售价是500元左右，而在鬼市上，280元就可以转让。当然，瓦当的真赝是需要靠收藏者自己去辨别的。不仅如此，在八仙庵古玩市场中的正规收藏品商店里出售的古玩，真品比例保持在2%～5%，远远高于北京潘家园1%的总体水平。更为特别的是，在这里的鬼市上交易的收藏品真品比例甚至可能高于5%。但是，在鬼市结束以后留下的那些常设地摊的真品比例就低得离谱了，只有不到0.1%。（马继东，2003）

二、门店交易市场

顾名思义，门店交易市场中的收藏品商店通常都有一个固定的经营场所，因此，与地摊交易市场相比，门店交易市场中收藏品商店的赝品数量要相对少一些。这些收藏品商店多是几十上百家集中在一起，组成门店交易市场，例如，北京古玩城、上海静安寺珠宝古玩城、广州西关古玩城、成都送仙桥艺术城，等等。需要指出的是，门店交易市场中的收藏品商店的信誉和档次相差甚远，既有像北京荣宝斋、上海朵云轩、南京十竹斋、成都诗婢家这样的百年老店；也有把"宰一个算一个"当做自己经营理念的当代"黑店"。不过，门店交易市场中的收藏品商店有赝品出现，并不一定是因为店主希望利用收藏者的无知来牟利，因为毕竟店主也有"打眼"的时候。而且，一般来说，经营收藏品商店的店主往往主要钻研某一种或几种收藏品，而缺乏关于其他种类收藏品的知识，毕竟学海无涯。因此，在这些收藏品商店中"捡"店主不熟悉的收藏品的"漏"，并非遥不可及的事情。

廖文伟和刘英奇（2001）就曾经举过一个例子来说明"捡"这种"漏"

的可能性。某家收藏品商店的老板平日主要钻研古书画、古瓷器，而对其他收藏品则往往漫不经心地处理。有一次，他贱价收购回了几件脏兮兮的铁佛造像，觉得没有多少价值，就将它们摆进了搁放零星杂件的货柜里，并交代妻子以每件40～100元的价格出售。有一天，一位收藏宗教艺术品的行家来串店，他无意中发现，这些铁佛造像中竟然有一件是北魏铁佛，不由吃了一惊。虽然他尽量不动声色，但其神情的变化仍然没有逃过精明的老板娘。问题是，她只知道顾客发现了好东西，究竟为何物，却不得而知。于是，她坚持没有1000元不卖。行家心中暗喜，乐滋滋地掏钱给她。事实上，即使老板娘索价几个"1000元"，行家也是愿意欣然奉上的。不精于鉴赏却精于生意经的收藏品商店老板实际上为数不少。

门店交易市场的特点大致也可以被归纳为两点，即交易成本高、道德风险大。

（一）交易成本高

地摊交易市场上的赝品数量畸多，对于这一点，即使摊贩们本人也非常明白。因此，只要略有收益，能赚到一点利润，他们都乐于赶紧出让手中的收藏品。但是，门店交易市场的情况就不完全是这样了。我们知道，在收藏市场上，收藏品的买方总是希望以尽可能低的价格买到收藏品，而收藏品的卖方总是希望以尽可能高的价格卖出收藏品。这对矛盾的存在，决定了在门店交易市场中的"讨价还价"几乎成为一个不可避免的交易环节。而且，门店交易市场上"讨价还价"的激烈程度与地摊交易市场相比，可以说是有过之而无不及的。从开价到还价，从讨价到砍价……如果确实是难得的真品，而卖方又不急于将其出手变现的话，他们往往会抱着"三年不开张，开张吃三年"的态度，不到自己心中的预期价格，决不割爱；如果是复制品或仿制品，只要成交价格略高于自己的进货价格，有一定的利润，当然是越早出手越好。事实上，买方对收藏品的真伪往往并非总是信心十足的。但是，为了不与其失之交臂，避免"别时容易见时难"之后的追悔莫及。在需要买方立即做出购买决策时，出于尽量降低赝品风险的初衷，以尽可能低的价格购买这件真伪暂时不明的收藏品，无疑是最好的方法之一。对于收藏品的卖方而言，出售收藏品的利润当然是多多益善，于是，讨价还价的漫长过程就发生了，这种交易环节的存在显然将极大地增加交易成本。

（二）道德风险大

收藏市场上的真品数量有限，而人们对真品的需求量又不小。为了满足这种需求，以复制品或仿制品冒充真品的事情在收藏市场上可以说无时无刻不在发生。进一步说，以精制的复制品冒充价值相对较高的真品的情况，在门店交易市场上出现的概率要比地摊交易市场高得多。在门店交易市场上，如果卖方能将自己所知道的关于收藏品的信息全盘托出，显然非常有利于卖方声誉的提高，并与买方建立起长期的业务关系。如果买方希望购买的收藏品确实是真品，卖方公开信息的行为并不会给自己带来什么损失，反而将有助于其卖方声誉的提高。但是，如果买方希望购买的收藏品是复制品呢？在这种情况下，卖方到底是选择诚信，还是选择欺骗，在很大程度上就只能取决于卖方的道德水平了。

不幸的是，在转型期社会，未来实在是太不确定了，由于诚信所带来的长远预期收益实在是空中楼阁，因此，人们普遍缺乏诚信的态度。整个社会普遍如此，那么，在收藏品的门店交易市场上的道德风险之大，就不足为怪了。当然，对于门店交易市场上的道德风险问题，也不能一概而论。例如，总的来看，苏州收藏品商店的中老年店主，大都比较恪守传统的古玩经营之道。当"内行对内行"，买方想要上手看一件粉彩瓶或青花盘，而此物又有冲口或破损时，他通常会事先告诉买方"有缺陷"。如果买方仍然想看，他才会从橱柜里拿出来给你看，这叫"已破损的先说在前面，省得买方购买回家，看出有细微破损或曾修复过，回头再来找麻烦。"相对来说，在上海的收藏市场上，裂釉冲线或修复过的瓷器，打"闷包"的现象，就要比苏州的收藏市场多得多了。

需要指出的是，我们没有将赝品数量多作为门店交易市场的特点，并不意味着收藏者就可以高枕无忧了。我们的意思是，较之地摊交易市场赝品畸多的特点，门店交易市场的赝品数量之多就显得不是那么突出了。此外，在门店交易市场上出现的赝品，要么是粗制的仿制品，要么就是精制的复制品。因此，收藏者绝不能抱着"跑得了和尚跑不了庙"的心理而掉以轻心。

让我们再来看一个比较典型的门店交易市场——西安朱雀路古玩城的情况。朱雀路古玩城共有固定营业的收藏品商店 260 多家。朱雀路古玩城的最大特点是，这里的收藏品商店的专业性很强，很少有小而全的商店，绝大多数商店只有一个经营主题：有专业的古陶商店，例如，陶泓居、文博轩、泉当阁；也有专业的古瓷商店、古币商店、古玉商店、古画商店、青铜古镜商店、唐三彩商店。收藏者可以非常方便地挑选到自己希望购买的收藏品。而且，这种分门别类的收藏品商店，也暗示了在朱雀路古玩城里有一批眼力颇高的鉴赏家。如果收藏者能够有幸在这里得到专家的指点，可以花很少的钱淘到价值不菲的真货，同时还能增长见识。这里的收藏品，以周、秦、汉、唐的文物最引人注目。以古陶为例，收藏者在西安花一两百元，可以淘到一件保存完好的汉代"玉器"（这里专指制作精良的陶器，与南方同时代的"蛮器"相对）。而到了南方的收藏市场，这些陶器的身价可能立刻翻上百倍。（马继东，2003）正如沃森（Watson，1999）所说："收藏界最刺激的一面是：收藏家或门外汉，会在无意中找到一件本以为是毫无价值或是价值不大的东西，后来才发现它竟然是遗失已久的杰作。"中国也有一句古话，叫做"粮油一分利，百货十分利，珠宝百分利，古玩千分利"，这或许正是西安的收藏市场独具魅力的重要原因。

三、邮购交易市场

如果说地摊交易市场与门店交易市场都还算是"看得见摸得着"的有形交易市场的话，那么，邮购交易市场显然是一种无形交易市场了。邮购交易属于典型的无店铺销售业态，购销双方不直接见面，由大众媒体传递信息，并通过邮政网络传递商品。这就使得消费者无法在事前直接鉴定商品的品质，也不能一手交钱，一手交货。邮购交易市场通常以在收藏类报纸、杂志上刊登邮购广告或者自办发行收藏品邮购目录的方式，向收藏者传递信息。虽然邮购交易市场中不乏信誉卓著者，但是，在邮购交易市场上出现得更多的却是林林总总的欺诈现象：汇了款却收不到所邮购的收藏品，收到的收藏品与目录上描述的品相不一致，收到的收藏品数量不足，等等。

例如，江苏省的一位收藏者倪先生曾于1998年9月给北京某邮票社寄款362元，邮购一套邮票。由于一直没有收到该邮票，他便在两个月后打电话询问。该邮票社的联系人钟某告之"查一下"。3个星期之后，依旧没有动静。这位倪先生又打电话询问，钟某表示"钱已收到，邮票很快就寄去。"然而，当1个月后倪先生再打电话询问时，却被一位接电话的女士告之"该邮票社已经搬走了。"又如，云南省的一位收藏者曾于2002年11月给广州市某邮票社寄款2000余元，购买30套邮票，但事隔一年之后，这些邮票仍然未见踪影。（刘宇，2003）

事实上，西方发达国家的邮购交易是相当发达的。例如，在欧美等国家，邮购经营额大约要占到零售业经营总额的15%。（徐燕，2005）中国收藏品邮购交易市场的兴起大约出现在20世纪80年代末。这种邮购交易方式以收藏类报刊、杂志或民间收藏刊物作为交流媒介，通过报刊广告或收藏品交流目录的方式传递信息，以邮政汇款、银行转账为付款方式，以邮寄为交货方式，进行收藏品交易。其主要特点是交易风险大。

邮购交易市场之所以存在很大的交易风险，主要是由于其交易方式的特殊性：一方面，收藏品的买方无法事先见样看货；另一方面，收藏品的买卖双方在整个交易过程中一般都不曾谋面，而且往往相隔两地。因此，这种交易方式极易引发道德风险。众所周知，收藏品品相的判断带有很大的主观性。例如，邮购广告上白纸黑字写着品相为 9 品的收藏品，在你看来，却认为无论如何也不会超过 7 品。又如，卖方敢"拿脑袋担保"是真品的收藏品，在你看来，却怎么看也不觉得收藏品比脑袋更"值钱"。当然，如果能够在汇款之后，无惊无险地收到所邮购的收藏品还算是幸运的，最惨的是汇款之后才发现去如黄鹤，不见踪迹！

不可否认，邮购交易市场上也有不少信誉卓著者，例如，在邮票邮购方面经营多年，信誉卓著的"上海老郭"。但是，邮购交易市场仍然不乏要么由于"一念之差"，要么早就抱定了"来者通吃"的决心，而大肆欺骗收藏者的"邮鼠"、"藏鼠"。因为对邮购交易市场的监管实际上非常困难，其正常运作几乎完全取决于卖方的道德自律。然而，在转型期社会，道德自律又往往显得苍白无力。如果因为卖方的"一念之差"所带来的后果不能得到有效的惩戒，更将进一步助长邮购交易市场上的不良风气。遗憾的是，事实正是如此，吃了亏的买方在上当受骗之后往往选择缄默。因此，邮购交易市场上的交易风险之大，是可想而知的。

第三节　拍卖交易市场与网上交易市场

事实上，除地摊交易市场、门店交易市场与邮购交易市场这三类传统收藏市场以外，还有两类重要性正在日益凸显的收藏市场：拍卖交易市场与网上交易市场。

一、拍卖交易市场

严格地说，拍卖交易市场同样属于传统收藏市场之列。据历史记载，早在古罗马时代，人们就开始用拍卖的方式来销售雕像、挂毯、宫廷用品等物。而且，那时的拍卖活动与现代的拍卖活动有很多相似之处。"在拍卖前，先由传令官以口头或书面的方式向民众公告（其方式类似于现代拍卖活动中的拍卖公告）；拍品在拍卖前要预先接受检查（类似于现在的拍卖鉴定）；然后，由传令官负责拍卖，拍品的底价也由他来决定，拍卖的结果是把拍品卖给出价最高的人。"（林一平和郑鑫尧，1994）

中国的拍卖业实际上早在 19 世纪中期就开始发展起来了。1874 年（清代同治十三年），英商鲁意斯摩拍卖公司在上海设立了子公司。从此，在中国大地上出现了蓝白方格旗。随后，英商瑞和洋行、法商三法洋行、日商新泰洋行、丹麦罗商宝和洋行也先后挂牌开展拍卖业务。清代的葛元煦曾在《沪游杂记》中对此做过生动的描述："丙子春间，华人亦仿外国拍卖物件。先期悬牌定于何日几点钟，是日先悬外国旗，届时一人摇铃号召，拍卖者高立柜上，手持物件令看客出价，彼此增价竞买，直到无人再加，拍卖者以小木槌拍桌一声为定，卖与加价最后之客。一经拍定，不能反悔。"但是，由于众所周知的原因，直到1986年11月，新中国的第一家拍卖公司——国营广州拍卖公司才正式成立。因此，就中国的实际情况而言，我们不妨将拍卖交易市场作为一种新兴的收藏市场，并对其进行比较深入的分析。

所谓拍卖，是指以公开竞价的形式，将特定物品或者财产权利转让给最高应价者的买卖方式。(《中华人民共和国拍卖法》，2004)它是遵循"公平、公正、公开、价高者得"的"三公一高"基本原则，买卖动产或者不动产的交易方式。这种交易方式一定要有两个以上的竞买方、推动竞价的因素和价格的不确定性三个前提才能成立。由此可见，同地摊交易市场与门店交易市场不一样，拍卖交易市场上的收藏品成交价格，主要取决于竞买方的多寡，以及竞买方的决心和购买力。

（一）收藏品拍卖市场的特点

拍卖市场是在当今世界的收藏品交易过程中应用十分广泛，并且非常特殊的有效交易模式。从某种意义上讲，拍卖交易市场具有两个最显著的特点，即透明度高和竞争性强。

透明度高。从理论上讲，合法的收藏品拍卖恪守"公开、公平、公正、价高者得"的"三公一高"基本原则，杜绝幕后交易。这就是说，所有的拍卖标的都要公开展示。不管是什么样的收藏品，竞买人都可以事先看样见货、鉴赏品评，从而做到心中有数。拍卖公司的全部拍卖活动都要公开进行，例如，拍卖会现场公开竞价，公开落槌，当众宣布成交，等等。同时，所有的竞买人在拍卖会上的竞买资格平等、竞买机会平等、竞买规则平等。拍卖公司不承认任何特权，也不偏袒任何一位收藏品的竞买人。谁出价最高，拍卖师就为谁敲槌，该件收藏品也就理所当然地归其所有。由此可见，透明度高是正规拍卖交易市场的特点之一。

竞争性强。收藏品拍卖是一种独特的销售方式，它是在商品少、收藏品的竞买人多、收藏品的卖方不直接参与的情况下，使众多竞买人围绕自己希望购买的某一件收藏品，在价格上进行的较量。拍卖以竞争带动价格，以价格平息竞争，从而不断推动收藏品拍卖价位的上涨，形成收藏市场上的新一轮行情。这与其他收藏品交易方式是大不相同的。后者往往是在收藏品少、购买方也少、收藏品的买卖双方直接参与的条件下进行的，竞争氛围相对缺乏。再加上买卖双方对收藏品的价值判断不一，讨价还价的能力不尽相同，因此，其结果大多要么难以最终成交，要么难以达到令双方都满意的成交价位。

（二）收藏品拍卖交易的优势

虽然大多数收藏品的竞买人似乎都普遍认为，拍卖交易给收藏品的委托人带来的好处远远大于给竞买人带来的好处，但事实并非完全如此。如果拍卖交易方式成为一种比较普遍的交易方式，即大多数收藏品的交易都以拍卖的方式进行的话，那么，虽然收藏品的竞买人在购买收藏品时，可能要比以其他方式交易时"吃亏"一些，遭受隐性的损失。但是，收藏者可以在日后以拍卖的方式出售这件收藏品时得到弥补。因为当他以收藏品的委托人的身份出现时，其他竞买人同样要遵循"价高者得"的原则争夺该件收藏品。从理论上讲，收藏品拍卖之所以受到普遍的欢迎，主要是因为收藏品拍卖交易具有如下三大优势：

1. 发现价格。在地摊交易市场和门店交易市场上，稀世珍品很难卖出一个"合理"的价格。因为在地摊交易市场和门店交易市场上，收藏品的卖方寻找潜在买主的信息搜寻成本非常之高，逐一讨价还价的交易成本同样异常高昂。但是，在拍卖槌下，这些"好东西"却能被敲出一个个高不可测的拍卖价格，即所谓的"天价"（见表3.4）。但是，如果希望在地摊交易市场和门店交易市场上卖出这样的价位，无疑会被人认为是痴人说梦。事实上，发现价格的功能正是收藏品拍卖的主要功能之一。

表 3.4		世界名画拍卖成交价格前 10 位排名			货币单位：万美元
排名	成交时间	拍卖公司	作者	作品名称	成交价
1	2004 年	纽约苏富比	毕加索	拿烟斗的男孩	10417
2	1990 年	纽约佳士得	梵·高	加歇医生的肖像	8250
3	1990 年	纽约苏富比	雷诺阿	红磨房街的舞会	7810
4	2002 年	伦敦苏富比	鲁本斯	对无辜者的大屠杀	7620
5	1998 年	纽约佳士得	梵·高	未蓄胡子的艺术家	7150
6	1999 年	纽约苏富比	塞尚	窗帘、小罐和高脚盘	6050
7	2000 年	纽约佳士得	毕加索	双臂抱胸的妇女	5560
8	1987 年	纽约苏富比	梵·高	鸢尾花	5390
9	1989 年	巴黎拍卖公司	毕加索	皮耶瑞特的婚礼	5165
10	1999 年	纽约苏富比	毕加索	坐在花园中的女人	4950

资料来源：根据历年相关资料整理，截止时间为 2006 年 2 月。

2. 来源可靠。一般来说，从事收藏品拍卖的拍卖公司都比较看重自己的声誉。虽然纠纷的出现常常在所难免，但是，较之地摊交易市场和门店交易市场，拍卖交易市场上的收藏品要可靠得多。而且，总的来看，越是珍罕的收藏品，受到的关注程度越高。例如，1995 年，北京翰海拍卖公司在秋季拍卖会上费尽周折才征集到的旷世珍品——北宋张先的《十咏图》就是经过了著名书画鉴定专家徐邦达、启功、刘九庵等人的全面考证才获得最终认定的。即使是一般的收藏品，按照正规的拍卖程序（见图 3.2），在上拍之前也会经过拍卖公司专家的初步鉴定。

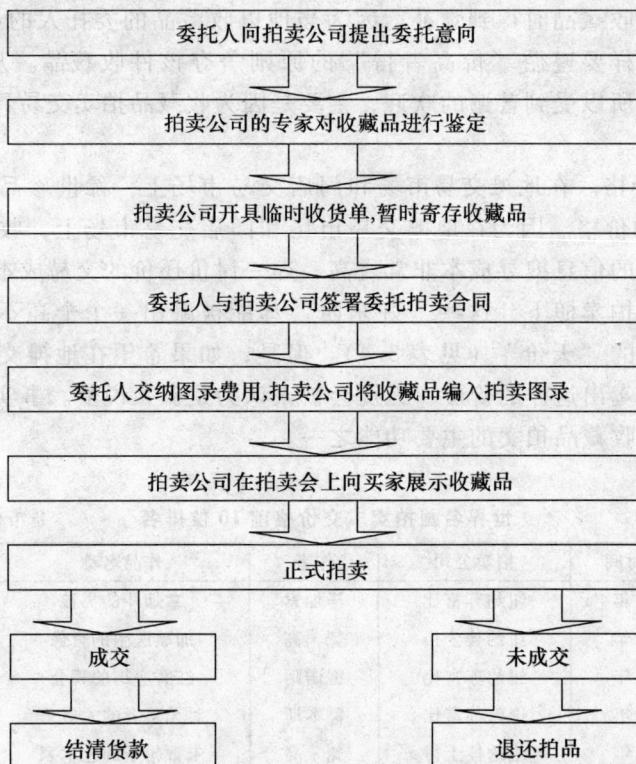

```
┌─────────────────────────────────────┐
│      委托人向拍卖公司提出委托意向      │
└─────────────────────────────────────┘
                   │
                   ▼
┌─────────────────────────────────────┐
│      拍卖公司的专家对收藏品进行鉴定    │
└─────────────────────────────────────┘
                   │
                   ▼
┌─────────────────────────────────────┐
│  拍卖公司开具临时收货单,暂时寄存收藏品 │
└─────────────────────────────────────┘
                   │
                   ▼
┌─────────────────────────────────────┐
│     委托人与拍卖公司签署委托拍卖合同    │
└─────────────────────────────────────┘
                   │
                   ▼
┌─────────────────────────────────────┐
│ 委托人交纳图录费用,拍卖公司将收藏品编入拍卖图录 │
└─────────────────────────────────────┘
                   │
                   ▼
┌─────────────────────────────────────┐
│     拍卖公司在拍卖会上向买家展示收藏品   │
└─────────────────────────────────────┘
                   │
                   ▼
┌─────────────────────────────────────┐
│               正式拍卖               │
└─────────────────────────────────────┘
          │                    │
          ▼                    ▼
    ┌──────────┐          ┌──────────┐
    │   成交   │          │  未成交  │
    └──────────┘          └──────────┘
          │                    │
          ▼                    ▼
    ┌──────────┐          ┌──────────┐
    │ 结清货款 │          │ 退还拍品 │
    └──────────┘          └──────────┘
```

图 3.2 从委托拍卖到完成拍卖的主要流程示意图

3. 成交率高。在地摊交易市场和门店交易市场上，由于收藏品的买卖双方在成交价格问题上的矛盾，以及"一对一"的交易方式，收藏品的买卖双方往往都不愿意真实地表达自己对收藏品的价值判断和心理价位。因此，漫长的讨价还价过程通常在所难免。但是，在拍卖交易市场上，情况就大不一样了。收藏品的竞买人可以把自己对收藏品的价值判断转化为价格信号，较为全面地显示在拍卖交易市场上。而收藏品的委托人对收藏品的价值判断则部分地反映在了收藏品的拍卖底价上。一般来说，在有底价拍卖中，大部分拍品都设有保留价格，该价格由委托人与拍卖公司通过协商来确定。在拍卖交易市场上，几乎每分钟都能拍卖出一件甚至几件收藏品。从这个角度来看，收藏品拍卖可以极大地降低买卖双方的隐性交易成本，提高收藏品交易的效率。

当收藏市场的总体行情看涨、入市资金充裕时，在那些大型拍卖公司举办的拍卖会上，收藏品拍卖的成交率还会在此基础上高出许多（见表3.5）。

表 3.5　　　　一些大型拍卖公司 2005 年春季拍卖会书画专场的成交情况

专场名称	拍品数量	总成交额	成交率
中国嘉德国际拍卖有限公司			
中国古代书画专场	206 件	7346.7 万元	77%
中国近现代书画（一）专场	411 件	18243.2 万元	93%
中国近现代书画（二）专场	295 件	6944.1 万元	94%
中国当代书画专场	94 件	1963.9 万元	100%
汉鸿楼藏中国近现代书画专场	111 件	2456.6 万元	96%
中贸圣佳国际拍卖有限公司			
中国古代书画（一）专场	120 件	11435.3 万元	86%
中国古代书画（二）专场	109 件	15792.9 万元	78%
中国近现代书画（一）专场	241 件	13211.2 万元	90%
中国近现代书画（二）专场	75 件	392.5 万元	88%
中国当代优秀画家绘画选集专场	200 件	1456.4 万元	95%
海上名家绘画专场	177 件	4477.3 万元	90%
京津名家绘画专场	121 件	2830.2 万元	83%
齐白石绘画专场	45 件	9021.1 万元	100%
陆俨少绘画专场	59 件	4359.3 万元	93%
黄胄绘画专场	52 件	3524.4 万元	98%
崔如琢绘画专场	34 件	1100.3 万元	100%
中国扇画专场	164 件	1478.4 万元	91%
铁画楼藏画专场	55 件	5322.9 万元	95%
十墨山房藏画专场	57 件	1854.5 万元	96%
北京翰海拍卖有限公司			
中国书画（古代）专场	176 件	9114.4 万元	77%

续表

专场名称	拍品数量	总成交额	成交率
中国书画（近现代）专场	438 件	11623.2 万元	81%
中国书画（当代）专场	188 件	2824.4 万元	94%
博明轩藏中国书画专场	157 件	5336.8 万元	98%
识墨轩藏中国书画专场	102 件	2021.5 万元	90%
台湾山艺术文教基金会藏品专场	76 件	3535.3 万元	100%
上海朵云轩艺术品拍卖公司			
古代书画专场	198 件	4222.4 万元	82%
中国近现代书画（一）专场	455 件	6728.8 万元	96%
中国近现代书画（二）专场	620 件	9197.5 万元	95%
苏富比（香港）有限公司			
中国书画专场	239 件	15688.9 万元	97%
中国及韩国当代艺术专场	72 件	4355.5 万元	88%
北京荣宝拍卖有限公司			
中国书画（一）（北京）专场	207 件	17765.5 万元	100%
中国书画（二）（北京）专场	567 件	15966.5 万元	90%
中国书画（一）（南京）专场	209 件	4119.4 万元	100%
中国书画（二）（南京）专场	617 件	4978.9 万元	88%
北京华辰拍卖有限公司			
中国书画（一）专场	220 件	1629.7 万元	71%
中国书画（二）专场	416 件	5194.9 万元	62%
知鱼堂藏画暨郭味蕖家族作品专场	111 件	1571.4 万元	71%
首届"跨世纪"中国画名家精品专场	82 件	434.7 万元	94%
上海崇源艺术品拍卖有限公司			
现代名家书画专场	191 件	730.3 万元	72%
芝蔚堂珍藏书画专场	262 件	748.9 万元	87%
中国古代书画专场、文苑英华专场	175 件	2976.1 万元	59%
溥心畬书画专场	278 件	2798.6 万元	100%
北京九歌国际拍卖有限公司			
中国书画（一）专场	208 件	7786.4 万元	98%
中国书画（二）专场	181 件	1893.3 万元	93%
中国书画（三）专场	239 件	873.7 万元	82%
上海国际商品拍卖有限公司			
中国书画（一）专场	200 件	1020.8 万元	80%

续表

专场名称	拍品数量	总成交额	成交率
中国书画（二）专场	303 件	1769.7 万元	73%
中国书画（三）专场	279 件	701.7 万元	61%
民间藏画精品专场	60 件	117.6 万元	100%

资料来源：马健：《盘点 2005 年中国书画春拍》，载《收藏·拍卖》2005 年第 8 期。

　　需要指出的是，中国的收藏品拍卖实际上仍然存在着不少非常严重的问题。中贸圣佳拍卖公司艺术顾问赵榆曾经发出过这样的感慨："我为我过去曾经写文章吹捧过的那些高价位而脸红，因为现在才知道那些所谓的高价位居然有很多是假成交、是骗局；我作为一个搞艺术评论的都感到脸上无光，都想退出。"他指出："过去一些拍卖公司宣称卖了多少多少万，一件作品卖出多高的价钱，但是实际上成交价还不到一半，从短期来说，拍卖公司脸上有光，一说排在全国第几，上级领导都会表彰，但是长此以往，拍卖业将无诚信可言。"赵榆认为，有的媒体，甚至拍卖行业的专业媒体也公然为假货的横行推波助澜，"连登在广告上的照片都是假的，明眼人一眼就可以看出来，但是给钱照样可以刊登。"（丁肇文，2005）

　　不过，有一种比较特殊的情况，确实值得一提。一些收藏者经常将拍品的拍卖价高于起拍价，拍品却最终流标的情况，视为拍卖公司的"暗箱操作"，认为"不可理喻"。这实际上是由于收藏者对拍卖的不了解或误解所造成的。虽然在很多情况下，拍品的起拍价和底价是接近的，甚至是一致的，但是，情况并非总是这样。因为起拍价和底价实际上不是同一个概念。在拍卖会上对外公开的起拍价，只是商业上的运作形式而已；而底价才是委托人或拍卖人的保留价格或预期价格，这个价格通常是对外保密的。例如，2000 年，在中国嘉德国际拍卖公司举办的一场拍卖会上，起拍价为 880 万元的唐代怀素的作品《食鱼帖》在拍到 1000 万元以后，就再也无人响应，以至于最终流标了。这就是拍品的起拍价（880 万）和底价（保密）不一致的典型例子。

　　对于这场拍卖会，有市场分析人士（罗文华，2004）还进一步指出："可以肯定的是，在从 880 万～1000 万元之间的拍卖过程中，无论是拍卖师按照价位的阶梯空叫，还是有'应价者'举牌，拍品的价格都始终操纵在拍卖公司手里。也就是说，基本上属于拍卖公司的自拉自唱，真正的买家并没有参与进来。可以想见，在拍卖师喊出 880 万元后不久，他很快就从现场的反应中意识到这个价位定高了。至于喊到 1000 万元为止，那只不过是拍卖公司多给自己一点面子。"

（三）收藏品拍卖存在的问题

言归正传，收藏品拍卖究竟存在什么样的主要问题？

1. 收藏品拍卖的真赝纠纷多。随着经济大环境的改变，拍卖机构林立，竞争日趋激烈，"生意难做，赚钱不易"。在这种情况下，一些拍卖公司在利益的驱动下走上了邪门歪道，不是在加强自身实力、提高拍品质量、搞好拍卖服务上面下工夫，而是从以次充好，走向鱼目混珠、以假乱真的邪路，专门在如何拍假方面做文章，企图以欺骗的方式攫取商业利润。有人甚至认为："目前大的拍卖公司中拍卖的赝品达到 20% 的比例，在小的拍卖公司中拍卖的赝品比例则达到了 80%。"面对这样的传言，即使是中国拍卖行业协会会长张延华也坦言："这是个敏感话题"，"在这方面我们压力很大，这也是国内各拍卖公司之所以积极网罗人才的原因。"（胡劲华，2005）

众所周知，收藏品投资的最大风险是收藏品的品质风险，即不慎买到赝品所带来的风险。在很多情况下，收藏品的竞买人实际上并不是收藏品鉴定的专家。因此，当收藏品拍卖在国内刚刚兴起的时候，一些竞买人便寄希望于拍卖公司，企盼国内的拍卖公司有一套比较健全、严格、高效的拍卖鉴定机制，使每次上拍的收藏品都能够"保真"，以此规避购买收藏品所带来的品质风险。但是，这只是竞买人的一相情愿而已。因为收藏品鉴定确实是一门十分高深的学问，即使是专家也有不少"打眼"的时候。作伪和造假实在是让人防不胜防，有时候甚至令人束手无策。在这种情况下，任何拍卖公司在客观上都不可能做到对其上拍的所有收藏品保真。

近年来，由于一哄而起的收藏品拍卖公司数量太滥，员工太杂，更是使得国内拍卖公司的拍卖鉴定机制显得越来越不完善，或者虽然鉴定机制完善，大家却普遍违规。因此，许多拍卖公司对收藏品的鉴定能力或实际鉴定水平非常低下。收藏品拍卖公司或者根本不重视拍卖鉴定，或者把拍卖鉴定视为可有可无的"过场"来走。在这种情况下，没有拍卖鉴定肯定不行，有了拍卖鉴定也未必一定就行。不仅如此，一些拍卖机构还知假拍假，企图通过违法手段，达到恶意操纵拍卖的目的。这种短视行为，无疑给收藏品拍卖蒙上了一层阴影，也导致了收藏品拍卖的纠纷不断。让我们来看一个非常典型的收藏品拍卖的真赝纠纷案例。

1995 年 10 月 28 日，浙江中澳纺织有限公司总经理王定林在 1995 年杭州秋季书画拍卖会上拍得了 10 件书画作品，其中包括成交价为 105.5 万元的张大千《仿石溪山水图》。王定林请上海的谢稚柳进行鉴定，谢稚柳的鉴定结论是："此画为真迹无疑。"王定林随后又找到了北京的徐邦达和史树青鉴定。徐邦达的鉴定结论是："此画是赝品，值110元差不多了吧。"史树青也表示："此画是伪作。"王定林立即与浙江国际商品拍卖有限责任公司交涉，拍卖公司将其中的5幅作品做了退回处理，唯独对张大千《仿石溪山水图》拒绝退回。拍卖公司辩称，谢稚柳的鉴定是值得信赖的，拍卖公司有规定："买家应仔细观察拍卖原物，慎重决定竞拍行为，并自愿承担责任。"据此，拍卖公司不同意王定林的诉讼请求。

从1996年1月起，王定林先后向杭州市和浙江省两级法院提起诉讼，均败北。1997年11月5日，王定林向最高人民法院申诉。1998年12月30日，受最高人民法院委托，国家文物局邀请了北京、天津、上海、山东等地，包括国家文物鉴定委员会主任委员启功、常务委员刘九庵在内的国内11位书画鉴定专家，共同鉴定张大千《仿石溪山水图》的真伪。专家们一致认定此画是伪作。这个鉴定结果为最高人民法院的最终裁定提供了有力证据。

经过最高人民法院的调解，浙江省国际商品拍卖有限责任公司最终同意退还王定林105.5万元的购画款，并承担本案一审、二审的诉讼费和鉴定费。同时，支付王定林购画款的利息14.9万元，合计127.5万元。

需要指出的是，徐邦达是中国书画鉴定界的泰斗，号称"徐半尺"，即所鉴定的书画打开半尺即可知其真伪，是著名的书画鉴定权威，经他鉴定的名画不计其数。而谢稚柳也是中国书画界的权威，其威名丝毫不亚于徐邦达，尤其被南方同仁所推崇，民间亦有"南谢北徐"之说。因此，"南谢"、"北徐"之争就成为中国书画鉴定界的一大奇观。正是由于这个原因，此案的影响很大，被称为"中国拍卖第一案"。（邢捷和汤乔，1999；刘世锋，2005）

2. 收藏品拍卖的规则不合理。一般来说，拍卖规则是拍卖公司单方制定，在拍卖活动中要求拍卖公司和买卖双方都要共同遵守的具有格式合同性质的行为规则。它对于规范各方的行为，保证拍卖的正常进行，显然具有至关重要的作用。尽管1996年7月5日第八届全国人民代表大会常务委员会第二十次会议通过了《中华人民共和国拍卖法》。2004年8月28日，第十届全国人民代表大会常务委员会第十一次会议也做出了《关于修改〈中华人民共和国拍卖法〉的决定》的决定，并随后颁布了经过修改的《中华人民共和国拍卖法》。国家文物局等相关职能部门则先后颁布了《文物拍卖管理暂行规定》等管理法规。有关部门还特别强调："拍卖规则不得与本法（《中华人民共和国拍卖法》）的规定相抵触。"但是，国内的一些拍卖公司仍然置广大竞买人的利益于不顾，制定一些明显的不合理规则，使广大竞买人处于不平等地位，致使他们在收藏品交易中的切身利益遭受了不同程度的损害。

下面让我们以中国拍卖行业协会制定的《中国拍卖行业拍卖通则（文化艺术品类）》为例来说明这个问题。《中国拍卖行业拍卖通则（文化艺术品类）》第五章"拍卖标的的鉴定及争议的处理"第 26 条规定：

"自拍卖日起三十日内，买受人向拍卖人出具两位或两位以上相应专业的国家级鉴定专家关于该拍卖标的为赝品的书面鉴定意见，拍卖人则认为该拍卖标的真实性出现争议，同意取消交易并向买受人退款。"

但是，该条款同时又规定：

"（一）拍卖标的图录对该拍卖标的的说明符合当时有关专家普遍接受的意见，已经清楚表明专家对于该拍卖标的的鉴定意见存有争议；

（二）只能够用科学方法证明该拍卖标的为赝品，而该科学方法是在拍卖结束后才被普遍使用；或仅能用某种方法证明该拍卖标的为赝品，而该种方法的鉴定费用昂贵，不合实际或可能对该拍卖标的造成损害；买受人无权要求拍卖人取消交易。"

众所周知，收藏品鉴定是一个相当复杂的过程，属于传统的言传身教和个人的经验积累的产物。正如国家文物鉴定委员会副主任委员史树青指出的那样，过去在琉璃厂买卖古玩字画的人，都需要凭借个人的眼力去鉴别器物的真伪优劣。在去粗取精、去伪存真的长期过程中，这些人不断地提高着自己的鉴赏水平。时间一长，就慢慢地钻研出门路来了，由外行变成了内行，这就是所谓的"眼学"。但是，由于眼学是在经验中积累起来的，因此，专家也难免有"打眼"的时候。例如，谢稚柳和徐邦达在张大千款《仿石溪山水图》上旷日持久的"南北之争"。换句话说，收藏品鉴定在很大程度上是仁者见仁、智者见智的。

收藏品鉴定的经验方法也很难被证明为"科学方法"。虽然有很多人认为"眼学"不科学，是一种主观经验。但是，即使在这个问题上，也同样是见仁见智的。例如，中国科技大学校长朱清时就认为："眼学本身就是科学，看器物的造型、纹饰、胎釉、工艺、款式，这些经验不是凭主观臆断的，是建立在科学基础上的，因为鉴定专家的头脑里有数据库。"但是，不管怎样，既然在这个问题上存在着不少争议，那么，最终的结果显然很可能是"买受人无权要求拍卖人取消交易"。

另外，拍品的某些瑕疵，即使是委托人和拍卖人自己也并不一定完全知道，因此，也就无从告之。《中国拍卖行业拍卖通则（文化艺术品类）》第 22 条规定："拍卖人或其代理人对任何拍卖标的用任何方式（包括图录、幻灯投影、新闻载体等）所作的介绍及评价，均为参考性意见，不构成对拍卖标的的任何担保。拍卖人为买受人出具的有关拍卖标的的发票上所载明的标的名称等说明性文字，不构成对拍卖标的的担保。"这对于竞买人或买受人而言，显然也是一个不可忽视的风险。因为根据现有的法律法规，只要委托人和拍卖人在主观上没有故意隐瞒的事实，而且尽到了告之的义务，那么，这种风险就只能由竞买人或买受人来承担。

当然，毫无疑问的是，拍卖公司制定诸如此类的"霸王条款"的初衷，确实是为了降低自己的运营风险。但是，因此而损害委托人、竞买人和买受人利益的行为，显然将最终损害到拍卖公司的所有利益相关者，以及拍卖公司自身的长远利益。

3. 收藏品拍卖的违规操作多。《中华人民共和国拍卖法（修正）》（2004）第22条规定："拍卖人及其工作人员不得以竞买人的身份参与自己组织的拍卖活动，并不得委托他人代为竞买。"

该法第23条规定："拍卖人不得在自己组织的拍卖活动中拍卖自己的物品或者财产权利。"

该法第30条规定："委托人不得参与竞买，也不得委托他人代为竞买。"

该法第37条规定："竞买人之间、竞买人与拍卖人之间不得恶意串通，损害他人利益。"

不过，对于拍卖人、委托人和竞买人违规的惩罚，则相对较轻。《中华人民共和国拍卖法（修正）》（2004）第62条规定："拍卖人及其工作人员违反本法第22条的规定，参与竞买或者委托他人代为竞买的，由工商行政管理部门对拍卖人给予警告，可以处拍卖佣金1倍以上5倍以下的罚款；情节严重的，吊销营业执照。"

该法第63条规定："违反本法第23条的规定，拍卖人在自己组织的拍卖活动中拍卖自己的物品或者财产权利的，由工商行政管理部门没收拍卖所得。"

该法第64条规定："违反本法第30条的规定，委托人参与竞买或者委托他人代为竞买的，工商行政管理部门可以对委托人处拍卖成交价30%以下的罚款。"

该法第65条规定："违反本法第37条的规定，竞买人之间、竞买人与拍卖人之间恶意串通，给他人造成损害的，拍卖无效，应当依法承担赔偿责任。由工商行政管理部门对参与恶意串通的竞买人处最高应价10%以上，30%以下的罚款；对参与恶意串通的拍卖人处最高应价30%以上，50%以下的罚款。"

刘宁元（1998）发现，在拍卖会上，恶意曲解并利用"价高者得"规则的现象，例如，相互串通、哄抬价格，时有发生。另一个值得注意的现象是拍卖师的误导或诱导。一些拍卖师在主持拍卖会时，经常运用过分夸张或挑逗的语言，甚至"不择手段达成高价"。更为严重的是，由于"取证"的困难，真正能够搜集到确凿的证据，而对违规操作的拍卖人、委托人和竞买人予以惩罚的案例，实在是凤毛麟角。寒光（2005）曾经将拍卖会上的畸形利益操纵关系归纳为以下四个方面：

第一，拍卖公司与委托人联手哄抬价格。如果红运当头，拍品被其他竞买人买走，委托人便达到了哄抬价格的目的；如果时运不济，委托人自己成了买受人，实际上也没有太大损失。因为一些拍卖公司，尤其是中小拍卖公司，对于委托人没有真正卖出的拍品，通常会降低甚至免除佣金。

第二，委托人、竞买人与拍卖公司联手串通，哄抬价格。一些拍卖公司为了增加总成交额，经常与委托人、竞买人联手，事先商量好拍品的成交价格和所付佣金。等到真正拍卖时，成交价自然很高。拍品实际上还是按照原来商定的价格成交。此外，一些新成立的拍卖公司，为了增加总成交额或者宣传公司形象，会通过支付"出场费"的方式，从收藏家那里"借"一些引人注目的拍品前来"捧场"，不过，这些拍品并不会真正易手。

第三，拍卖公司与鉴定专家联手诱骗竞买人。在拍品资源的竞争日趋激烈的大背景下，拍卖公司对收藏品真伪的"把关"开始日趋松动。一些鉴定专家碍于情面或者出于利益关系，通常也会睁一只眼闭一只眼，结果常常惹出争议甚至鉴定错误。北京某拍卖公司的高级管理人员曾私下透露："以前就是想不开，还计较什么真伪，现在彻底想开了，不就是卷钱吗？""早些年，我们这个圈子里的人会为得到真品而雀跃不已，也会为了拍品是否为真品而争得面红耳赤。但如今在利益的驱动下，大家心照不宣的是，怎么才能以假乱真。"

第四，拍卖公司与拍卖师联手操纵拍品价格。由于拍卖公司数量日渐增多，一些资深拍卖师也逐渐成了市场上的"香饽饽"。一般来说，每件拍品都有一个底价，拍卖过程就是一个按照一定的幅度，不断往上竞价的过程。然而，从某种意义上讲，这个不太固定的幅度，实际上掌握在拍卖师手中。对一些经常出入于该拍卖公司的竞买人，拍卖师的叫价往往会口下留情，对于新买家则不然，而对那些与拍卖公司有"过节"的买家，情况又大不一样。

下面让我们来看一个比较典型的案例。

2005年7月，北京某拍卖公司举办了一场名为"黄冑书画精品专场"的拍卖会。这场拍卖会共有黄胄的 35 幅书画精品参加拍卖。但是，黄胄的夫人郑闻慧却在开拍前明确指出："这些作品多是赝品。"当然，该拍卖公司和提供收藏品的委托人，均表示不能认同郑闻慧的说法，并认为在拍卖前夕她就得出这样轻率的结论是"十分不负责任"的。（刘江华和王岩，2005）

2005 年 7 月 29 日，拍卖会如期进行。在整场拍卖会中，没有出现冷场的现象，反而是一个高潮接着一个高潮。当拍卖师刚刚报出几万元底价的时候，立刻就有人喊出一声 10 万元。紧接着，价格便在两三个竞买者之间反复被刷新（见表 3.6）。他们互相鼓动着，买走了大部分拍品。有时候，他们甚至对拍品看也不看，就兴奋地举起了手中的号码牌。拍卖会上不断有人离开，但这丝毫没有影响到竞买人的热情。在拍卖会现场，有人疑惑地问道："这些不对的东西，怎么大家买得还那么起劲呢？"旁人则悄悄地答道："别说话，当来看戏的。"这场拍卖会最终以 100% 的成交率结束。

不过，耐人寻味的是，虽然弄了个"满堂红"，却没有按照惯例为拍卖师颁发"白手套"，也没有任何表示祝贺的掌声。整场拍卖会在一种"有些娱乐有些尴尬"的场面中结束。（静其，2005）

值得一提的是，开拍之前，拍卖公司特意宣读了一个公告，提醒竞买者仔细阅读某媒体在 2005 年 7 月 27 日的相关报道。从某种意义上讲，这还算是一种负责任的态度，至少敢于面对不同的意见，哪怕这种意见来自于权威媒体的报道和画家家属的质疑。

表 3.6　　黄胄书画精品专场拍卖会的买受人竞买数量统计表

竞买者号码牌	购买数量	总金额
797 号	8 件	18 + 13 + 13 + 20 + 20 + 2 + 19 + 36 = 141 万元
189 号	7 件	5 + 6 + 6 + 15 + 12 + 5 + 6.7 = 55.7 万元
25 号	4 件	5 + 5.8 + 5.5 + 16 = 32.3 万元
753 号	4 件	6 + 110 + 26 + 6.8 = 148.8 万元
918 号	2 件	4.2 + 15 = 19.2 万元
199 号	2 件	12 + 1.8 = 13.8 万元
568 号	2 件	5.8 + 5.8 = 11.6 万元
731 号	1 件	8.5 万元
33 号	1 件	4.2 万元
369 号	1 件	5.5 万元
329 号	1 件	24 万元
197 号	1 件	20 万元
139 号	1 件	10 万元

资料来源：静其：《当拍卖成为一种游戏》，载《艺术市场》2005 年第 9 期。

　　一些心存侥幸的收藏者也许会天真地认为，虽然中国的拍卖公司问题多多，但是，那些历史悠久、信誉卓著的外国著名拍卖公司总应该是值得信任的吧！不幸的是，包括苏富比拍卖公司和佳士得拍卖公司在内的国际顶级拍卖公司的情况，同样"好不到哪儿去"。例如，20 世纪 80 年代，时任纽约佳士得拍卖公司董事长的巴特赫斯特（Bathurst）声称，在一场令人瞩目的拍卖会上，由该公司推出的美术作品出现了抢购热潮。但事实上，只有少数几幅作品最终成交。他后来承认，自己之所以误导媒体，是因为他想制造一个假象："收藏市场欣欣向荣，大家尽可以放心投资"。（沃森，1999）又如，1987 年 2 月 19 日，苏富比拍卖公司苏黎世（Zürich）办事处主任威尔（Wille）给伦敦苏富比拍卖公司古籍善本部门的高斯（Goss）发过这样一封商务电报：

　　主旨：1987 年 2 月 23 日，星期一拍卖会

　　如同上回批示的，波德默（Bodmer）将负责替以下编号的拍品护盘，直到你所知道的那个价位被喊出为止：124、132、144、146、155、162、164、168、170、180、188、253、254、255、262、263、325、326、327、328、329。

　　娜塔莎（Natasha）负责以下编号：129、142、145、147，等等。

　　我本人通过电话，替以下编号的拍品护盘：206、207、208、209、210、216、217、227，等等。

　　在这个案例中，苏富比拍卖公司苏黎世办事处的三名职员，在拍卖会进行的时候，打电话到伦敦，假装叫价，对总共 71 个编号的拍品进行护盘。电话中开列的编号，全部与拍卖会中的某一批拍品有关。据说，这批在拍卖目录上的编号从 124～337 的拍品，是"一位欧洲贵族的财产"。（沃森，1999）诸如此类的例子不胜枚举。

　　需要指出的是，收藏品拍卖交易市场被收藏者接受的情况，实际上是各不相同、因地而异的。以成都市的收藏品拍卖市场为例，2003 年 9 月 7 日，在成都举行的中国首届国家出版原作美术作品拍卖会上，成交额仅为 20 万元左右；2004 年 5 月 9 日，在成都举行的首届西部文物拍卖会上，成交价最高的一件收藏品也仅为 3.8 万元，而整体成交率仅为 10%；2005 年 1 月 9 日，在四川天意拍卖公司举行的迎新春书画展上，最终成交的拍品只有 50 多件，仅为拍品总数量（280 件）的 20% 左右。

　　那么，成都市收藏品拍卖的年成交额，到底在全市各种拍品的总成交额中占多大比例呢？出人意料的是，在四川省拍卖业协会近几年的成交额统计中，竟然找不到关于收藏品拍卖的任何成交数据。据四川省拍卖业协会的一位副会

长介绍，2004 年，成都市拍卖业的总成交额为 56 亿元左右，但是，由于成都的收藏品拍卖的成交额非常少，因此，不纳入拍卖业协会的统计来源。他还透露，赝品的冲击和投资者缺乏，以及成都经济的现状，实际上都不是成都市收藏品拍卖市场低迷的主要原因。目前，成都市专门从事收藏的从业人员已经达到了 3 万人左右。从这个方面看，成都市收藏市场的消费群体应该是比较大的。造成市场冷淡的最主要原因是，成都市的收藏者已经把私下议价作为一种习以为常的交易方式。他们习惯于在私下通过讨价还价的方式进行交易。对于拍卖的交易方式，他们总认为"价格过高，不划算"。例如，他们很可能在私下以几百元的价格易手一件收藏品，但是，在拍卖会上却要花几万元。（王宗琦和许鹏，2005）由此可见，收藏者交易习惯的变迁，实际上是一个缓慢和渐进的过程。

二、网上交易市场

所谓收藏品网上交易，是指利用计算机技术、网络通信技术和资金结算技术等现代化技术手段，以实现电子化、数字化和网络化交易的整个过程。在网上交易市场，人们面对的不再是看得见、摸得着的、实实在在的收藏品；而是通过网络上琳琅满目的商品信息，以及相关的物流配送系统和资金结算系统进行交易。通过网上交易，收藏者可以不受时间和空间的限制，随时随地在网上进行收藏品交易。此外，网上交易方式还可以大大减少收藏品交易的中间环节，节省收藏品信息发布、流通等环节的交易成本。

马俊和汪寿阳等人（2003）针对开展了网上交易业务的网站所进行的一项不完全统计发现，设立了收藏品目录的拍卖网站占到了该类网站总数的 60% 以上。以 1999 年美国的电子湾（eBay）网站的情况为例，据估计，收藏品拍卖占据了电子湾网站目录列表的 85% 以上，由此带来的收入则占到了电子湾网站总收入的 75% 左右（大约每个月 2500 万美元）。我们不妨来看看中国的 ebayeach 网站上收藏品目录的分类（见表 3.7）。

表 3.7　　　　　　　ebayeach 网站上的收藏品目录分类情况一览表

收藏品目录的分类及商品数量	收藏品目录的分类及商品数量
1. 古玩（14598）*	1.5 紫砂（4471）
1.1 瓷器（2737）	1.6 织绣/刺绣（14）
1.2 陶器（196）	1.7 金银器（471）
1.3 古玉（2548）	1.8 青铜器（1086）
1.4 翡翠/水晶/珍珠（229）	1.9 鼻烟壶（132）

收藏品目录的分类及商品数量	收藏品目录的分类及商品数量
1.10 古家具/雕刻（84）	8.3 镇纸/其他（23）
1.11 杂件/其他古玩（2630）	9. 金石篆刻（1938）
2. 现代陶瓷/紫砂（1445）	9.1 青田石（144）
2.1 瓷器（167）	9.2 昌化石（57）
2.2 陶器（120）	9.3 巴林石（125）
2.3 紫砂（1158）	9.4 寿山石（1475）
3. 玉器/玉石（7681）	9.5 其他印石（60）
3.1 玉挂件/配饰（4252）	9.6 篆刻作品/器具/印谱（77）
3.2 玉手件/把件（660）	10. 邮品（8344）
3.3 玉摆件/雕件（424）	10.1 清代邮品（135）
3.4 籽料玉料（1108）	10.2 民国邮品（197）
3.5 翡翠（519）	10.3 解放区邮品（47）
3.6 玛瑙/水晶/琥珀/珊瑚（384）	10.4 新中国邮品（4626）
3.7 其他玉石（334）	10.5 港澳地区邮品（235）
4. 古典家具（292）	10.6 外国邮品（2937）
4.1 明清代（230）	10.7 集邮用品/其他邮品（167）
4.2 近代/现代（62）	11. 钱币（5980）
5. 古董钟表（326）	11.1 中国古代钱币（1152）
5.1 手表/怀表/挂表（239）	11.2 中国近代钱币（525）
5.2 座钟/其他钟表（87）	11.3 中国当代钱币（1623）
6. 奇石/观赏石/矿物晶体（1002）	11.4 港澳地区钱币（77）
6.1 奇石/观赏石（910）	11.5 欧洲钱币（655）
6.2 矿物晶体（54）	11.6 美洲钱币（183）
6.3 化石（27）	11.7 亚洲/大洋洲/非洲钱币（560）
6.4 其他（11）	11.8 中国近代纸币（371）
7. 雕刻（593）	11.9 新中国纸币（602）
7.1 竹木牙雕（342）	11.10 欧洲纸币（41）
7.2 石雕/玉雕（162）	11.11 美洲纸币（18）
7.3 角雕（30）	11.12 亚洲/非洲/大洋洲纸币（140）
7.4 其他（59）	11.13 其他钱币（33）
8. 文房四宝（400）	12. 磁卡/卡片（191）
8.1 笔墨纸砚（243）	12.1 电话卡/IP 卡（112）
8.2 笔筒/笔架/笔洗（134）	12.2 地铁卡/银行卡/其他（79）

续表

收藏品目录的分类及商品数量	收藏品目录的分类及商品数量
13. 收藏类礼品（245）	21. 票证（194）
13.1 邮币卡礼品（39）	21.1 股票债券/税票/金融票（73）
13.2 其他收藏类礼品（206）	21.2 其他票证（121）
14. 老相机/老照片/老海报（86）	22. 烟标/火花/像章/徽章（231）
15. 老唱机/收音机/老唱片（291）	22.1 烟标/火花（127）
15.1 老唱机（50）	22.2 其他标牌章类（9）
15.2 老收音机（78）	22.3 像章/徽章/纪念章（95）
15.3 老唱片（163）	23. 宗教收藏品（366）
16. 老烟具/烟斗（68）	23.1 佛像/佛器（143）
17. 古旧书刊（212）	23.2 天珠/念珠（171）
17.1 古籍善本（52）	23.3 其他宗教收藏品（52）
17.2 线装书（66）	24. "文革"时期物品（272）
17.3 旧平装书（33）	24.1 陶瓷/茶杯茶壶（54）
17.4 旧报纸/期刊/画报（40）	24.2 书刊杂志（30）
17.5 其他古旧书刊（21）	24.3 宣传画/画像（144）
18. 连环画（388）	24.4 像章/纪念章/其他（44）
18.1 绘画类连环画（347）	25. 趣味收集/可乐收集（319）
18.2 影剧/精品/其他连环画（41）	25.1 名人签名/历史收藏（9）
19. 收藏类专业图书/报刊（33）	25.2 可乐系列（17）
20. 军事收藏品（505）	25.3 酒版/酒具/烟斗/烟具（65）
20.1 服饰/鞋靴/盔帽/挂包（179）	25.4 钢笔/卡片（66）
20.2 装具/工具（70）	25.5 其他趣味收集（162）
20.3 臂章/肩章/徽章（33）	26. 其他收藏品（308）
20.4 其他军事藏品（223）	

* 括号内为该类收藏品的在线待售数量。

资料来源：http：//www.ebayeach.net/，时间为 2006 年 1 月 16 日。

　　有研究表明，通过网上交易的收藏品一般是比较低廉的。以美国为例，这些收藏品的平均价格低于 100 美元，几乎没有高于 1000 美元的（马俊等，2003）。当然，在不久的将来，这种情况有望改观。1999 年 4 月，美国的电子湾网站以 2.6 亿美元的价格，收购了规模在美国排名第 4 位的拍卖公司——巴特菲尔德（Butterfield）拍卖公司。电子湾公司负责收藏品业务（Great Collections）的部门总经理埃迪森（Iddison）指出："巴特菲尔德拍卖公司的传统拍卖业务将逐步转移到网上进行。"此后不久的 1999 年 6 月，另一家著名的网络公司亚马逊（Amazon）网站也通过资本运作，将 4500 万美元投入到苏富比拍卖公司，并正式宣布与苏富比拍卖公司进行合作。联合创建了 Sothebys. amazon. com 网站，他们试图将在网上拍卖的收藏品的档次提高到 500 美元以上。

事实上，中国的许多网络公司和拍卖公司都一直在试图扩展收藏品的网上交易市场。2000 年 5 月，中国嘉德国际拍卖有限公司成立了嘉德在线（www. guaweb. com）。2000 年 7 月，嘉德在线整体收购了国内的大型拍卖网站网猎（www. clubciti. com. cn），并对拥有近 40 万注册用户的网猎进行了全面改组。嘉德在线利用了中国嘉德的专业平台、品牌优势和客户资源，在几年之内发展迅速。举例来说，2000 年 11 月 15 日，徐悲鸿的《愚公移山》被嘉德在线以 250 万元的价格拍出，创下了当时中国收藏品网上拍卖的最高成交纪录。被全国的 11 家新闻媒体评为"2000 年中国艺术品投资市场十大热点"之一。

再举一个典型的例子。2005 年 6 月 8 ~ 15 日，电子湾易趣网站举办了名为"精品邮币"的珍贵收藏品专场拍卖会。该场拍卖会共征集到了总价值超过 200 万元人民币，包括近百种珍贵的金币、银币、纸币和邮品在内的拍品。不仅如此，电子湾易趣还在国内率先推出了所谓的专家"在线鉴定"服务。电子湾易趣为此专门成立了一个由全球专业的鉴定专家组成的鉴定小组，为电子湾易趣的客户提供专业的评估服务，以保障用户的合法利益。据电子湾易趣商务部门的有关人士介绍，这次拍卖活动实际上是易趣公司首席营运官（COO）郑锡贵的"3A 购物理论"的运用。所谓的"3A"，第一个 A 是 Acquisition，就是上网的人在网站登录成为注册用户；第二个 A 是 Activation，即不仅成为会员，而且购买或者出售一件东西；第三个 A 是 Activity，即在有过一次尝试以后，还会来第二次、第三次，以至于变成一个经常性的行为。郑锡贵坦言："目前易趣在第二个 A 和第三个 A 上做得还不够好。"而电子湾易趣商务部收藏分类负责人则表示，如果这种"在线鉴定"服务能够成功，那么，它今后将成为电子湾易趣的一个长期的特色服务项目，并将从钱币在线鉴定逐步扩展到邮票、瓷器、古籍等其他收藏品。

总的来看，网上拍卖是收藏品网上交易的主要形式。那么，收藏品网上交易的运作模式是怎么样的呢？简而言之，其主要流程如图 3.3 所示。

虽然互联网技术能够显著地降低收藏品网上交易的交易成本，但是，从图 3.3 中我们不难发现，收藏品网上交易同样存在相当大的交易风险（见表 3.8）。据美国互联网欺诈投诉中心（the Internet Fraud Complaint Center）透

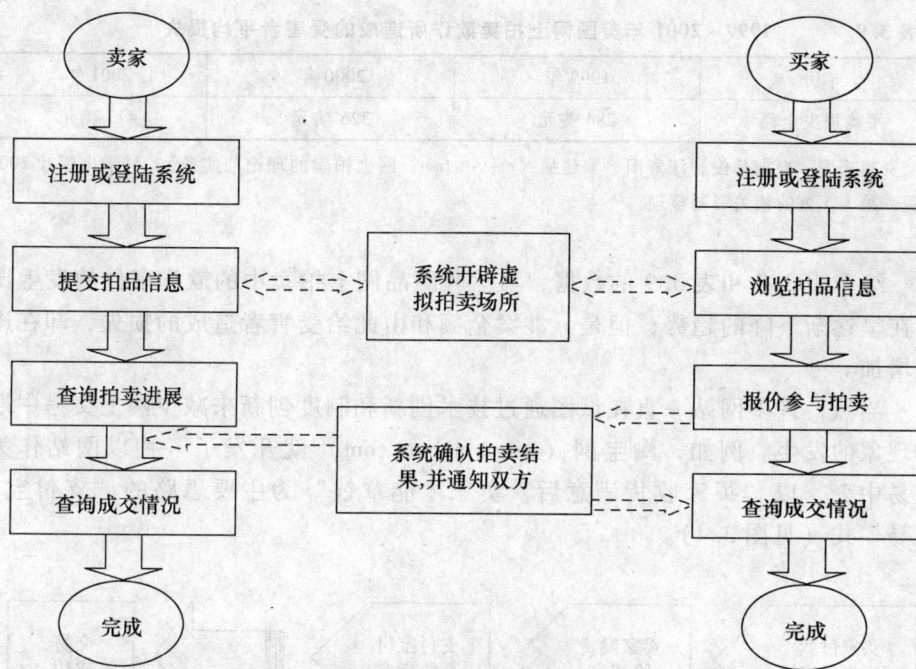

图 3.3　收藏品网上拍卖的主要流程

资料来源：根据马俊、汪寿阳、黎建强《e－Auction：网上拍卖的理论与实务》，科学出版社 2003 年版，第 32 页的相关资料整理。

露，在他们所收到的 3 万多件投诉中，涉及网上拍卖欺诈的占到了 64%。2001 年 1～4 月，美国互联网欺诈投诉中心就收到了 4000 多份投诉，这些投诉所涉及的总损失高达 320 万美元，每份投诉的平均损失为 776 美元。

表 3.8　　　　1999～2001 年美国网上拍卖欺诈占所有网络欺诈的比例

交易方式	1999 年	2000 年	2001 年
网上拍卖	87%	78%	70%

资料来源：根据马俊、汪寿阳、黎建强《e－Auction：网上拍卖的理论与实务》，科学出版社 2003 年版，第 124 页的相关资料整理。

2001 年，一家名为 eMarketer 的美国市场研究公司在公布的分析报告中估计，2001 年的网上拍卖敲诈已经致使每个受害者损失了 400 多美元（见表 3.9）。

表 3.9   1999～2001 年美国网上拍卖欺诈所造成的受害者平均损失

年份	1999 年	2000 年	2001 年
平均损失金额	284 美元	326 美元	411 美元

资料来源：根据马俊、汪寿阳、黎建强《e－Auction：网上拍卖的理论与实务》，科学出版社 2003 年版，第 125 页的相关资料整理。

综合表 3.8 和表 3.9 的数据，虽然收藏品网上拍卖中的欺诈事件的发生比例在呈逐渐下降的趋势，但是，涉案金额和由此给受害者造成的损失，却在逐年增加。

当然，许多网站一直在试图通过技术创新和制度创新来减少网上交易中欺诈现象的发生。例如，淘宝网（www.taobao.com）就开发了一种以网站作为交易中介，以"买家收货满意后，卖家才能拿钱"为主要思路的"支付宝"交易模式（见图 3.4）。

买家付款到支付宝 → 卖家发货给买家 → 支付宝付款给卖家 → 交易成功

图 3.4 支付宝安全交易的主要流程

资料来源：https://www.alipay.com/static/utoj/utojindex.htm.

因此，我们有理由相信，随着网上交易模式的技术创新和制度创新，收藏品的网上交易市场应该具有相当广阔的前景。

第四章　收藏投资成本与效用

第一节　收藏投资成本

当人们提到"成本"二字时，首先并且仅仅想到的往往是金钱方面的支出或者耗费。不过，从经济学的角度来看，收藏投资所要支付的成本，可远不止我们看得见、摸得着的一张张钞票。那么，"成本"的含义到底是什么？事实上，正如斯蒂格利茨（Stiglitz，2000）所说："如果要多获得一种物品，就只有以牺牲另一种物品为代价。多得到的一种物品的成本就是你必须放弃的另一种物品。"张五常（2002）则直截了当地将成本定义为："无可避免的最高代价。"他认为："成本是因为有选择而起的。没有选择就没有成本。说成本是最高的代价，也就是说放弃的是最有价值的机会。"换句话说，成本并不仅仅包括金钱，还包括其他的各种"代价"。沿着上述思路，我们不难发现，对于收藏投资来说，至少需要考虑资金成本、学习成本和交易成本三种成本。

一、资金成本

虽然在收藏市场上，仍然存在着以物易物的交易方式。例如，张大千就曾经以自己收藏的金冬心所作的《风雨归舟图》与徐悲鸿交换，得到了原为徐悲鸿收藏的董源所作的《西岸图》。但毫无疑问的是，以货币作为交换媒介的收藏品交易，显然是最主要的交易方式。由于收藏品的种类包罗万象，因此，对于收藏者而言，从事收藏投资所需要的资金成本是各不相同的。在收藏市场上，购买高端收藏品，自然需要动辄几百万元，甚至上千万元的资金；而购买中端和低端收藏品所花费的资金，可以少到只需要几百元、几十元，甚至几元即可。从某种意义上讲，资金成本是最容易衡量的成本。因此，我们在购买收藏品时所支出的资金成本，通常会给我们留下深刻的印象。我们也可以据此轻而易举地计算出一件收藏品所带来的投资收益率。不过，这往往很容易让我们"只见树木，不见森林"：只注意到了资金成本这种外显成本，而忽略了其他内隐成本，因为其他成本确实不是那么显而易见的。

二、学习成本

从事收藏活动的人都盼望着能够遇到"捡漏"的机会。但是，怎样才能"捡"到"漏"？如何才能花比较少的"学费"？最好的方法当然是学习。正如秦杰所说："所谓捡漏，就是捡知识的漏，捡文化的漏。"从某种意义上讲，收藏投资与其他类型投资的重要区别之一，就在于从事收藏投资需要支付比较高昂的学习成本。

提到学习，当然首先要多读书，认真读书。

史树青每次谈及文物收藏与鉴赏时，几乎都离不开谈读书。他认为，与鉴定有关的知识是多方面的，有些比较直接，有些就间接一些。对于鉴定而言，努力学习和掌握这些知识，往往会有比较大的帮助。张浦也非常重视讲读书。他认为："多读书可以举一反三。"（文先国，2001）

对于收藏者而言，古今中外的历史、考古、鉴定类书籍报刊都应该或多或少有所涉猎。此外，那些与收藏相关的其他学科的书籍，例如，冶金学、地质学、陶瓷学、纺织学、古文字学等学科的相关知识，也应该略有所知。当然，具体应该重点阅读哪一类书籍报刊，主要取决于收藏者的收藏范围是什么。

值得注意的是，鉴定收藏品需要具备一种综合能力，单靠学习鉴定理论著作是远远不够的。因为当前赝品日多，而且仿技日高。鉴定收藏品真伪的突破口，往往不在鉴定理论本身，而是在鉴定理论之外。这就需要文学、美学、历史学、社会学、心理学、经济学，以及与之相关的自然科学知识群的共同运用。只有这样，才有可能独具慧眼，辨伪识真。

事实上，对于收藏者来说，从喜爱收藏到喜爱读书，是一个自然而然的过程。正如张信哲（2005）指出的那样："一旦进阶到收藏的意识阶段，你就会很自发性地想要阅读历史、美学或艺术史之类的书籍，以拓展自己的收藏知识。当然，收藏的过程难免都会有看打眼的意外发生，也请一笑置之吧！错误的经验也能使自己积累经验、增加知识，就别太在意了。"

"纸上得来终觉浅，绝知此事要躬行"。收藏是实践性很强的活动。书本上论述的理论是很抽象的，只有理论与实践相结合，才能把抽象的理论转化为具体的真知。正如冯骥才（2002）所说："鉴定古物一靠知识，二靠经验，三靠悟性。这三样当中，第一就是悟性。而首先是对古物历史感的悟性。"唐云也认为："鉴别真赝，也不是什么神秘莫测的事，最根本的一条，端赖'熟悉'，一切犹如每个人对自己熟悉的朋友，即使他在隔壁房间谈话，一听话音，你就能辨认出是'何许人也'，鉴定是同一道理。"（郑重，2004）

事实上，收藏品鉴定专家的慧眼，无一不来自于丰富的收藏实践。不少

"实战派"鉴定专家，就是"练摊""练"出来的，他们鉴定真赝的功夫，往往比那些科班出身的"学院派"鉴定专家更胜一筹。

通过上述分析，我们不难明白，收藏投资的学习成本是指什么：花费在与收藏品相关知识的学习和经验的积累上的时间、精力，等等。不仅如此，经常被我们忽略了的学习成本，原来是如此高昂！

三、交易成本

张五常（2002）将交易成本定义为一系列制度成本。在他看来，交易成本不仅包括那些签约和谈判成本，而且还包括度量和界定产权的成本、用契约约束权力斗争的成本、监督绩效的成本、进行组织活动的成本，等等。简而言之，交易成本包括一切不直接发生在物质生产过程中的成本。这就是说，除了那些与物质生产过程和运输过程直接有关的成本以外，社会中所有可以想象到的成本都是交易成本。交易成本的含义确实很广，因而也经常被滥用。但是，正如张五常指出的那样，尽管"交易成本"这个词严格说来不正确，甚至会产生误用，但是仍然沿用下来了。

什么是收藏投资的交易成本？所谓"交易"，就是收藏市场上买卖双方之间进行的买卖，"成本"就是要为这笔买卖所付出的代价。"交易成本"则是要达成一笔交易而花费在购买收藏品所直接支付的货币以外的成本。例如，为了达成一笔交易，收藏者就必须搜寻信息、讨价还价，还要承担购买到赝品的风险，等等，这些都需要花费我们的时间和精力，都属于交易成本之列。

需要指出的是，交易成本常常是很难度量的。而且，要把一种交易成本与另外一种交易成本区分开来，也并非易事。交易成本分析的一些最新进展，使人们注意到了不诚实、欺骗、卸责和机会主义行为所包含的成本。虽然这些都是含糊的术语，但是，无论它们描述的是什么，总是可以在收藏市场上见到的。

如果将投资收藏品所需要花费的资金成本、学习成本和交易成本称之为收藏投资的总成本，那么，假设总成本是既定的，构成总成本的各种成本，可能在数量上存在不同的组合方式。如果收藏者的资金非常充裕而时间相对稀缺的话，他可以选择资金成本在总成本中所占权重比较大，而学习成本和交易成本在总成本中所占权重比较小的成本组合方式。在实际操作上，他可以聘请收藏品鉴定专家和收藏市场专家，让这些专家来承担学习成本和交易成本。同样，如果一个投资者的资金比较稀缺而时间相对充裕的话，他可以选择资金成本在总成本中所占权重比较小，而学习成本和交易成本在总成本中所占权重比较大的组合方式（见表4.1）。在实际操作上，他可以花比较多的时间学习收藏品的相关知识，经常"泡"在收藏市场上，竭尽所能地与收藏品的卖方讨价还价。"捡"几回可遇而不可求的"漏"，实际上也并非难事。

表4.1　　　　　　　　　　　　收藏投资的成本组合方式

收藏者的成本组合方式	收藏投资的总成本		
	资金成本	学习成本	交易成本
资金充裕而时间稀缺者的成本组合			
资金稀缺而时间充裕者的成本组合			

另外，值得一提的是，收藏者在聘请收藏品鉴定专家和收藏市场专家来转嫁学习成本和交易成本的同时，实际上在收藏者与收藏品鉴定专家、收藏市场专家之间建立起了一种委托—代理关系。例如，摩根（Morgan）就常常依据专家给他所提供的建议进行收藏。因为如果依靠他自己的鉴赏力，其结果几乎总是会收藏到赝品。（Caves，2004）

所谓委托—代理关系，按照詹森和梅克林（Jesen & Meckling，1976）的定义，是指"一个人或较多的人（即委托人）聘请别的人（即代理人），代理他们来履行一些服务，包括把一些决策权委托给代理人。"拉丰和马蒂莫特（Laffont & Martimort，2002）的研究则表明，委托—代理关系之所以会出现，至少是由于以下三个原因：一是劳动分工的深化带来了边际报酬递增的可能性；二是委托人没有时间或没有能力独立完成任务；三是委托人在面临复杂问题时，会受到各种形式的有限理性的约束。这意味着，在很多情况下，"委托他人代理"比"凡事亲力亲为"显得更加可行。然而，收藏者与收藏品鉴定专家、收藏市场专家建立这种合作关系的时候，不得不承受由此而带来的一系列委托—代理风险。因为从某种意义上讲，当前的收藏品鉴定正处于所谓的"浑水摸鱼"阶段。一方面，收藏者苦于自己的收藏品找不到权威专家鉴定其真伪。另一方面，虽然民间的收藏品鉴定机构越来越多。例如，仅仅在北京琉璃厂大街上，正式挂牌的各种鉴定公司就有至少7～8家。但是，在缺乏权威鉴定部门监管的情况下，收藏品鉴定难免经常出现争议。

杭州市某拍卖公司的工作人员透露：该拍卖公司在征集拍品时，一般只看东西，根本不看鉴定证书。因为现在的鉴定证书太不可靠了。目前，一些文物研究机构中具有中高级职称的研究专家，大量涉足收藏品鉴定领域，并且随意开具收藏品鉴定证书。这些专家开具的证书，有的因为辨伪能力欠缺而错开，有的则因为被金钱所左右而错开。在业内人士心目中，这些五花八门的收藏品鉴定证书正在迅速贬值。

据调查，目前民间收藏品鉴定的收费方式，主要有两种：一种是收取占收藏品估价5%～10%的鉴定费；另一种则是在收取一定数目的初步鉴定费后，再根据鉴定结果收取额外费用。例如，如果鉴定结果为真品，还要加收额外的鉴定费。正是由于这个原因，某些鉴定专家故意高估收藏品价格，甚至颠倒黑白。

现在的普遍情况是，当具有鉴定资格的正规鉴定单位进行鉴定时，一般只看真假，不估价，不出具鉴定证书，收取的鉴定费用也比较低廉。而民间的许多鉴定机构所出具的鉴定证书，因为既无相应的专业资质，又不承担相关的法律责任，不免被人弃如敝屣。总的来说，收藏品鉴定作假，主要是由于以下五个方面的原因：

第一，一些鉴定专家本身缺乏扎实的基本功，只是略懂皮毛，便自诩为鉴定专家，四处坐台，通过鉴定赚钱。

第二，一些鉴定专家跨越自己的主要研究领域，对于其他领域的收藏品同样"来者通吃"。例如，书画鉴定专家却在陶瓷鉴定领域自以为是。

第三，一些鉴定专家因为经不起金钱的诱惑，故意出具"指假为真"的鉴定证书。

第四，一些拍卖公司为了增加效益，给鉴定专家施加压力，要求他们"看漏"高仿的赝品，为鉴赏能力不高的竞买人设置陷阱。

第五，收藏品鉴定的委托方与鉴定方联手作假牟利。这方面的一个典型例子是，上海市某古董商委托一家快运公司托运7件套的老红木家具，因运输过失，造成家具被损坏，告至法院。法院委托某资产评估公司评估，鉴定专家经过初次鉴定后，评估为价值9万元，但是，该古董商要求资产评估公司给鉴定专家施加压力，将鉴定评估的结果改为价值30万元。（史晶楠，2006）

在收藏品的拍卖交易市场上，有时候还会遇到这样一种情况：由于某种原因，例如，竞买人恰好身处国外，或者碰巧偶感风寒，或者一贯处事低调，因此不能亲自出席拍卖会。那么，他可以委托经纪人代他出价，甚至直接委托拍卖公司代他出价。后面这种情况——委托拍卖公司出价——显然相当特殊。因为他让拍卖公司处于一种绝对的优势地位。它既知道卖方的价格底线，也明白买方的出价上限。我们可以设想，如果拍卖公司同时掌握了买卖双方的价格情报，利字当头，他们很有可能违背商业伦理，以尽可能高的价格卖出这些拍品。因为显而易见的是，卖价越高，拍卖公司从买卖双方收取的佣金就越多。当然，拍卖公司会信誓旦旦地宣称，这种事情绝对不会发生。因为他们拥有一套号称类似"万里长城"，固若金汤的制度，用以防范保管委托叫价的员工将相关的价格情报传递给公司内部负责制定拍品底价的员工。

从理论上讲，制定拍品底价的员工，确实不可能有机会得到相关的价格情报。然而，正如波普尔（Popper）所说："制度就像是一座城堡，其所谓'好'，既要看城堡的设计如何，又要看防守城堡的是什么样的人。"（米勒，2000）就拍卖公司所设计的这套制度而言，显然存在如下两个非常严重的漏洞：

第一，这套制度几乎完全依赖于公司员工的原则性与诚实。如果保管叫价单的员工与制定拍品底价的员工串通起来，互通消息，那么，这套制度怎么能够不垮。

第二，尽管在拍卖会正式举行之前，拍卖公司会将委托叫价单另行存放。然而，为了使拍卖会得以顺利进行，拍卖师必须知道每件拍品的底价是多少，有没有买主委托出价。因此，如果有竞买人委托出价的话，拍卖师几乎总会知道每件拍品的底价是多少，竞买人的委托出价又是多少。

虽然几乎所有拍卖公司都声称，他们的防范措施从来不曾被滥用。但事实显然并非如此。1985 年，在苏富比拍卖公司举办的一场拍卖会上，就上演了类似的一幕。1986 年 1 月 27 日，苏富比拍卖公司的尼科尔森（Nicholson）向时任伦敦苏富比拍卖公司总经理的卢埃林（Llewellyn）递交了一份备忘录，内容如下：

> 马凯（Mackay，时任苏富比拍卖公司中国文物部门主管）要我向你报告，1985 年 12 月 9 日（星期一）举行的古董拍卖会，斯内尔格罗夫（Snellgrovel）教授委托拍卖的编号为 64 的拍品（一只中东银碗），以 8 万英镑的价格成交……这件拍品的实际底价是 6.5 万英镑……拍卖过程中，我手下的行政人员告诉我，有人出价 8 万英镑，我们是不是应该提高底价。我同意了。然后他建议一个数目——7.5 万英镑。我也同意了……

在这个案例中，苏富比拍卖公司的职员巴特金（Batkin）代表一位竞买人在拍卖会上出价，这位竞买人的出价上限是 8 万英镑。不幸的是，这个情报由苏富比拍卖公司的一位行政人员传递给了尼科尔森。更为不幸的是，他毫不犹豫地提高了这件拍品的底价。这位行政人员还透露："我经常提供给他（尼科尔森）一本拍品目录，上面注明底价和客户委托的标价。"不过，正如他在法

庭上因此而受审时所辩称的那样：事情不能完全怪他，他只不过是一只小虾米，被一群狼狈为奸的大鱼团团包围。（沃森，1999）

好了，让我们言归正传。同样是一个小时的时间，对于不同的人而言，价值是大不一样的。因此，每个人的机会成本是各不相同的。在进行收藏投资的时候，我们有必要认真考虑一下自己的机会成本，从而决定自己到底应该采用哪种具体的成本组合方式。收藏投资所需要支付的各种成本具有替代性，而且，这种替代性的大小因人而异，在这种情况下，收藏者应该从自己的实际情况出发，选择适合自己的收藏投资成本组合方式。

当然，如果收藏者愿意同时支付资金成本、学习成本和交易成本，并且将这几种成本进行比较合理的组合，那么，其收益显然是非常可观的。下面让我们来看看赵庆伟的故事。

在收藏投资方面，赵庆伟可谓是一个奇人。早在 1980～1990 年，他炒邮票时，就用车拉；而近几年，则热衷于从"垃圾堆"里购买各种收藏品，他现在已经改用大秤称，用集装箱装了。以手稿收藏而蜚声业内的他，曾经在北京饭店的美术长廊中，举办了一个罕见的手稿展览。这些展品包括毛泽东、周恩来、叶剑英、徐向前、陈毅、陈云、聂荣臻、华国锋等十多位中国政要的手书信件、诗词手稿、题词原件，等等。迄今为止，赵庆伟所收藏的字画和拓本已有 100 多公斤，老照片达 30 多万张，各种手稿约 30 吨，插图、漫画和儿童画也已经有了数十万幅。他的收藏品装满了整整 4 个仓库和 8 个集装箱。

1998 年，上海的延安路拆迁改造。赵庆伟赶去了，他大量收购每座洋房内的油画作品，其中，既有外国画家的作品，又有中华民国时期的油画精品。那次上海之行，他带回去了整整一集装箱的收藏品。此后，他一发不可收拾，并且开始潜心研究油画和版画的历史。就这样，赵庆伟算是真正踏进了收藏的门槛。现在，赵庆伟已经基本放弃了传统的收藏渠道，开始系统地关注各个城市中文化场所的搬迁与改建。他四处打听出版社、美术馆、图书馆这类文化单位的搬迁动向，寻觅收藏机会。

自称"废品王"的赵庆伟表示，在北京，因为拆迁而流出的收藏品，已经很难不流入他的手中了。广布在北京各大垃圾站的 100 多个"线人"成为他获取宝贝的重要途径。这些线人都是各废品收购站专门收购高档旧货的人。因为许多政府部门、企事业单位通常会直接将"废纸"处理给了废品收购站，而只要有价值的废纸，赵庆伟都收购。因为这些手稿正是他眼中的宝贝。在赵庆伟收藏的手稿中，最令他得意的是董其昌的册页。在一个文化单位的宿舍大院里，他认识的一个线人买下了一家人处理的一批废品。其中，仅仅碑帖就有几十本。当赵庆伟看到一本黄花梨木做封面的册页时,他眼都直了——这是明代大书法家董其昌的手稿。他赶紧请专家进行鉴定,果然是真迹,价值百万元。

不过,赵庆伟最担心的还是政府部门和企事业单位处理的废纸。2003年夏天,赵庆伟接到一个线人的电话,说《文艺研究》杂志社清理出了33箱稿件,问要不要。赵庆伟凭借多年来从事收藏的直觉,感到里面极可能会有大家的手写文稿,价值自然不可低估。于是二话没说,就让对方把货拉到了自己在龙城花园的住处。但是,对方不让开箱也不让验货,而且一口价:每箱1000元,一共3.3万元。赵庆伟这下犯难了:万一是大量过期杂志怎么办?3.3万元可不能买一堆废纸啊!就这样,双方僵持了近1个小时。

"这可是老牌文艺理论杂志社20多年来第一次大规模清理文档。"对方有点着急地说。

"那就打开一箱看看,如果行的话,3万元我就全要了。"赵庆伟心里还是没底。

一番讨价还价,对方开始有所让步。

第一箱被打开了,可是翻开来看,全是一校、二校、三校……总共6次的校稿。赵庆伟开始有点失望了。突然,在最后的那一摞校稿底下,惊现出了一叠作者的手书原稿!再仔细一看,上面写着石鲁的名字,下面还有一叠,署的是王朝闻的名字。

"3万元,咱们成交。"他心里一下子有点底了。

送货的卡车开走后,他立刻迫不及待地打开其余的箱子,开始一一清理这些稿件:吴冠中、范曾、王蒙、冰心、夏衍、李可染……他的心里终于长长地舒了一口气。

"其实爱国是件很实在的事情。"谈到收藏,赵庆伟显得非常平和,"咱做收藏,一没有给社会添负担;二为社会为百姓保存老祖宗的好东西;三还给社会创造就业机会——我有一百多个线人,其中干得好的都在北京买房买车了。在这个不断寻觅和收藏的过程中,我自己的生活也增添了许多乐趣。当然,这些藏品以后都还会回归给百姓,在博物馆美术馆里陈列。现在就当我先替国家保存了。希望若干年以后,我能有一个'人民的收藏家'的称号。"(闫文健,2004;薛易来,2004;夏家新,2005;郭娜,2005)

第二节 收藏投资效用

在我们看来，收藏投资所得到的收获，可不仅仅是"利润"，也不仅仅是"收益"，而是"效用"。这是因为，我们的投资对象是收藏品，而不是股票、期货，或者房地产。那么，什么是效用呢？所谓效用，是指某个人从消费某种物品或劳务中所得到的好处或满足。一种物品或劳务是否有效用，其效用是大是小，实际上不仅取决于该物品或劳务是否具有满足消费者欲望的能力，而且取决于消费者是否具有对该物品或劳务的欲望，以及消费者对这种满足程度的自我感受。换句话说，效用是人们的心理感受，即消费某种物品或劳务时，感受到的心理上的满足。围绕效用问题，经济学家们先后提出了两种不同的效用概念：一种是基数效用；另一种是序数效用。

经济学家们最早提出的是基数效用分析，即认定效用的大小是可以计量的。这与许多其他具有客观标准单位的量纲，如长度，颇有几分相似。长度的单位是由保存在巴黎博物馆的一段铂铱合金棒来确定的。毫无疑问，在收藏者眼里，这又是一件极为珍贵的收藏品。不过，到了 20 世纪，许多经济学家提出，既然效用表示的是消费者的满足感，那就很难用基数加以表示，而只能用序数来表示，即按顺序排列效用的大小。事实上，在我们的日常生活中，只按顺序排列大小的事物比比皆是，例如，运动会上赛跑的金、银、铜牌的确定就并没有所谓的客观标准，而只是以抵达终点的先后顺序来判断；又如，20 摄氏度与 19 摄氏度之间相差的 1 摄氏度，实际上也找不到客观确定的标准单位。它只不过是人们冷暖感觉上的排序罢了。许多无法观察到的现象的单位都是人们任意选定的。不过，一旦选定之后就约定俗成了，例如，温度和效用。

在正式讨论收藏投资的效用问题之前，我们首先要明确这样一个问题，效用的满足是由限制条件（资金）和偏好（兴趣）两个因素决定的。与此类似，收藏投资的效用也来源于经济收益与精神收益两个方面，这两种收益都能带来效用的满足。

首先，让我们来看看收藏投资的经济收益。基恩（Keen，1971）针对 Times – Sotheby 指数的一项研究表明，1969 年的早期绘画作品指数是 1951 年的 37 倍，进行同期比较的现代油画指数上涨了 29 倍，中国瓷器指数上涨了 24 倍，早期素描作品指数上涨了 22 倍，印象派绘画作品指数上涨了 18 倍，古籍善本指数上涨了 13 倍，英国油画指数上涨了 10 倍，英国银器指数上涨了 8 倍，法国家具指数上涨了 5 倍。

　　苏富比拍卖公司编制过一种艺术市场综合指数（Art Market Index），该综合指数的构成包括早期绘画、现代油画、欧洲瓷器、中国瓷器、古董家具，等等。以 1975 年为基数 100 计算，到了 1988 年，该综合指数已经上涨到了 740，相当于每年以 21% 的涨幅上升。其投资收益率绝不亚于甚至超过了股票、债券和房地产等投资品种。（邱勇，1997）

　　根据苏富比拍卖公司于 1990 年 7 月出版的《艺术市场公报》（Art Market Bulletin），以上这些收藏品的指数都涨幅惊人（见表 4.2）。

表 4.2　　　1990 年《艺术市场公报》公布的艺术市场指数（1975 = 100）

收藏品种类	指数
欧洲早期绘画	1039
19 世纪欧洲绘画	859
印象派绘画	2284
现代绘画（1900 ~ 1950）	2245
中国陶瓷	1234
英国银器	579
欧洲大陆银器	503
欧洲大陆家具	640
英国家具	1176

　　资料来源：根据沃森著，张力译《拍卖索斯比：一次针对国际著名拍卖公司的秘密调查行动》，内蒙古人民出版社 1999 年版，第 279 ~ 280 页相关资料整理。

　　梅建平和摩西（Mei & Moses，2002）曾经对美国艺术市场 1875 ~ 1999 年的数千件收藏品进行过一项具有针对性的统计研究，这些收藏品的研究样本主要包括不同时代创作的美国本土派绘画作品、印象派绘画作品和现代派绘画作品。在此基础上，他们以 1875 年为基数 1.000，编制出了以下这个美国艺术市场指数（见表 4.3）。

表 4.3　　　1875 ~ 1999 年美国艺术市场指数的变动情况（1875 = 1.000）

时间	指数	时间	指数
1875	1.000	1878	4.223
1876	0.996	1879	3.551
1877	2.197	1880	1.276

时间	指数	时间	指数
1881	1.127	1914	12.023
1882	0.330	1915	11.050
1883	0.771	1916	16.145
1884	0.469	1917	25.759
1885	0.801	1918	32.117
1886	1.293	1919	16.397
1887	2.968	1920	11.061
1888	1.408	1921	5.346
1889	3.744	1922	10.105
1890	4.151	1923	19.283
1891	2.828	1924	10.116
1892	2.247	1925	11.365
1893	2.835	1926	11.702
1894	1.782	1927	12.535
1895	3.302	1928	17.678
1896	1.256	1929	10.916
1897	1.839	1930	12.370
1898	3.050	1931	9.775
1899	2.046	1932	4.599
1900	2.546	1933	7.402
1901	2.484	1934	7.009
1902	3.529	1935	10.793
1903	5.795	1936	8.933
1904	2.616	1937	6.311
1905	9.473	1938	14.030
1906	4.449	1939	16.826
1907	7.264	1940	14.295
1908	9.590	1941	22.538
1909	5.323	1942	20.263
1910	8.283	1943	22.924
1911	17.153	1944	29.746
1912	13.205	1945	21.311
1913	16.790	1946	24.105

时间	指数	时间	指数
1947	21.213	1974	591.168
1948	19.227	1975	479.239
1949	16.305	1976	690.213
1950	19.502	1977	725.746
1951	22.334	1978	873.930
1952	29.365	1979	1038.362
1953	39.933	1980	1462.642
1954	27.782	1981	1605.836
1955	36.741	1982	1536.404
1956	59.051	1983	1709.575
1957	55.351	1984	2014.648
1958	67.850	1985	2850.073
1959	87.462	1986	2738.594
1960	78.351	1987	3930.414
1961	127.345	1988	6290.526
1962	132.238	1989	7893.540
1963	130.569	1990	8640.364
1964	152.155	1991	5508.788
1965	166.068	1992	6452.997
1966	192.539	1993	5927.157
1967	188.614	1994	5360.433
1968	266.613	1995	7103.906
1969	358.526	1996	7705.580
1970	285.117	1997	6582.698
1971	412.032	1998	7810.311
1972	487.115	1999	8728.947
1973	713.655		

资料来源：J. Mei & M. Moses, Art as an Investment and the Underperformance of Masterpieces, *American Economic Review*, 2002, 92, (5): 1656—1668.

从表4.3中我们可以发现，除了短期内的正常调整以外，就美国艺术市场指数的中长期变动趋势而言，显然是蒸蒸日上的。事实上，收藏品的投资收益率高于股票、债券、房地产等投资品种的趋势，早在20世纪中期就已经初见端倪了。到了 21 世纪，作为一种特殊的投资工具，收藏品更是日益受到人们的青睐。就国际收藏市场的情况而言，在 1970～1990 年不到 20 年的时间里，世界巨匠版画的价格上涨了近 18 倍，20 世纪现代绘画的价格上涨了近 15 倍，中国瓷器的价格上涨了近 14 倍，印象派绘画作品的价格上涨了近 9.5 倍，而同期的美、英两国的股票价格只分别上涨了 4.5 倍和 2 倍多一点。（邱勇，1997）

20 世纪 90 年代初，美国国家画廊（National Gallery of Art）馆长布朗（Brown）曾经在一份调查报告中指出，以 1991 年为例，股票的年投资收益率为 25%，而中国瓷器的年投资收益率为 40%。（张男，2005）1999 年 6 月，美国某商业咨询机构也公布了一份《十年内投资家盈利的报告》，该报告显示，股票的投资收益率为 17.3%，公债的投资收益率为 12.6%，外汇的投资收益率为 7.3%，房地产的投资收益率为 4.4%。而当代绘画作品的投资收益率为 21.7%，现代派绘画作品的投资收益率为 24%，印象派绘画作品的投资收益率为 21.6%。（傅旭明，2005）

据 2004 年 11 月 1 日英国《金融时报》（Financial Times）报道，自从美国遭受恐怖袭击以来，收藏品的年均估价要比股市的年均估价高出 3 倍以上。如果 2001 年在收藏品上投资 100 美元，到 2004 年 9 月底的价格就变为了 156 美元。另据美国美林（Merrill Lynch）集团与法国凯捷（Capgemini）公司联合发布的《世界财富报告》显示，2003 年，投资收藏品的美国人增加了 14%，达到了 227 万人；投资收藏品的欧洲人则增加了 2.4%。JP 摩根（JP Morgan）集团的冈萨雷斯（Gonzalez）认为，同股票和债券不同，收藏品提供的回报远远超出了金钱上的意义。收藏品的投资回报主要体现在买到一件合意的东西，并看着它增值所带来的满足感。他提醒道："请记住，当今的收藏者就相当于文艺复兴时期的艺术赞助人。"（赛格——Saigol，2004）

与西方发达国家的收藏市场相比，中国的收藏市场显然还处在发展初期，但是，其投资收益率仍然相当可观。让我们来看看 2000～2006 年的雅昌国画 400 成分指数的走势图（见图 4.1）。

从图 4.1 中我们可以发现，近几年的中国书画行情，经历了一个短期猛涨然后迅速回落（2000～2001 年），接着连续盘整调节（2001～2004 年），直到 2004 年积累了足够的市场力量之后，才发起又一轮上涨—盘整、上涨—回调的行情。不过，显而易见，2004 年以后的行情，无论是盘整，还是回调，其总体指数始终在 2001～2004 年度盘整调节时期的总体指数之上。让我们再来看看 2000～2006 年的雅昌油画 100 成分指数的走势图（见图 4.2），油画行情在盘整中缓慢上涨的走势，是非常明显的。

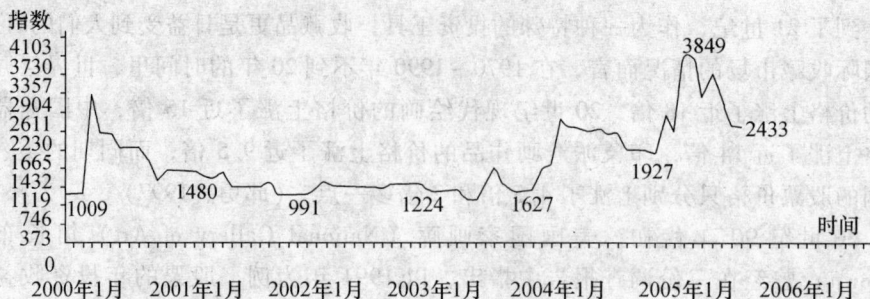

图 4.1　2000～2006 年雅昌国画 400 成分指数

资料来源：http://www.artron.net/index/.

图 4.2　2000～2006 年雅昌油画 100 成分指数

资料来源：http://www.artron.net/index/.

　　据统计，2003～2004 年的各类收藏品价格，以每年 20％ 的增幅上涨，其中，名家书画的年增长速度更是超过了 40％。（周文翰，2005）另据统计，2004 年的收藏品投资收益率高达 16.1％，个别投资品种仅半年的投资收益率就高达 80％。（张然，2005）例如，在 2000 年香港佳士得拍卖会上，清代郎世宁的作品《秋林群鹿图》被我国台湾地区的一位买家以 884.5 万港元的价格夺得。而 5 年之后，当这幅作品于 2005 年再次露面香港佳士得拍卖会上时，其成交价已经高达 2420 万港元了，上涨了近 3 倍。更为极端的例子是，2004 年初，一位买家在香港以 500 万港元的价格，拍得了元代刘贯道的作品《人物故事画册》6 幅。接着便送去参加上海崇源拍卖公司举办的 2004 年秋季拍卖会古代书画专场，以 2200 万元拍出，一年之内价格上涨了 4 倍。（周文翰，2005）

　　为了便于收藏者计算自己的投资收益率，我们引入了以下这个收藏投资的年收益率计算公式：

$$\text{收藏投资的年收益率} = \frac{\text{卖出价格} - \text{买入价格}}{\text{买入价格}} \times \frac{365}{\text{买入到卖出的总天数}} \times 100\%$$

有兴趣的收藏者不妨计算一下自己所投资的收藏品的投资收益率是多少。一般来说，收藏投资所带来的经济收益往往是人们所关注的重点，但是，难以度量的精神收益却往往被人们所忽视。事实上，收藏品还可以给人们带来心理上的满足和精神上的享受，这些也都是收藏品能给人们带来的效用。从某种意义上讲，马斯洛（Maslow）提出的需要层次理论或许有助于我们理解收藏投资的精神收益。他认为，人具有一系列复杂的需要，这些需要有层次之分。马斯洛将人的需要分为生理需要、安全需要、社交需要、尊重需要和自我实现需要。他的需要层次理论有四个基本假设：

第一，已经满足的需要，不再是激励因素。人们总是在力图满足某种需要，一旦这种需要得到了满足，就会有另一种需要取而代之。

第二，大多数人的需要结构都很复杂，无论何时都有许多需要影响人们的行为。

第三，只有在较低层次的需要得到满足之后，较高层次的需要才会有足够的活力驱动行为。

第四，满足较高层次需要的途径多于满足较低层次需要的途径。

从投资的角度来看，我们可以这样理解五种需要的含义。

一、投资者的生理需要

生理需要是人类最原始、最基本的需要，例如，饥饿需要食品、口渴需要饮料、御寒需要衣物、居住需要房屋，等等。这些需要维持着人类的生命，如果不能满足，人类就无法生存。马斯洛认为，生理需要是在一切需要中最先产生的，只有当生理需要得到满足之后，人类才能从生理需要的支配中解脱出来，产生其他"更高级"的需要。从投资的角度来看，投资显然是满足生理需要的重要途径之一。因此，生理需要便成为收藏投资中最基本的需要，即希望通过收藏投资获得经济效益，以便更好地满足个人的生理需要。一个典型的例子，是那些专门从事收藏投资的职业收藏者。

二、投资者的安全需要

当个人的生理需要得到相对的满足之后，就会产生安全需要。在安定的社会里，一般人的安全需要基本上都能够得到满足。但是，在动荡的社会里，安全需要就显得比较突出了。对于某些收藏者而言，进行收藏投资，可以满足自己的安全需要，尤其是在通货膨胀率很高的时候。虽然这种安全需要的满足更多的是心理上，而不是现实中的满足。当然，在遇到严重的通货膨胀，例如，德国在 20 世纪 20 年代和第二次世界大战后的超速通货膨胀时期，收藏品的保值作用就相当明显了。

三、投资者的社交需要

当上述两种需要都得到满足之后，个体就会出现感情、友谊和归属感的需要。例如，渴望得到父母、朋友或同事对自己的爱护、关心、信任，等等。此外，人们还渴望自己有所归属，成为团体中的一员。马斯洛特别强调，人是社会动物，没有人希望自己孤独，总希望有些知心朋友，有个温暖的集体，渴望在团体中与他们建立深厚的感情，保持长久的友谊。对于人们来说，社交需要是必不可少的一种需要。收藏投资显然可以在一定程度上满足人们的这种社交需要。例如，在收藏市场上，我们就经常可以看到，三个一群，五个一伙，津津有味地谈论着收藏品的收藏者比比皆是。此外，还有如雨后春笋般不断涌现出来的各级收藏协会、收藏学会和收藏爱好者联谊会，这些都是收藏投资满足人们社交需要的重要形式。

四、投资者的尊重需要

每个人都有自尊、自重的需要，希望他人尊重自己的人格，希望自己的能力和才华能够得到他人公正的承认和评价，希望在团体中确立自己应有的地位。这种需要可以大体分为两个方面：

第一，要求得到他人的重视、关心和高度评价，使自己的工作得到社会的肯定与认可，并获得相应的名誉、威信和地位。

第二，希望自己在所处的环境中有实力、有成就、有信心。这些需要的满足可以增强人们的自信心，觉得自己生活在这个世界上是有价值的、有用处的，可以对周围的环境产生影响力。一旦这些需要受挫，就会使人产生自卑、软弱和无助的负面感受，从而丧失自信心。当这些需要得到满足时，又会产生强大的动力，表现出持久的干劲。

尊重需要在收藏投资中主要有如下两种满足方式：

第一种方式是收藏者希望显示自己的投资才能，从而获得一种心理上的满足。例如，收藏者通过赚取比别人更多的经济收益来表明自己能力的不同凡响，一些青少年就常常通过投资邮票的方式来表明自己已经长大成人了。这些都是一种由个体的尊重需要而引发出的收藏投资动机。

第二种方式是收藏者希望显示自己的收藏品是如何珍贵和丰富。显而易见，如果一位收藏者拥有一件价值连城的稀世珍宝，可以极大地提高其社会地位，成为人们注目的焦点。

让我们来看看美国戴尔公司董事长兼首席执行官戴尔（Dell）年轻时候的故事。自从9岁的戴尔从父亲手中获得了第一本支票以后，就开始了自我理财之路。12岁的时候，他喜欢上了集邮。为了集邮，戴尔曾经到离家不远的中国餐馆打工。与此同时，他开始阅读集邮杂志。细心的戴尔发现，邮票的价格几乎总是在不停地上涨。戴尔的母亲是股票经纪人，从小的熏陶使他开始从邮票中嗅到了商机。于是，戴尔说服邻居和小伙伴将自己的邮票委托给他处理，然后，他在当时的专业刊物《林氏邮票杂志》（Linn'）以"戴尔集邮社"的名义刊登广告，还用电脑打印了邮票价目表四处寄发。结果令戴尔大吃一惊：12岁的他竟然从中赚取了2000美元。第一次做生意就获得了小小的成功，这对于戴尔来说，无疑是一个极大的鼓舞。（伯恩——Bourne，2004）

五、投资者的自我实现需要

马斯洛指出，即使以上需要都得到了满足，人们也会产生新的不满足，这是个体更高层次的对于求知和求美的需要。正如玛吉（Magee，2003）指出的那样："金钱不能代表一切。能够代表一切的，或者说几乎能够代表一切的，是人们自我实现的需要。"约翰斯（Johns，1997）也认为："一件伟大的作品将会带给你无限的欢欣和愉悦，将使你保持人的潜能，在每天的生活中实现一种诗意与美的感觉。"收藏品的功能之一，正是满足这种深层次的心理需要和高层次的精神需要，因此，随着经济的发展和社会的进步，对收藏品的需要必然会稳定地增加。

著名画商卡斯蒂里（Castelli）曾经这样描述过那些为收藏品如痴如醉的收藏者：有时候，收藏者们在这种令人陶醉的氛围中迷失了方向。当一位收藏者得知他渴望已久的一件利希藤斯坦因（Lichtenstein）的绘画作品已经卖给了别人，立刻强行将该画从画廊的墙上取下来，拿着就往外面跑。画商卡尔普（Culp）不得不为了拿回这件作品而沿街追赶他。卡尔普解释说："他当然会付钱，他只是觉得他非得到那幅画不可。"另一位画商科恩布利（Kornblee）还曾经亲眼看见过一位收藏者苦苦哀求卡斯蒂里，她回忆道："这是一对来自城外的夫妇。这位妻子当时身穿一件貂皮大衣——不是那种马克西米利安貂皮大衣，而是国外产的貂皮大衣——她说他们必须要拥有一件劳森伯格（Rausenburg）的作品。卡斯蒂里能否做做好事帮帮他们，但卡斯蒂里并不急于成交，他只说他会尽力而为，但他们必须耐心等待。"（常宁生，2001）

有的收藏者也许会认为，这样的描述不免有些夸张，但事实并非如此。让我们首先来试着回答这样一个问题：收藏投资所获得的投资回报有什么用处？收藏者也许会脱口而出："为了赚钱，为了使生活更加富裕。"那么，生活更加富裕又是为了什么呢？这个答案似乎更是显而易见："为了使生活快乐，为了使一生更加幸福。"是的，归根到底，人们最终所追求的是生活的幸福，而不是拥有更多的金钱。

正如奚恺元（2002）指出的那样："我们的最终目的，不是最大化财富，而是最大化人们的幸福。传统的经济学家认为，增加人们的财富是提高人们幸福水平的最有效的手段。但是，我们发现，财富仅仅是能够带来幸福的因素之一。事实上，幸福是由许多其他因素决定的。"无论是在河滩沙矿觅石，还是去古玩地摊寻宝，无论到乡村小镇淘金，还是赴博物馆里取经，都是让收藏者感到其乐无穷的事情。收藏的乐趣还远不止这些。让我们来看看收藏者们的真切感受。

宋代的赵希鹄在他的《洞天清禄集》一书中，把收藏的乐趣书写得淋漓尽致："明窗净几，罗列布置；篆香居中，佳客玉立相映。时取古人妙迹以观，鸟篆蜗书，奇峰远水，摩挲钟鼎，亲见周商。端研涌岩泉，焦桐鸣玉佩，不知身居人世，所谓受用清福，孰有逾此者乎？是境也，阆苑瑶池未必是过。"

沈建中在与施蛰存合著的《唐碑百选》（2001）一书中，谈到了他对碑帖的感受："偶而疲累之极，恍惚间仰望苍古奇峻的神妙字迹，那记录着古人的情感、灵性、意趣，仿佛身处缥缈的唐代碑林，旖旎月色将磨耗的大碑映照的乌亮，雾霭里气息醇厚，但闻墨纸馨香和椎拓音律悠远恢弘，似曾熟识的唐人不遗余力地搬运沉甸甸的天然巨石，妙笔书丹，鬼斧神工。如此遥想幻觉，或许仅难得偷闻一下罢了。"

马未都在《马说陶瓷》（1997）一书中这样写道："在端详古瓷时，我常常产生一种幻觉：一个细雨蒙蒙的早晨，一个老者身披蓑衣，孙子紧随其后，走进窑厂。坐定后，吸一口烟。他拈起笔，捧着素胎，沉静片刻，随即熟练地画上山水、花鸟、人物。画完，将胎翻转过来，表情依旧平和，淡泊地在胎地写上……'大清乾隆年制'。"他认为："在古玩收藏中最大的收获就是变得安静了，坦荡了……对文物的亲近，会使你变得谦和待人，荣辱不惊，富贵不淫……收藏的乐趣是陶冶，收藏像点燃一支香，望着它永无重复的渺渺烟云，嗅着融和着自然气息的清香；像一杯清茶，在恬静地品啜着，身心得到最大的松弛和安逸。"

在张信哲（2005）看来，"收藏是一种赏心悦目的心情，或者是让生活更美好的手段。"同时，也是"一种面对生活的态度。它是一种典型的个人行为，随着你的成长、经历，透过藏品，崭露你对于生活或者文化的一种向往与心理投射，甚而诱发你对于美的赏识潜力。"因为"很自然地，在收藏的过程中，寻找本身就是一种乐趣，不仅你在找东西，东西也在找你，就这样玩出心得、玩出乐趣、玩出知识，也玩出兴致来。多走多看，眼力自然就会变好！"不仅如此，收藏还使他"更热爱并珍惜生命，也更懂得挖掘或享受生活中潜藏的乐趣，即使是很微小的快乐。虽然说收藏要靠缘分，不过收藏的意义绝对不只是收藏本身，因为就在你与收藏品相会的路途上，快乐人生已然在其中。"

张泽贤在《民国书影过眼录续集》（2006）一书中，曾这样描述收藏民国版图书的乐趣："一旦成为己物，摩挲于手，乐融于胸，雅萌于心，陶冶性情，薰润文意，此雅之大，惟淘者自知。如今，新书铺天盖地，有深意者毕竟寥若晨星，读之即弃者，不在少数。然手持旧版本，或握于手，或摊于桌，轻翻书页，顺行而竖读，其雅淋漓尽致。如能泡上一壶上好龙井，品茗而读，则更其为雅。大家名人之旧作，虽已泛黄发脆，时有书屑飘落，时有霉旧之气袭来，然其内涵宽广而深邃，其韵久远，仿佛能见名人手持笔杆、卧案而书，苦思冥想之态跃然纸上。所著宏文小品，娓娓道来，勾人心弦。或得知识，或得掌故，或得启示，于胸而盘桓，好不惬意！"

当然，他也指出："藏者是各人而异：藏而不宣者为一，牢牢捂住不松手，只等价格飙升，欲获巨利，然仅自乐也；藏而示之，互相切磋版本之优劣，奉献书中之素材，不仅有自乐，也有他乐，此为上佳之举；所藏有复本，也投之于市，让更需者获取，把己乐转为他乐，乃为高尚，必可彪炳于世，赞语溢耳，其雅实属可敬可佩！"

不仅如此，收藏还可以通过一种比较独特的方式——偶然得到心仪的收藏品——带给收藏者快乐，甚至是惊喜！对于收藏者而言，这显然是非常受用的。因为心理学研究表明，"脉冲式"的变化所带来的快乐，是幸福的重要来源之一（弗兰克——Frank，1999）。如果一个人一直过着优越的生活，而没有什么变化，他通常不会比一般人幸福。换句话说，舒适并不是幸福的重要因素。如果一个人本身的生活水平不是特别高，但时不时出现的一些变化，例如，在不经意间得到一件自己心仪已久的收藏品，所带来的脉冲式的快乐，能使人感觉到非常幸福。一个典型的例子是，凯恩斯每次从旧书店淘得古籍善本，即使价格比拍卖会上的价格还要昂贵，仍然会让他感到"大喜过望"。（哈罗德，1995）从一大堆旧书中，突然眼睛一亮，发现被湮没多时的古籍善本的惊喜，确实是"如鱼饮水"，只有收藏者自己才能体会得到。

收藏投资可以带来经济收益和精神收益，这两种收益都可以让我们得到好处或满足，换句话说，收藏投资所获得的经济收益和精神收益都可以直接或间接地带给我们效用。

第三节 收藏投资目标：效用最大化

经济学是研究人类经济行为的学科，其基本出发点是把人的经济行为作为一种对稀缺性所做出的反应。这样，我们就可以把一切人类行为解释为，在某些条件限制下的效用最大化选择的结果。对人类行为进行解释的基础是边际效用理论。从某种意义上讲，边际效用理论的出现，被认为是经济学中的一场革命。对于收藏投资而言，以下四个假设可以作为边际效用理论的前提：

第一，收藏者拥有既定的收入，面临既定的价格。只有在这种约束条件下，效用最大化才有意义。这种约束条件也体现了经济学所要解决的最根本问题：人类社会面临着永恒的稀缺性。

第二，收藏者力图使自己的投资行为实现效用最大化。"最大化"是一切人类行为的出发点。虽然人类的行为可能会有许多种不同的目的。然而，从"经济人"这一基本假设出发，只有把最大化作为人类活动的最基本目的，才能做出合理的分析。

第三，不管是增加收藏投资的经济收益，还是精神收益，都会使效用增加，即边际效用是正的。这就是说，投资者是理性的，从主观愿望上讲，他们通常不会做出会带来痛苦（即负效用）的事。

第四，随着一种收益的增加，边际效用会递减。这就是说，在一种收益不变的情况下，不断增加另一种收益的数量，刚开始时获得的满足感的增加幅度是很大的，但是，经过一个阶段以后，满足感的增加幅度就会不断减少下来，即进入一个递减的过程。如果用横轴表示某种收益（经济收益或者精神收益），用纵轴表示效用的话，那么，我们可以做边际效用曲线图（见图4.3）。

有研究表明，从 1960～2000 年，按照不变价格计算，美国人的人均收入翻了 3 番。但是，认为自己"非常幸福"的人却从 40% 下降到了 30% 左右。在欧洲，虽然认为自己"非常幸福"的人数没有明显下降，但是，患抑郁症的人数却在急剧增加。如果考察人们对生活各个方面的感受，情况也差不多：认为自己的婚姻生活"非常幸福"，对工作"非常满意"，对个人财务状况"相当满意"，对居住地"很满意"的人都在减少。如果进行国际比较的

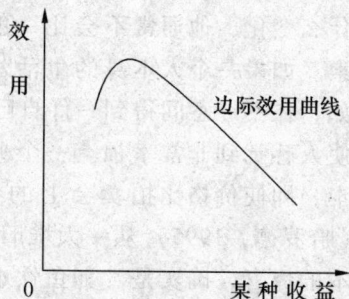

图 4.3 边际效用曲线图

话，收入水平较高的国家的幸福指数显然也比较高。（莱恩——Lane，2000）

不过，莱恩（2000）进一步指出，收入水平与幸福之间并不是直线关系，而是曲线关系。在收入水平达到一定程度之前，收入的提高会显著增加人们的幸福感；而当收入水平超过一定程度之后，收入的进一步提高未必会增加人们的幸福感。事实上，关于边际效用递减的大量实证研究也表明，在众多发达国家中，人均购买力最高的国家不一定是最幸福的国家；在一个国家的内部，最富的人群也不一定是最幸福的人群。莱恩对此的解释是：当人们对衣食住行的基本需求都得不到满足时，他们不太可能感到幸福。在基本需求得到满足以前，收入每提高一点，都会使人感到更幸福一些。但是，在基本需求得到满足之后，收入带动幸福的效应就开始呈递减态势了。收入水平越高，这种效应越小，以至于最后达到了可以忽略不计的地步。

奥斯瓦尔德（Oswald，2006）的一项最新调查也得出了类似的结论。他发现：

第一，工业化国家的人们没有随着时间的推移变得更加幸福。他对英国公民的随机取样调查发现，他们在生活中的幸福感和满足感，与他们的（更贫穷的）父母和祖父母相同。在美国，幸福感随着时间的推移降低了。美国白人女性的幸福感明显不及她们的母亲。

第二，以更为严格的心理健康标准来衡量，英国等西方发达国家公民的抑郁程度明显增加了。

第三，测量得出的工作压力水平上升了。

第四，自杀数据显示的情况往往与这些变化相一致。在美国，尽管实际收入水平增加了 6 倍，然而，自杀率仍然停留在 1900 年的水平。英国的情况要鼓舞人心一些，20 世纪的自杀率确实下降了。但是，年轻男性的自杀率却比数十年前高了许多。

中国台湾的集邮者喜欢讲一句话："集邮有四大功能：益智、怡情、交友、储财。"事实上，收藏的功能同样如此。人的一生，除了工作、睡眠和饮食之外，大约有 1/4 的时间是可以自由支配的。一般来说，收藏者都十分珍惜这有限的空闲时间。有一位中青年教师，自幼受父辈的影响，酷爱收藏。几年来，他只要一有空，就到处寻寻觅觅，历尽艰辛，现在已经收藏了铜墨盒 100 余方。其中的精品不少，仅清末民初的刻铜大师寅生、姚茫父刻铜墨盒就有数方。多年的收藏实践使他悟出了一个哲理："生命诚可贵，时间价更高。业余收藏一定要专心致志，要有恒心，长期坚持必有好处。"

当然，收藏实际上只是众多业余爱好中的一种。但比较特别的是，人的思古和怀旧情结是非常普遍的，特别是不惑之年或事业有成的人，更是如此。有一位年近"天命"的业余收藏者医术很高，凭借祖传医术，医好了多种疑难杂症。他经常利用业余时间免费为病人治病，病人病愈后，常常拿出一两件"惠而不费"的收藏品送给他。多年下来，加上祖传的收藏品，他已经可以办一个家庭收藏馆了。每当夜深人静的时候，"在与收藏品的无言交流之中，工作中的劳顿，人世间的喧嚣，顷刻间就化为乌有。"

巴甫洛夫（Pavlov）的研究表明："情感是在大脑皮层上'动力定型的维持和破坏'。如果外界的刺激使人原有的一些动型得到维持和发展，人就产生积极的情绪和情感；如果外界的刺激使人原有的一些动型得不到维持和发展，人就会产生消极的情绪和情感。"他认为："一个集邮者得到珍贵的邮票所产生的欢乐，便是大脑皮层原有的动型得到维持的表现。"（伍棠棣，2003）正是由于这个原因，晚年的巴甫洛夫曾经对他的保健医生说："你给我一瓶溴剂（一种安神药），不如送我几枚邮票。"（郭润康，1995）

在收藏品日益丰富的同时，不少收藏者自己也开始兴致勃勃地探索和研究，知识则在潜移默化中不断积累，与日俱增。一位收藏者在改革开放之初就开始收藏。十余年来，积累了不少珍贵的收藏品，而这些收藏品的价格，现在均有成倍的上涨。当然，对于他而言，这还是其次的。更为重要的是，收藏使他的求知欲日益旺盛。只要一有空，他就去各大书店、图书馆购买和阅读各种相关书刊。以前性格孤僻的他，如今却是朋友无数。每逢双休日，亲朋好友就聚在一起，或是鉴赏收藏品，或是结伴前去某地购买收藏品、参观博物馆。即使那些收藏品鉴定专家，也由衷地赞叹他知识渊博。不仅如此，收藏使他得益更深的是，自己的身体比以前好多了。虽然他已经年近60岁，但看上去却只有四五十岁。他经常外出、寻古、访友，有益的活动锻炼，是健康长寿的最好办法之一。他在十余年的收藏生涯中感悟到："业余收藏能保值、增值、增知、益寿，有百利而无一害，退休后将会全身心地投入到收藏事业中。"（朱文杰，2005）

当收藏投资的经济收益或精神收益不断增加时，这种收益所带来的效用却是递减的。因此，这就会导致总效用的减少。理性的"经济人"追求的是效用最大化，当出现总效用减少的情况时，无疑就应该减少这种收益，增加另一种收益，从而使收藏投资的总效用实现最大化。如果用横轴表示经济收益，用纵轴表示精神收益的话，我们可以用等效用曲线（U）图来表示不同的收益组合与总效用的关系（见图4.4）。

在4.4中，三条曲线分别代表了不同的效用水平。而且，离原点 O 越远，效用水平就越高（$U_1 < U_2 < U_3$）。虽然每条曲线上各个点的经济收益与精神收

精神收益

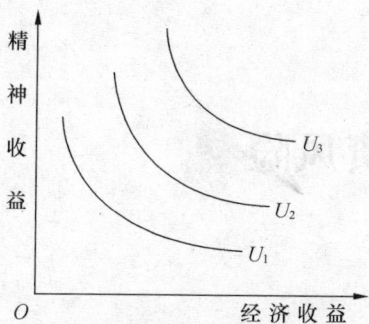

图 4.4　等效用曲线图

益的组合各异，却都代表了同一个效用水平。因此，我们可以发现，一条等效用曲线可以提供相同效用水平的所有不同投资收益组合点的轨迹。而且，为了实现效用最大化，收藏投资者会尽量使等效用曲线远离原点。

事实上，正如陈惠雄（1988）指出的那样："人们的一切行为，最终都是为了实现各自精神上的快乐满足，无所不包的人类行为皆在一定的精神快乐需要支配下而产生，皆为实现一定的快乐满足而展开。这又叫做人类行为的'快乐原则'。人们的各种行为与行为的具体目的，都在这一原则支配下产生，都是精神上'舍苦求乐'的结果。"黄有光（2003）也认为："我们渴望的东西很多：金钱、工作、地位、自由，等等。但是，我们对这些东西的向往并不在于这些东西本身，而是在于它们能够增添我们的快乐，减少我们的痛苦。我们对快乐的向往却在于其本身。"因为"只有快乐的价值不取决于它是否有助于达到别的任何目标。"格雷厄姆（Graham）在自己的 80 岁寿辰庆祝会上曾经这样感慨道："我生命中所享受的快乐，至少有一半来自于精神世界，来自于文学和艺术中的美好的事物和文化。"（洛——Lowe，2000），从某种意义上讲，收藏——即使是基于投资的角度所进行的收藏，为了减少边际效用递减对总效用的影响，也应该同时兼顾收藏投资的经济收益与精神收益。

对于绝大多数收藏者而言，收藏投资的终极目的，在很大程度上并不是经济收益方面的投资收益率最大化，而是综合考虑经济收益和精神收益两方面之后的效用最大化，是通过收藏而产生的幸福最大化。作为一种投资方式的收藏行为，只是通向幸福的途径之一；作为一种乐趣的收藏行为，也是通向幸福的途径之一。只有兼顾二者，才能获得收藏投资的最大效用，并且提高收藏者的幸福感。在我们看来，这正是收藏投资迥异于股票投资、期货投资和房地产投资等其他投资方式的重要标志。

总之，收藏者应该根据自己的实际情况，选择收藏投资的经济收益与精神收益的最好组合，从而实现效用最大化。因为收藏品不仅能给我们带来经济收益，而且能给我们带来精神收益。获得经济利润并非我们从事收藏投资的唯一目的，获得心理上的满足和精神上的享受实际上同样是至关重要的。

第五章　收藏投资风险

第一节　收藏投资风险概述

在介绍风险这个概念之前，还有两个难以回避的相关概念——不确定性和概率，需要我们进行简要的介绍。

经济学家通常将不确定性定义为，发生的结果尚不为人们所知的所有情形。换句话说，不确定性是指可能出现一种以上的情况，但并不知道会是哪一种情况的状态。从某种意义上讲，不确定性产生于信息的不完全性。奈特（Knight，1921）认为，不确定性的来源可以分为以下 4 种：

第一，对现在的情况了解有限。

第二，对未来的情况了解有限。

第三，对自己行为将会引起的变化无法确定。

第四，对自己行为的未来结果无法确定。

事实上，风险与不确定性是相关的，但是，二者之间有一个重要的区别：如果一个经济主体所面临的随机性能用具体的概率值来表示，那么，这种随机性就是风险；如果经济主体所面临的随机性不能计算出具体的概率值，那就是不确定性。换句话说，风险与不确定性的一个重要区别是事件发生概率的可计算程度。正如奈特指出的那样，"风险"是指可度量的不确定性，而"不确定性"则是指不可度量的风险。

具体来说，风险的特征是概率估计的可靠性。估计的可靠性来自于所遵循的理论规律或稳定的经验规律。概率问题的关键之处在于，只要概率能够用这两种方法中的任何一种数字表示，不确定性就可以被排除。与可计算或可预见的风险不同，不确定性是指人们缺乏对事件的基本知识，对事件的可能结果知之甚少，因而不能通过现有理论或经验进行预见和定量分析的情况。

所谓概率，是指 0~1 之间的某一个数，它衡量某些可能事件发生的可能性。概率为 0，表示事件不会发生；而概率为 1，则表示事件必然会发生；概率为 0.5，则表示事件发生的可能性有一半。对于概率，我们可以从两种视角，即客观概率与主观概率的角度进行不同的解释。客观概率建立在对已经发生过的事件观察的基础之上，这种概率是可以衡量的。例如，投硬币时，两面出现的概率是从大量投掷中计算出来的。又如，根据历史资料记载，在过去进行的 100 次海底石油开发中，只有 20 次是成功的。那么，可以由此推断，开发海底石油的失败概率约为 0.8。

主观概率则是个人对某一事件即将发生的结果的主观推测，这种推测不是以对过去的观察为基础，而是以个人经验或主观判断为基础的。显而易见，不同的人会做出不同的主观判断，所以，即使对于同一事件的风险概率，不同的人的选择也是各不相同的。

奈特认为，"风险是指那些每种可能发生的结果均有一个不可知的发生概率的不确定事件。"在通常意义上，风险是指蒙受损失的概率。在经济学上，风险是指可能出现一种以上的结果，而且可以估算出每种可能性结果的概率的状况。

风险具有客观性、损失性和不确定性三个特性。这三个特性的含义是：

第一，风险是一种状态，无论人们是否意识到风险，风险都是客观存在的。

第二，风险是与损失相关的状态，并不是任何一种客观状态都是风险，离开了可能发生的损失谈论风险，就没有任何意义了。

第三，风险是损失的发生具有不确定性的状态。在与损失相关的客观状态中，如果能够万无一失地预测到损失的发生及其发生的程度，就不存在风险了，因为其后果是确定的。人们可以采取准确无误的方法来应付它。如果损失肯定不会发生，也不存在风险，因为其结果也是确定的。只有当损失的发生无法预料的时候，或者说，损失具有不确定性的时候，才有风险存在。（孙祁祥，1996）

从投资的角度来看，风险常被人们视为损失的可能性、损失的概率、危险事故、危险因素、潜在的危险、潜在损失的变动、损失的不确定性。以上几个与风险有关的同义词，从各个不同的侧面定义和规范了风险的含义。事实上，我们可以把风险理解为，发生某种不利事件或损失的各种可能情况的总和。具体而言，构成风险的两个基本要素是负面性（即发生不利事件或损失）和负面性发生的概率。例如，某人购买预期收益率为 5% 的国债（"金边债券"），其投资收益率 5% 是能够准确地加以估计的，这说明该项投资基本上是没有风险的。但是，如果他用这笔钱购买了某件收藏品，那么，其投资回报究竟是一本万利，还是血本无归，在很大程度上是难以预料的。此外，我们还必须明确这样一个问题：风险与收益是一对相互联系的概念。而且，一般来说，风险越大，收益越大；风险越小，收益越小。通常不存在收益很大，而风险很小的投资对象。

第二节 收藏投资风险分类

经验地看，我们可以把收藏投资的风险分为品质风险、品相风险、价格风险、保管风险、道德风险、偏好转移风险、交割能力风险和法律政策风险八类。

一、品质风险

"艺术赝品的交易，赚钱仅次于贩卖军火和毒品。"（陆欣和强浩，2002）虽然这种说法不免有些夸张，却很有道理。为了牟取利润，古今中外都存在着大量伪造收藏品的现象。在收藏市场上，不仅价格昂贵的收藏品有人仿造，就连仅值几元钱的收藏品也有人作假。就目前的情况而言，在收藏市场上，赝品数量最多的收藏品种类，主要集中在书画、瓷器、家具和玉器上。

那么，收藏投资的品质风险究竟有多大？换句话说，在收藏市场上，"看朱成碧"的概率究竟有多高？2003年，在肇庆市首届古玩鉴赏交流会期间，国家文物鉴定委员会的专家董福麟、苏玉明和宋韧，对来自于广州、肇庆、佛山、东莞等地的收藏者所带来的400多件收藏品进行了初步鉴定。结果发现，除了四五件是真品，并且具有很高的收藏价值以外，绝大多数都是赝品。（于敢勇等，2005）2005年，在"世界博物馆日"专家鉴宝会上，出现了近千名收藏者抢购300张门票，甚至出现了"黄牛"倒票的现象。但是，在鉴宝会结束之后，鉴定专家们却发现，收藏者的九成"宝贝"都是赝品，有的书画甚至还是印刷品。（童曙泉，2005）

故宫博物院研究员周南泉认为，在收藏市场上，古玉器的赝品数量约占古玉器总量的90%左右。（丁岭燕，2004）故宫博物院研究员杨静荣也指出，在收藏市场上，古陶瓷的赝品数量更是高达古陶瓷总量的95%左右。书画造假的情况也非常严重。故宫博物院研究员杨新（2005）甚至认为，我们现在正处在中国历史上的第四次书画作伪高潮（前三次书画作伪高潮分别发生在北宋后期、明代后期，以及晚清至民国初年）。而且，第四次书画作伪高潮"其来势之迅猛、'从业'人员之众多，赝品伪作毫不羞涩地招摇过市，更是人们所始料不及的。"从某种意义上讲，事实确实如此。现在的书画作伪，已经发展到了专业化运作、流水线生产、产业化经营的程度。以某书画作坊批量制造何海霞款《华山看云图》的过程为例，6位各有所长的画师在画案前一字排开，人手一张同样尺寸的宣纸。从近景开始，有的专职打稿勾线，有的负责山石皴擦，有的专画树木枝干，有的进行点染收拾。中景远景，如法炮制。最后，再由一位经验丰富的画师渲染上色，略作修改。"三分画七分染"，再题上"何海霞"的大名，盖上"何海霞"的图章。不到半天，6幅《华山看云图》就大功告成了。（何激蓓和牟晓珀，2000）在地摊交易市场和门店交易市场上，各类书画赝品更是比比皆是（见表5.1）。

表5.1　　　　　　　　　成都收藏市场的部分（赝品）书画价格

销售地点	作品名称	作品署名	作品价格
某古玩珍品行	山水画	王时敏	6万元
某古玩店	长忆蜀山图	张大千	3.6万元
某画廊	关山秋色图	黄宾虹	3万元
某画廊	对联、中堂等	曾国藩、康有为等	400～1000元不等

资料来源：根据牟晓珀《成都"菜画"市场价格调查》，《蜀报》2000年12月2日，相关资料整理。

据北京市文物局的有关负责人透露，在北京的收藏市场上，赝品比例高达90％左右。（成立，2001）中西部地区的情况要稍微好一些，但同样不容乐观。例如，据安徽省文物局的有关负责人介绍，在合肥的收藏市场上，赝品比例同样高达80％左右。（李军，2001）因此，对于收藏投资而言，品质风险不容忽视。

二、品相风险

绝大多数收藏者都倾向于购买具有"善"（完整无缺）、"精"（工艺精湛）、"稀"（世间少有）、"美"（美妙绝伦）这四个特征的收藏品。而且，一般来说，越是价格高昂的收藏品，对品相的要求也越高。因为价格越高，受到的关注程度就越大。受到的关注程度越大，也就越容易被发现品相上的瑕疵。当然，要得到一件兼具善、精、稀、美特征的收藏品谈何容易？即使把这样一件收藏品摆在我们面前，我们也很有可能会心生疑问——"高仿"的吧？事实上，那些历经了岁月磨难的收藏品，能够劫后余生已是大幸，能够完好如初者，又能有几件？收藏者实际上也明白这个道理，否则，怎么会有这么多的能工巧匠们费尽心思地"做旧"呢？

　　需要指出的是，对于不同种类的收藏品而言，品相对收藏投资的影响是不尽相同的。即使是对于同一种收藏品来说，也要根据具体情况加以分析。但总的来看，品相对供给弹性大的收藏品的影响，要远远大于对供给弹性小的收藏品的影响。对于邮票、纸币这类供给弹性大的收藏品而言，收藏者对品相的要求就非常高。以邮票为例，一般来说，邮票的品相分为六级，即极优品、上品、次上品、中品、下品和劣品。属于极优品的邮票，应该崭新完好、平整光洁、图案端正、齿孔俱全，没有折痕、裂痕、污损、揭薄等现象；而属于上品的邮票，在票面、票背、齿孔、背胶四个方面都应该既没有印刷上的瑕疵，也没有保存上的损坏。凡是邮票的票面有污染、折痕、破损，或者背面揭薄，齿孔有缺陷，都属于次品。集邮者一般不会收集这类次品。不过，品相对邮票（尤其是珍邮）价格的影响，也不能一概而论。集邮者都知道，世界第一珍邮——1856 年英属圭亚那发行的"1 分红洋"邮票的品相有多差：四角被人斜切去了一部分，邮戳盖销得又重又黑，票面上还有签名，设计更是简单之极——一幅再平常不过的红色帆船图案。即使如此，这枚"1 分红洋"邮票仍然备受集邮者的青睐，成为当今首屈一指的珍邮。1873 年，这枚邮票被一名叫沃恩（Vaughan）的男孩发现，他以 1.5 美元的价格卖给了麦金农（Mckinnon）。不久之后，这枚邮票被德帕恩（DePanne）以 600 美元的价格购进。到了 19 世纪 80 年代，当时的"邮王"费拉里（Ferrari）又以 700 美元的价格获得了这枚邮票。在费拉里谢世之后，他的邮集在法国公开拍卖。英国国王乔治五世（George V）为了收集齐所有的英属殖民地邮票，也专门派人参加了竞拍。遗憾的是，他最终还是没有能得到这枚邮票，并因此"抱憾终生"。这枚邮票被海因德（Hynde）夺得，价格为 35.25 万美元，打破了当时的世界邮票成交价格的最高纪录。海因德去世以后，斯莫尔（Small）以 40 万美元的价格买到了这枚邮票。1970 年 3 月 24 日，斯莫尔又将这枚邮票卖给了威因伯格（Weinberg）。1980 年，这枚邮票以 93.5 万美元易手，被一位不愿透露身份的集邮者收藏，再次创下当时世界邮票成交价格的最高纪录。（奥基夫——O'Keefe，1996）

　　当然，严格来讲，"1 分红洋"邮票实际上已经属于无供给弹性的收藏品之列了。下面让我们再来看看品相对供给弹性小的收藏品的影响。长期以来，收藏者普遍认为，瓷器的残器具有研究价值，但并不具有太高的市场价值。如果瓷器有瑕疵、缺足、崩裂、脱釉等现象，对瓷器价格的影响是非常之大的。但是，在近几年的收藏市场上，情况却发生了微妙的变化。在一些中小型拍卖会上，残器的成交价格和成交数量一直在不断攀升，一些残器的成交价格甚至出人意料地超过了同类的完整器。例如，在中国嘉德第 82 期周末拍卖会上，一只明代崇祯年间的青花花鸟筒瓶（口微伤）以 6.82 万元成交。在北京翰海第 42 期拍卖会上，一只清代康熙年间的青花花觚（口爆釉），以 8.14 万元成交。在北京翰海 2001 年春季拍卖会瓷器专场上，一件清代雍正年间的天球瓶的口沿内侧略有瑕疵，并且有一块胎体崩落。虽然从外观上看并不影响全器，但是，在传统的瓷器收藏观念里，这已经是大忌了。不过，即使是这样的微残器，仍然以 10450 元的价格拍出。事实上，在收藏投资理念更为超前的外国收藏市场，即使在大型拍卖公司举办的重要拍卖会上，残器也开始逐渐被收藏者所接受。例如，2003 年，在伦敦举办的一场拍卖会上，有一件清代乾隆年间的青花荷塘纹贯耳瓶，尽管右耳曾经被修复过，却丝毫没有影响买家的购买欲望，最终竟然以 38.64 万英镑的价格成交，名列该年度伦敦秋拍瓷器类成交价格的第二名。

一项针对陶瓷拍卖的统计研究表明，在研究样本所涉及的 408 件陶瓷中，民国以前的共有 306 件，其中大部分是清代的青花、五彩和粉彩瓷器。在这 306 件拍品中，残器占了 41 件，比例高达 13.4%。例如，一件夹扁了的清代乾隆年间的青花勾连大盆曾经以 1 万元的价格成交；一件崩了口的清代光绪年间的粉彩九桃天球瓶曾经以 1.8 万元的价格易手；一件冲了口的清代乾隆年间的青花勾连海水洗曾经以 1400 元的价格拍出。与同期上拍的清代乾隆年间的青花勾连天球瓶（完整器）3000 元的成交价和清代康熙年间的青花团凤大碗（完整器）320 元的成交价相比，它们的残缺并没有如俗语所言的那样——"瓷器有残，不值一钱"。

三、价格风险

一般来说，收藏品的价格总是处于不断波动之中的，因此，收藏品的价格实际上因买入时机、卖出时机、买入地点、卖出地点，以及买卖双方的不同而不同。这些因素无不直接或者间接地影响到收藏品的买入价格与卖出价格的高低。而买入价格与卖出价格又直接影响到收藏投资收益率的高低。以一件清代康熙年间的青花人物故事笔海为例，收荒人在穷乡僻壤之地，花几十元就可能把它买下；在城市的地摊交易市场上，可以卖到两三百元；在门店交易市场上，可以卖到数千元；到了懂行的收藏家手中，经过断代、品评，价格可以接近万元；在中小型拍卖会上，可能创下数万元甚至十余万元的价格。而在大型拍卖会上，经过知名专家的鉴定，新闻媒体的宣传，以及拍卖公司的运作，它可能创下数十万元的高价。（魏玉光，2006）

　　此外，一些供给弹性小的收藏品，例如，书画的价格还存在地域上的差异。因为很多书画收藏者普遍存在着"家乡偏好"。所谓家乡偏好，是指在同等条件下，收藏者通常更愿意购买本地书画家作品的倾向。换句话说，除了那些妇孺皆知的著名书画家以外，绝大多数书画家作品的受青睐程度都会或多或少地受到地域性因素的影响。例如，一般来说，江苏的收藏者多喜爱傅二石、赵绪成的书画作品；而陕西的收藏者对刘文西、王西京的书画作品显得更感兴趣；四川的收藏者则对彭先诚、戴卫的书画作品青睐有加。

　　一个更为典型的例子是，随着浙江民间资本大量涌入收藏市场，浙江省和浙江籍书画家的作品价格也持续大幅度上涨。据浙江省某拍卖公司工作人员介绍，2004 年 10 月，在该公司举办的一次拍卖会上，陆俨少的一幅册页拍出了510 万元的高价，而在 2003 年同期，这类册页的市场价格是 30 万 ~ 40 万元。浙江省博物馆的一位负责人甚至指出，随着浙江民间资本的大规模入市，"只要和浙江搭上边的画家，如方增先，画作价格的后面都加上了一个'0'。"对于收藏者而言，家乡偏好的存在，显然是一个很好的投资机会。事实上，国内就有一些人长期奔走于北京、上海和广州等地，在北京购买岭南画派的书画作品，南下广州销售；在广州吃进海派名家的书画作品，又奔赴上海出货。充分利用书画市场上的家乡偏好，赚取同一个书画家的作品在不同地区之间，由于地域性因素而产生的差价。而且，总的来看，收藏市场上的家乡偏好，在古今中外都是普遍存在的。因此，对于有心的收藏者而言，不妨有选择性地重点研究一下不同地区书画市场上的家乡偏好及其对书画价格的影响，以便在适当的地方，以合适的价格，购买到物超所值的书画。

　　收藏品价格不仅存在地域上的差异，即使是在同一个收藏市场上，从不同卖方手中卖出去的收藏品价格，甚至同一个卖方卖给不同收藏者的价格，也可能是大不一样的。这是因为，不同卖方的进货价格是不同的，不同卖方对同一件收藏品的预期利润是不同的，收藏者的讨价还价能力是不同的，收藏者对收藏市场的熟悉程度是不同的。除此以外，收藏者的穿着打扮，对行话的熟悉程度等因素，都会对收藏品的成交价格产生重大而微妙的影响。当然，对于供给弹性大的收藏品，例如，对近年来发行的邮票而言，收藏品的价格风险会小很多。因为在收藏市场上，买方"货比三家"的价格信息搜集成本比较低，而卖方"待价而沽"的优势又很不明显。因此，漫天要价的情况通常是比较少见的。经验地看，在同一个收藏市场上，一套品质和品相相同的邮票，在不同卖方手中的最高"叫价"和最低"叫价"之间的相差幅度，很少偏离这些"叫价"平均值的 5%。换句话说，在同一个收藏市场上，供给弹性大的收藏品的价格是比较一致的。

四、保管风险

如果说品相风险是一种静态风险，主要发生在收藏者购买收藏品时的话，那么，保管风险显然是一种动态风险。这种风险贯穿于从买入到卖出收藏品的始终。从某种意义上讲，保管好收藏品实际上绝非易事。

据《太平广记》记载："桓灵宝（桓玄）好蓄法书名画，客至，尝出而观，客寒具，油于其画，后遂不设寒具。"这段话说的是，有一次，东晋时代的桓玄热情地把自己收藏的书画拿出来给客人观赏。有一位客人刚吃过寒具（一种油炸面食），没有洗手就拿起书画欣赏。这时，桓玄才发现，书画被染上了大量的油渍。为此，他很久都不能释怀，深感惋惜。从此以后，每次欣赏书画之前，桓玄都要请客人净手，并再也不摆设寒具招待客人了。

不同质地的收藏品有不同的适宜温度和湿度。在通常情况下，温度越高，飘浮在空气中的水蒸气就越多，湿度也越大。当温度下降时，吸水性强的收藏品会吸收水蒸气而膨胀；温度上升时，又会干燥、收缩。如果这种过程反复进行，无疑会对收藏品造成损害。另外，温度的升高也意味着红外线辐射的增强，如果字画、织物、漆器、木器等收藏品长期处于这样的环境中，就很容易变色、褪色、变形、翘曲，甚至变脆。长期处于温度和湿度变化剧烈的环境中的收藏品，其物理性能还会发生变化，内部结构疏松的过程也会加快。如果这种变化过程反映在油画上，会出现色彩层次剥落的现象；反映在珐琅器上，则会出现珐琅彩从金属胎上慢慢分离的现象。

那么，像一些收藏者所采用的束之高阁、密不示人的方法来保管收藏品，效果又怎么样呢？洪丕谟收藏有一本册页，里面全是唐云、朱屺瞻、张大壮、程十发等书画家的精品力作。例如，唐云的"打领带麻雀"、朱屺瞻的"怪模样青蛙"、张大壮的"书法笔意竹石"、程十发的"卷尾幼鹿"，等等。这些书画各具风韵，洪丕谟也视之为珍宝，平时倍加呵护。然而，在一次搬迁之后，他却发现那本册页竟然不翼而飞了。

胡六皆在"文化大革命"时期，曾经为一位老编辑写过好几幅书法。这位老编辑采取的也是"束之高阁"法——将这些书法折好之后放在书柜中，以后便不再过问了。不可否认，从字画忌频繁折叠的角度来看，这位老编辑做得还不错。问题是，当胡六皆驾鹤西去，其书法作品的价格开始猛涨，老编辑记起条幅之事，再去寻找之时，却已经是踪迹全无了。绞尽脑汁，苦想数日，才记起在乔迁新居时，他曾由儿子帮着清理过一次"废纸"，胡六皆的那些书法作品如果不是与废纸一同被清理出了家门，还能到哪里去呢？

由此可见，如果说对于收藏品的品相风险须小心一时的话，那么，对于收藏品的保管风险就得小心一世了。收藏者绝不能认为，购买回了收藏品便大功告成，可以高枕无忧了。事实上，细心的保管工作才刚刚开始！

五、道德风险

所谓道德风险，是指因为人们的不诚实、不良企图或者欺诈行为，所带来的不确定性。道德风险也可以被理解为从事经济活动的人，在最大限度地增进自身效用时，做出不利于他人的行动。在很多情况下，道德风险所带来的后果，就是购买到了赝品，或者购买到了"物非所值"的收藏品。另外，收藏者聘请收藏品鉴定专家和收藏市场专家或者雇佣代理人的行为，也可能使委托人利益的实现面临道德风险。

一般来说，这些收藏品鉴定专家和收藏市场专家包括以下 6 种：

1. 高等院校的艺术学和投资学教授；
2. 博物馆和美术馆等收藏机构的鉴定专家；
3. 投资咨询机构里从事艺术市场研究的专家；
4. 熟悉艺术市场行情的艺术家；
5. 美术出版社和美术出版物的编辑；
6. 美术刊物和收藏刊物的专栏作家和市场评论家。

不过，虽然收藏者委托收藏品鉴定专家和收藏市场专家进行收藏投资的模式在理论上可行，但由此而引发的一系列委托—代理风险，却是不得不让人有所防范的。因为道德风险的存在是相当普遍的。斯密（1776）曾经这样描述过道德风险问题："无论如何，由于这些公司的董事们是他人钱财而非自己钱财的管理者，因此很难设想他们会像私人合伙者照看自己钱财一样地警觉。所以，在这类公司事务的管理中，疏忽和浪费总是或多或少存在的。"

对于书画收藏者而言，还可能遭遇到一种比较特别的风险——当代书画家的道德风险。例如，一些画廊的签约画家在允许画廊全权代理其作品的同时，却以相对比较低的价格进行私下交易。通过不同的销售渠道，以不同的价格销售自己的作品，对收藏者实行"价格歧视"。出于某些众所周知的原因，一些画家甚至矢口否认自己以非正式渠道"违约"销售出去的作品是自己亲手所作，并宣称那些从自己家中私下卖出的书画作品是"赝品"。这种道德风险的存在，显然不仅会损害通过签约画廊这种正式渠道购买书画的收藏者的利益，而且会损害通过画家本人等非正式渠道购买书画的收藏者的利益。

话又说回来，对于大多数经验丰富的收藏者而言，如果静下心来，心无旁骛地反复观察、揣摩和比较，大多数赝品实际上都是有不少破绽的。但是，如果遇上"埋地雷"、"编故事"，让你必须当机立断地做出购买与否的决定，或者让你感到"机不可失，失不再来"的紧迫，那么，理性的分析很可能就会被感性的冲动所取代。让我们来看看下面这个故事。

在福建泉州后城的旅游文化一条街上，一位操外地口音的中年人拿起一个品相颇佳，底部打着"江西瓷业公司"的红色底款粉彩笔筒，爱不释手，用普通话问："老板，这个粉彩笔筒什么价？"摊主则假装卖关子，并不回答，而是朝对面地摊旁边的一个戴眼镜的老人招了招手说："这位先生是瓷器行家，这里的人都认识他，要不你先请他过过眼。""行家"拿起那个粉彩笔筒，眯起一只眼睛，用放大镜看了又看，然后很有把握地断定，笔筒是清代道光年间的正宗货。由于那位中年人是刚入行的新手，对那个"行家"的话信以为真，便开始向摊主问价。摊主至少要1600元。正当他们讨价还价的时候，旁边突然闪出一个人来，说他也看中了这只笔筒，并装出要抢着买那个笔筒的样子。中年人生怕煮熟到嘴边的鸭子飞了，便恳请"行家"做"中间人"帮他砍砍价。"行家"佯作为难地说："你们都是我的朋友，我怎么好开口呢？不过话又说回来，这确实是件好东西，平时比较难遇见，老板你就给他腾出一点空间吧，我出个公道价1300块钱！"摊主也故作难以割舍的样子，最后咬咬牙还是点头成交了。他说："第一次就当交个朋友，真的没有挣你的钱。希望你以后常来光顾。"说完立即用报纸为他打包好。事实上，江西瓷业公司成立于光绪二十八年（1902年），光绪三十四年（1908年）才开工生产。根据笔筒上的阴历年号"乙卯"推算，应该是1915年。换句话说，这个笔筒是地地道道的民国初年的产品，并非清代道光年间的老货，最多值300～400元。等到买主一走，摊主立即给那位"行家"递去200元，给那个说要买笔筒的人递去100元。显而易见，这两个人都是摊主的"托儿"。（曹燮文，2005）

六、偏好转移风险

所谓偏好，是指人们对某种事物的喜爱或厌恶，以及喜爱或厌恶的程度。简单地说，偏好就是人们的购买欲望，偏好反映了人们的主观愿望。在进行经济学分析的时候，经济学家们通常认为，偏好不会随着个人支付能力的变化而变化。但是，偏好却并非总是一成不变的。对于收藏投资而言，偏好因素是决定收藏者选择什么种类收藏品的重要因素之一。因此，虽然偏好的转变并不频繁，然而，还是会或多或少地发生在不同种类的收藏品，或者同一大类收藏品的不同小类上。

以北京琉璃厂古玩市场上的偏好转移为例，清代嘉庆和道光年间，人们偏爱深红色。因此，红色碧玺、红色珊瑚的价格极为昂贵。而到了同治和光绪年间，官员们所佩的碧玺尚浅红色，于是，人们竞相购买"双桃红"、"胭脂水"等名目的碧玺。当时，一块"双桃红"就值白银千两。可是，到了光绪皇帝和慈禧太后相继驾崩之后，由于接连举行"国丧"，朝廷禁用红色，"双桃红"、"胭脂水"等碧玺的价格一落千丈。又如，清代政府对不同爵位、品级所用的朝珠、顶珠、翎管和带钩的质料、颜色都有非常严格的规定。那时，一些质料名贵、颜色不凡的朝珠、顶珠和翎管的价格很高。一个带钩就值白银千两。但是，到了宣统年间，原来值几千两银子的带钩，只值几十块钱了。民国以后，更是无人问津了。清代四品官的顶子规定用青金石。青金石有深蓝、紫蓝、淡绿之分，颜色美观，朝廷用青金石作为四品官的顶子，它的价格自然也水涨船高。一个顶子就值几百两白银。然而，清王朝一覆灭，青金石就变得一钱不值，只能作为制作蓝色颜料的原料了。（肖龙和汪明，1998）

让我们再举一个连环画的例子来说明这个问题。几年前，连环画行情开始突然火暴起来，原来几毛钱一本的"小人书"，可以卖到几百元的价格。一些老版本、名家绘、题材好的连环画，更是备受收藏者的青睐。再加上一些收藏者的炒作，价格不断上涨。例如，《白毛女》连环画[①]，在2000年上海的一场拍卖会上的成交价为200元，而在2003年举办的全国第五届连环画交流拍卖会上，成交价却是1000元，3年之间翻了5番；又如，《延安的灯火》连环画[②]，在2001年上海的一场拍卖会上的成交价为160元，而在2003年举办的全国第五届连环画交流拍卖会上，成交价却是445元，不到两年时间，价格上涨了近3倍。

随着连环画价格的上涨，收藏市场上的连环画，无论是从数量上讲，还是就质量而言，都大为改观了。1999年前后，对于收藏者而言，上海美术出版社出版的《西游记》、天津美术出版社出版的《聊斋》等老版本连环画，都是可遇而不可求的罕见珍品。在连环画交流会上，如果收藏者能以200元的价格，买到一本品相为7品左右的这类连环画，都可以算是"捡"了个"漏"。但是，在近两年的连环画交流会上，诸如此类的连环画几乎随处可见。随着收藏市场上连环画数量的不断增加和质量的不断提高，收藏者对连环画的兴趣却没有与之俱增。张文标等人（2004）认为，这是因为，一些收藏者发现，连环画的价格被炒得太高了，因此，不敢轻易入市。一些以赚钱为目的的老收藏者，匆忙将手里的连环画出了手。而价格的上涨，又使得他们只有花更高的价

---

① 华三川绘：《白毛女》连环画，上海美术出版社1965年版。
② 贺友直、赵宏本绘：《延安的灯火》连环画，上海少年儿童出版社1956年版。

格才能收回来，于是，纷纷退出了连环画收藏。这样一来，连环画收藏者的队伍不但没有扩大，反而在不断地缩小。换句话说，从某种意义上讲，连环画收藏出现了偏好的转移。

七、交割能力风险

如果说价格风险主要是从购买的角度来考察收藏投资风险的话，那么，交割能力风险则主要是从出售的角度来考察收藏投资风险了。交割能力风险主要涉及两个方面的问题：一是收藏品能否顺利交割；二是收藏品能否以预期的价格交割。在收藏市场上，收藏品的价格可以毫不夸张地被形容为"一日三价"。

2004 年，在浙江皓翰国际拍卖有限公司举办的一场拍卖会上，卢坤峰的一件工笔花鸟画《鹰击长空》成了各大媒体关注的焦点。这件拍品的委托人是一位姓董的个体老板。拍卖公司为这件拍品定了 28 万元的起拍价，而委托人则希望能以 100 万元的价格转让。据了解，这幅《鹰击长空》是委托人经朋友介绍，慕名前往卢坤峰家中，以 100 万元现金购得的。最近，由于连续几个投资项目都不尽如人意，资金周转出现了困难，委托人不得已才决定忍痛割爱的。可是，当他接触了杭州的多家画廊之后，才发现根本无人愿意接盘。他只好找到了浙江皓翰国际拍卖有限公司，打算通过拍卖的方式为这幅画寻找买家。在拍卖会上，这件拍品以 28 万元的底价起拍，到了 30 万元的价位以后，就再也无人响应了。最后，因为没有到达拍品的保留价而流标。据委托人介绍，在浙江的众多画家中，他最欣赏卢坤峰的画。当初去买画的时候比较盲目，并没有事先了解一下收藏市场行情。事实上，近年来，卢坤峰的绘画作品的市场价格约在每平方尺 1 万~2 万元之间。以 100 万元的价格购入此画，保值尚且困难，增值更是无望。（马金和朱雪利，2004）

事实上，诸如此类的例子，从古到今都不鲜见。民国时期的溥儒曾收藏有一件中国最早的书法作品——晋代陆机的《平复帖》。《平复帖》的内容是陆机向朋友问候疾病的书札，因为其中有病体"恐难平复"字样，所以取名为《平复帖》。该帖共 84 字，字体是汉隶转为草书的"初草"，使用麻纸书写，纸质粗糙，笔法古拙，极少顿挫。张伯驹最早是在湖北的一次赈灾书画会上见到过《平复帖》，当时归溥儒所有。张伯驹委托琉璃厂一家古玩店的老板作为中间人向溥儒求购。然而，溥儒的索价高达 20 万大洋。中间人表示，如果降到 10 万大洋，愿意促成这笔交易。不过，溥儒坚持认为，"少一分钱不卖"。第二年，张伯驹再次请张大千向溥儒求购，同样在 20 万大洋的要价前止步。因为当时的 20 万大洋，足以买到北京城的 10 座豪宅。后来，一直对此念念不忘的张伯驹，偶然得知溥儒丧母，急需钱财为母发丧，经人斡旋，终于以 4 万大洋购得《平复帖》。

由此可见，收藏品的变现，并不像那些可以进行标准化交易的投资品种那样容易。希望在合适的时间、合适的地点，以合适的价格将收藏品出手，更是困难重重的事情。那么，收藏品的变现，为什么会如此困难呢？从某种意义上讲，收藏投资的交割能力风险与羊群效应关系密切。那么，什么又是羊群效应呢？让我们先来看一个小故事：

一位石油大亨到天堂去参加一个石油大亨的会议。遗憾的是，等他到了天堂的会议室时，却已经座无虚席了。于是，他灵机一动，喊了一声："地狱里发现石油了！"这一喊不要紧，天堂里的石油大亨们纷纷起身就往地狱跑去。不一会儿，天堂的会议室里，就只剩下那位最后到的石油大亨了。不过，故事到这里还没有结束。你知道这位大亨此时在想什么吗？他心想，大家都跑了过去，莫非地狱里真的发现石油了？于是，他也急匆匆地向地狱跑去。

这就是所谓的羊群效应：投资者在信息不确定的情况下，行为受到其他投资者的影响，模仿其他人决策，或者过度依赖于舆论（即市场上压倒多数的观念），而不考虑信息真实性的行为。羊群是一种很散乱的组织，平时在一起的时候，也是盲目地左冲右撞。不过，只要有一只头羊动了起来，其他羊也会不假思索地一哄而上，全然不顾旁边可能存在狼的威胁，或者不远处还有更好的草地。在收藏市场上，一些收藏品就经常遇到这样的情况：当市场火暴的时候，即使是三五十万元都有人抢；而当市场萧条的时候，却是三五万元也没人接。

八、法律政策风险

许多珍贵的收藏品同时也是珍贵的文物。因此，收藏者对《中华人民共和国文物保护法》、《中华人民共和国文物保护法实施条例》、《中华人民共和国拍卖法》、《文物拍卖管理暂行规定》、《文物藏品定级标准》等相关的法律法规略有所知，显然是有百利而无一害的事情。

从某种意义上讲，《中华人民共和国文物保护法》实际上并没有对文物的概念做出明确的界定，而是采取列举的方式，规定了文物的范围："下列文物受国家保护，包括具有历史、艺术、科学价值的古文化遗址、古墓葬、古建筑、石窟寺和石刻、壁画；与重大历史事件、革命运动或者著名人物有关的以及具有重要纪念意义、教育意义或者史料价值的近代现代重要史迹、实物、代表性建筑；历史上各时代珍贵的艺术品、工艺美术品；历史上各时代重要的文献资料以及具有历史、艺术、科学价值的手稿和图书资料等；反映历史上各时代、各民族社会制度、社会生产、社会生活的代表性实物。"从法律对文物的定性来看，法律明确保护的"文物"，必须"具有历史、艺术、科学价值"，而不是以时间长短为标准。一件年代久远的旧物，如果不具备"历史、艺术、科学价值"，也不是文物。

但是，在国家文物局、国家工商行政管理局、公安部和海关总署联合颁布的《关于加强文物市场管理的通知》（1992）（简称《通知》）中，却将文物界定为：

（1）1911年以前中国和外国制作、生产、出版的陶瓷器、金银器、铜器和其他金属器、玉石器、漆器、玻璃器皿、各种质料的雕刻品以及雕塑品、家具、书画、碑帖、拓片、图书、文献资料、织绣、文化用品、邮票、货币、器具、工艺美术品等。

（2）1911～1949年间中国和外国制作、生产、出版的上款所列物品中具有一定历史、科学、艺术价值者。具体品类由各省、自治区、直辖市文物行政管理部门确定，报国家文物局备案。

（3）1949年后已故著名书画家的作品，名单由国家文物局确定。

该《通知》还规定，1911～1949年间的上述物品经批准后，可以在旧货市场销售，但必须实行文物监管，即所谓的"文物监管品"。但是，在这一时期的物品中，"具有一定历史、科学、艺术价值者"仍然属于文物。上海市《文物市场管理办法》、广东省《关于对旧货市场文物监管物品实行管理的通告》中的相关条款，对文物的界定与该《通知》的内容也是一致的。而且，许多类似的地方性法规至今尚未修改。

将《中华人民共和国文物保护法》和这些地方性法规进行比较，我们可以发现，二者对文物概念的界定是大不相同的。在国家法律中，对文物的界定是以历史、艺术、科学价值为衡量标准，而《通知》则不论价值高低，几乎完全以时间划定文物。在国家法律做出了明确规定的情况下，文物概念的歧义所带来的执法窘境依然没有完全解决。据周坚等人（2004）的调查，由于国家立法部门没有明确废除《通知》的法律效力，上述《通知》至今仍然有效，依旧是收藏市场管理者的主要执法依据，执法人员也还在依照这些《通知》，屡屡违反国家文物法保护公民合法流通文物的规定，检查和处罚一些民间文物经营行为。例如，湖南省桃源县公安部门无理拘罚收藏者事件。

2003年2月25日，湖南省桃源县公安部门将桃源县收藏者邹方初拘押在该县漳江镇派出所，并处以9000元罚款（后经交涉退还8000元）。两日后，又对杨兴国、陈建军等多名收藏者进行大范围传讯、拘押并处以罚款。据该县文物管理部门的相关人士透露，这是"在搞一场全国性的打击倒卖文物的统一行动"，桃源县是第一个"吃螃蟹"者。同时保证，凡是倒卖文物者，只要到文物管理所"投案自首"，并缴纳1000元罚金，就可以得到文管所的保护。在这种情况下，不少收藏者"主动投案自首"并缴纳了罚款，也有不少收藏者纷纷离家"避难"。据不完全统计，以"非法倒卖国家监管文物"为由拘传并处以1000元以上罚金的人，达三四十人之多。

同年3月11日，在桃源县收藏者的强烈要求下，湖南省收藏家协会派出由该协会会长雄传薪、副会长兼秘书长张敏、副会长陈蔚民、常务理事廖文伟等人组成的专家鉴定组赶赴桃源县，对多名收藏者收藏的近3000件藏品进行了认真鉴定。鉴定结果表明，这些藏品均为清中期以后至20世纪四五十年代的民窑瓷器、柴木家具、白木雕花门窗构件，以及一些农村日常生活用品，显然够不上"国家监管文物"的品级，更谈不上珍贵文物。湖南省收藏家协会副会长兼秘书长张敏认为，目前湖南的民间收藏活动发展迅猛，全省收藏爱好者达110万人，收藏市场10余家。2002年颁布的新《文物保护法》规定，文物收藏单位以外的公民、法人和其他收藏组织合法收藏的文物可以依法流通，这使民间收藏合法化、民间文物流通合法化有了一个明确的法律依据。在这样的大背景下，桃源县民间收藏者的遭遇令人费解。据了解，尽管当地有关部门此后开始陆续向部分收藏者退款，但他们并不认为前期的做法有什么错。而是坚持认为，新文物保护法不允许"买卖古玩文物"，在拍卖市场和文物商店以外的场所买卖古玩文物即为"非法倒卖"。桃源县有关部门的这一立场仍然让当地的众多民间收藏者心有余悸。（陈念等，2003）

至于政策风险，最为典型的例子，莫过于中国邮政部门在20世纪90年代中期颁布的那些朝令夕改、自食其言的"利好"政策给集邮者带来的巨大风险。例如，尽管中国邮政部门在国家级权威媒体公开承诺"增套减量"（增加每年发行的邮票的套数，同时减少每套邮票的发行数量），但是，最终的结果却是"增套增量"，让集邮者大失所望，损失惨重。

第三节　收藏投资风险规避

在面对收藏投资的品质风险、品相风险、价格风险、保管风险、道德风险、偏好转移风险、交割能力风险和法律政策风险的时候，收藏者必须全面兼顾，小心防范。从某种意义上讲，品质风险是收藏投资的最大风险。在收藏界流传着一句话："不怕买贵，就怕不对。"更准确地说，品质风险实际上就是以真品的价格，购买到赝品时所引发的风险。规避品质风险的一般原则是：对于收藏者自己熟悉的、把握大的收藏品，应该冷静分析，明察秋毫；对于收藏者自己拿不准的、把握小的收藏品，应该尽量请教信得过的鉴定专家。如果需要当机立断做出购买决策，没有回旋的余地，收藏者应该以尽可能低的价格购买真伪尚不明朗的收藏品。此外，出于规避品质风险的考虑，收藏者与其"把鸡蛋放在不同的篮子里"，倒不如"把鸡蛋放在同一个篮子里，然后看好这个篮子"。因为收藏者的精力和时间都是相当有限的，所以，同时收藏多种收藏品，显然绝非良策。对于收藏者而言，如果能够选择一两种收藏品作为自己的主要投资对象，以规范化投资代替多元化投资，不失为一种分散投资风险的良策。例如，如果哪位收藏者对青花瓷器感兴趣，那么，专门化地收藏青花瓷器就是一个不错的投资策略：从永乐青花瓷到宣德青花瓷，从康熙青花瓷到乾隆青花瓷。总而言之，"做熟不做生，只做青花瓷。"

在下文中，我们还将着重介绍规避收藏投资的品相风险和保管风险的方法，而关于规避收藏投资的品质风险、价格风险、道德风险、偏好转移风险、交割能力风险和法律政策风险的方法，我们已经或即将在本书的其他章节进行介绍，在此就不一一赘述了。

在收藏品的品相问题上，收藏者应该处理好完美与残缺是留是弃的关系。基于收藏投资的角度考虑，对于供给弹性大的收藏品而言，一定要非常注意其品相问题。因为当收藏者打算转让收藏品的时候，买方的选择余地是很大的。而且，对于某些种类的收藏品（如邮票）而言，存在高度重视收藏品品相的"传统"，收藏者对收藏品的品相也是极为挑剔的。例如，不少集邮者甚至宁愿容忍自己的某套邮票没有收集齐全，也难以容忍在自己的集邮册中出现品相稍微逊色一点的邮票。但是，对于供给弹性小的收藏品来说，品相问题就显得相对次要一些了。虽然收藏品的品相问题将成为未来买方讨价还价的筹码，并因而影响收藏品的价格。不过，如果收藏者在购买的时候，以此作为讨价还价的筹码，花适当的价格购入的话，那么，同样可以在很大程度上规避因为收藏品的品相问题而带来的风险。当然，对于不同种类的收藏品而言，评定品相的标准也是不尽相同的。例如，古籍善本收藏者认为，古籍善本上的藏书印多多益善，而连环画收藏者却认为，20世纪80年代出版的连环画10品书，在封面、封底、扉页、内页都不能有任何印章（包括私人章、珍藏章、售书章等）。如果全书没有其他任何毛病，封底有不明显售书章（不能有私人章），也可以勉强算做10品。"文化大革命"版的10品书的封面绝对不能有印章，封底允许有收藏章、售书章，但不能有私人印章。9.5品以上的连环画的封面不能有任何印章。下面我们就介绍三种收藏品的品相评级标准，以供收藏者参考（见表5.2、表5.3和表5.4）。

表 5.2 邮票的品相评定标准

品相等级	评定标准
极优品	邮票崭新完好，平整光洁，齿孔俱全，在票面、票背、背胶、齿孔等方面没有任何瑕疵。新邮票的背胶应该平整清洁，旧邮票所盖的邮戳清淡，邮票画面清楚，且销戳部位极少。
上品	邮票完好如新，票面整洁无损。齿孔俱全，没有污染、破损、揭薄、折痕、缺齿、褪色等现象。新邮票的背胶应该平整，而且清洁无损。旧邮票的邮戳清淡，图案没有受到销戳的影响。
次上品	邮票背面没有污染、破损，有微皱，齿孔略有短缺，邮票背面没有揭薄现象。新邮票背面有不洁痕迹，旧邮票销戳虽重，但面积不大。
中品	邮票本身完好，邮票在正反面各个部位没有缺陷，但有明显的瑕疵，例如，票面欠整洁，齿孔不完整。旧邮票的销戳面积较大，且不太清晰。
下品	邮票正面有明显的缺陷，例如，折痕、揭薄、齿孔残缺等现象。旧邮票的销戳面积过大，墨迹严重破坏了票面的整洁。
劣品	邮票有严重残损，邮票在票面、票背、齿孔和背胶四个方面发生了较为严重的伤残或损坏，例如，破损、折痕、缺齿、揭薄、褪色等现象。旧邮票的销戳面积过大，墨迹过浓，以至于图案和字迹模糊不清。

表 5.3 硬币的品相评定标准

品相等级	评定标准
新品（UNC）	即使在 30 倍放大镜下，也观察不到任何磨损或流通过的痕迹，但可能有包装划痕。
极美（EF）	币面 95% 的细部清晰可见，整个币面仅有极其轻微的磨损。
优美（VF）	币面 75% 的细部清晰可见，整个币面已有中等程度的磨损，文字和数字的边缘部分可能不够清晰。
美品（F）	币面 50% 的细部清晰可见，整个币面已有严重的磨损，文字和数字边缘部分已不清晰。
尚佳（VG）	币面仅有 25% 的细部清晰，整个币面已严重磨损。
佳品（G）	币面已严重磨损，仅能辨别图案轮廓，边齿也有磨损，除古币和珍稀币外，已无收藏价值。
劣品（PR）	币面严重磨损，仅能分辨大体轮廓，边齿的磨损严重，无收藏价值。

表 5.4　　　　　　　　　　古籍善本的品相评定标准

品相等级	评定标准
10	除作者的签名、铃印、题词外，整体全新，略有翻过，没有其他异样。
9	曾经少量翻阅的书，封面、封底有轻微磨损和折痕。允许有藏书者的简单题记、铃印，但没有其他笔痕、污迹和破损。
8	曾经多次翻阅的书，除封面、封底和内页有不能除去的少量污迹，书边和书角有少量磨损外，没有其他破损。
7	除封面、封底和内页有少量的磨损、卷角、缺角、破损和笔迹外，没有过大的污迹、笔迹和损坏。
6	经过修补的书。除有部分伤痕、折痕、笔迹、破损和修补外，没有缺皮、少页和大面积的笔痕、污迹。
5	无封面，或者有封面和封底，但书内的残缺和破损程度大的书。
4	无封底，且无书脊，破损严重的书。
3	无封面、封底、书脊和版权页的书。
2	只有扉页和内容提要的书。
1	残缺非常严重的书。

从某种意义上讲，收藏投资的保管风险，是一种看似容易解决，实际上难以规避的动态风险。李雪梅（1991）的研究表明，造成各类收藏品受损的原因主要来自于温度、有害气体、灰尘、霉菌、虫害、光线，等等。

（一）温度和湿度

为了使收藏品能够长久地保持较好的品相，适宜的温度和湿度是必不可少的条件。一般来说，15℃～18℃的温度和40%～55%的相对湿度，对各类收藏品都比较适宜。温度太高时，可放置冰块降温；而温度太低时，可在室内增加供暖；湿度太大时，可采取除湿措施；而湿度太小时，室内则应该经常洒水或者开启加湿器，来调节室内的湿度。室内可以放置温度计和湿度计，随时观察，根据室内的温度和湿度变化，采取必要的措施进行调节。另外，放置收藏品的架、柜、箱都不宜紧贴地面或墙壁摆放，而应该将其垫置到适当高度，或者离墙有一定的距离，并且时常检查挂在墙上的绘画、挂毯等收藏品的背面墙壁是否出现潮湿的现象。

（二）有害气体和灰尘

当今社会的空气污染十分严重。当大气中含有微量臭氧的时候，能使铜、铁、铅等金属氧化，使织物、纸张和彩画上的颜料褪色或变色。许多有害气体，例如，硫化氢对银器、铜器和铅器等金属器皿都有损害；氯气能使染料褪至无色，对织物、纸张和皮革也有破坏作用，并引起金属的腐蚀。空气中还经常混杂有极其微小的硬质颗粒，它们与湿气结合降落并沉积在收藏品上，很容易引起细菌和霉菌等微生物的寄生，对各种有机质地的收藏品的危害很大。为了防止有害气体和灰尘对收藏品的影响，应该将收藏品放在空气较为清新的地方，尽量减少有害气体可能对收藏品的损害。室内应该保持清洁，定期打扫房屋，甚至可以将一些贵重的收藏品用玻璃等容器封闭起来。

（三）霉菌和虫害

防止霉菌生长的有效办法之一，是采用常温自动干燥设备，并想方设法消除室内的生霉环境。对那些已经出现霉菌的收藏品，应该及时进行消毒处理。也可以采用一些消毒剂，例如，麝香樟脑、苯酚等制成杀菌溶液，进行喷雾。对于害虫，则可以用固体杀虫剂，如氰化钾、对位二氯苯、烟草等进行防治。

（四）光线

自然光线中的紫外线和红外线会导致物品脆弱变质，可见光会损害色彩，破坏收藏品。例如，紫外线和红外线不仅会引起纸制收藏品变脆，而且会对纸制收藏品的色彩造成伤害。对于收藏品的保管而言，避免阳光的直接照射，也是非常重要的。不过，由于收藏品的种类繁多，质地不一，因此，对它们的保管要求是各不相同的。总的来说，收藏者应该根据自己的客观条件和收藏品的具体特点，有针对性地采取必要措施，因地制宜，对症下药，做好保管工作。下面我们就简要介绍几种常见收藏品的保管方法。

图书、文献、字画等收藏品主要由纸张或织物构成，极易成为霉菌和蛀虫生长的食物。纸张经过曝晒后，还会褪色、变脆。因此，收藏者在保管这类收藏品时，应该注意防潮。

油画、版画等收藏品的保管，最好能放置在相对湿度为 50%～60% 的环境湿度下，还要注意防尘。挂在墙上陈列的油画可事先在背面加上一层不透水的聚乙烯薄片，并且用聚乙烯胶带粘封，以防止因湿度的变化而发生的翘曲。尤其值得一提的是，油画不能靠近炉子和其他采暖设备放置，因为这很容易导致油彩的融化。油画应该放在光线柔和之处，而不能受到强光照射。

在保管陶器和瓷器时应该注意防震、防挤压、防碰撞。陶器有很多小孔，这些小孔可以吸收大量的水分，如果气温骤冷骤热、时干时湿，是不利其保管的。最好是将陶器和瓷器放置在环境湿度在相对湿度为 50% 以下的地方保管。

丝、毛、绵、麻织物都是由有机物构成的，其保管应该注意防霉、杀菌、杀虫。如果在织物上发现有轻微霉菌，可以放在荫凉通风处晾晒，以阻止霉菌的蔓延。表面的霉菌则可以用软毛刷刷掉。如果霉菌的蔓延很严重，那就应该进行消毒杀菌了。此外，还可以将樟脑、萘球、对位二氯苯等驱虫剂用纸包着放在箱柜。纺织品对光特别敏感，因此要尽量避免阳光直射，最好放在暗处保管。

骨和象牙质地的收藏品具有较好的抗袭和抗压性能。但是，当它们遇到热力和潮湿的变化时，就很容易翘曲。酸碱类和细菌对骨蛋白都有很强的腐蚀作用，容易使骨质松散。

以上这些问题，收藏者都应该加以注意。

收藏者在取放收藏品时，同样应该注意对收藏品的保护。收藏者应该做到精神集中，轻拿轻放，保持清洁。收藏品的陈放同样是收藏品保管中应该注意的重要问题。举例来说，书画作品最好进行装裱，并且在卷紧之后装入纸盒内保存。总而言之，掌握基本的收藏品保管常识，并且在日常保管中做到"贵在细心"，是收藏品得以长期保管的重要条件。

此外，对收藏品的品名、特征、价格等基本信息进行系统的记录，做到心中有数，也是保管好收藏品的一个重要环节（见表5.5）。

表 5.5　　　　　　　　　　　　　　收藏品基本信息登记表

编号	品名	作者	年代	特征	尺寸	购买价格	购买时间
1							
2							
3							
4							
5							
6							
7							

第六章　收藏投资周期

第一节　经济周期概述

米歇尔（Mitchell，1941）指出："经济周期（Business Cycle）是国家总体经济活动的一种波动。一个周期是由很多经济活动几乎同时扩张，继之以普遍的衰退、收缩与复苏所组成的。"换句话说，经济周期是指总体经济活动的扩张与收缩交替反复出现的过程。经济学家通常用国民生产总值（GNP）或其他宏观经济变量来衡量经济周期。

当然，经济学家们对经济周期时间跨度的理解是不尽相同的。举例来说，法国经济学家朱格拉（Juglar）认为，经济周期的时间跨度为 9～10 年，这种周期被称为朱格拉周期（Juglar Cycles）；英国经济学家基钦（Kitchin）认为，经济周期的时间跨度为 3～4 年，这种周期被称为基钦周期（Kitchin Cycles）；而俄国经济学家康德拉季耶夫（Kondratieff）却认为，经济周期的时间跨度为 50～60 年，这种周期被称为康德拉季耶夫周期（Kondratieff Cycles）；美国经济学家库兹涅茨（Kuznets）则认为，经济周期的时间跨度为 15～25 年，这种周期被称为库兹涅茨周期（Kuznets Cycles）。从某种意义上讲，经济学家对经济周期的认识，实际上还处于 "10 个经济学家有 12 种观点"的阶段。

不过，经济学家对经济周期组成阶段的认识还是比较统一的。一般来说，经济周期可以分为上升和下降两个阶段。上升阶段被称为繁荣，上升的最高点被称为顶峰。然而，顶峰也是经济活动由盛转衰的转折点，此后的经济活动就进入下降阶段，即衰退。衰退的最低点被称为谷底。当然，谷底也是经济活动由衰转盛的一个转折点，此后的经济活动又逐渐进入上升阶段。经济活动从一个顶峰到另一个顶峰，或者从一个谷底到另一个谷底，就是一个完整的经济周期。如果还要细分，可以把经济周期分为繁荣（Boom）、衰退（Recession）、萧条（Depression）和复苏（Recovery）四个阶段。如果用横轴表示时间，用纵轴表示国民生产总值（GNP）的话，那么，我们可以用图 6.1 来表示经济周期的四个阶段。其中，衰退和复苏是介于繁荣与萧条之间的两个过渡阶段。而繁荣阶段和萧条阶段各具有以下特征。

繁荣阶段的特征是：需求旺盛，物价上涨，信用扩张，投资增加，就业增加，生产增加。当繁荣发展到极点时，被称为"顶峰"，在此之后则会出现衰退。

萧条阶段的特征是：需求疲软，产品积压，物价下跌，企业倒闭，工人失业，信用收缩，投资减少。当萧条发展到极点时，被称为"谷底"，在此之后会进入复苏阶段。

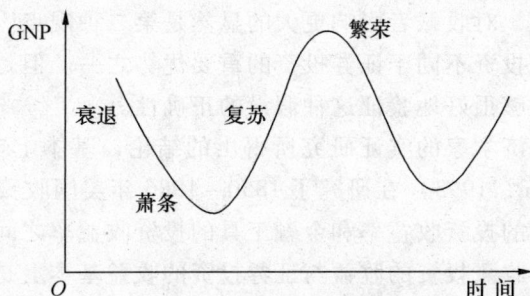

图 6.1　经济周期阶段示意图

需要指出的是，以上的情况仅仅是经济周期的一般特征，在现实生活中，与之相左的例子实际上并不鲜见。例如，在 20 世纪 70 年代中期，西方发达国家屡屡出现的滞胀现象（即经济停滞与高通货膨胀同时存在的经济现象）。

第二节　经济周期与收藏投资的关系

经济活动的周期性波动显然会影响到社会生活的方方面面，收藏投资也概莫能外。不过，经济周期与收藏投资的关系却并不是那么一目了然的。一方面是由于收藏品的种类繁多，供给弹性大的收藏品与供给弹性小的收藏品对经济周期波动的反应并不完全一致；另一方面则是由于收藏品具有二重性：收藏品既是消费品，又是投资品。因此，经济周期与收藏投资的关系就变得比较复杂了。

概而言之，关于经济周期对收藏投资的影响问题，存在两种具有代表性的观点。

一种观点认为，经济周期的变化与收藏市场的波动具有显著的正相关关系。换句话说，经济周期对收藏投资的影响与经济周期对证券投资的影响同样显著，证券市场的波动与收藏市场的波动存在总体一致的变动关系。这种观点暗示，收藏品不能作为证券的替代品，成为抵御投资市场系统风险的有效工具。

另一种观点则认为，经济周期的变化与收藏市场的波动关系不具有显著的正相关关系，在某些情况下，二者甚至表现为负相关关系。换句话说，经济周期对收藏投资的影响并没有经济周期对证券投资的影响那样显著。这种观点暗示，收藏品可以作为证券的替代品，成为抵御投资市场系统风险的有效工具。

在收藏市场上，对收藏者影响更大的显然是第二种观点。在很多收藏者看来，这也正是收藏投资不同于证券投资的重要优势之一。但是，经济学家的实证研究，并没有能够很好地验证这种假设的正确性。

总的来看，经济学家的实证研究所得出的结论，基本上支持第一种观点。戈茨曼（Goetzmann，1993）在研究了 1850～1986 年美国收藏市场的相关数据后发现，在收藏品的投资收益率和金融工具的投资收益率之间，存在很高的正相关关系。而且，收藏投资的收益与证券投资的收益基本上是相同的。相比之下，收藏投资所获收益的波动性更大。因此，只有对于风险中性的收藏者来说，收藏投资才是有利可图的。

所谓风险中性者（Risk Neutral Person），是指那些对确定性收入的偏好等于有风险存在时预期收入的偏好的人。换句话说，风险中性者主要关心的是预期财产，而不太关心是否存在不确定性。

麦基尔（Malkiel，2002）认为，与流行的观念相反，收藏品在经过了通货膨胀调整之后的价值通常不会增加。而且，在收藏者进行交易的时候，庞大的佣金开支一般是难以避免的。不仅如此，赝品更是司空见惯。收藏品的投资组合通常需要高额的保险费和无休止的维持费。换句话说，收藏者几乎一直在付钱，而不是获得红利或利息。

为了从收藏投资中获利，收藏者需要具有惊人的独特判断和一定的艺术品位。当"千里马"没有遇到其他"伯乐"的时候，收藏者必须慧眼独具，大胆买入；而当狂热的人们开始竞相追逐，收藏品价格屡创新高的时候，收藏者必须冷眼旁观，适时脱手。在麦基尔看来，"大多数希望通过收藏来获利的人，实际上都是在自寻烦恼。"凯夫斯（Caves，2004）也指出："收藏品作为一种投资工具（有效的投机工具）意义甚微。"虽然他承认，"在 20 世纪 70 年代，一些公司就把收藏品视为对抗通货膨胀的有效对冲工具。有时候，公司会卖出收藏品，以实现资本利得。"

　　当然，也许有人会振振有词地反驳，这些都是外国收藏市场的情况，具有中国特色的中国收藏市场，情况应该会大不相同吧？因为在他们眼里，显而易见的是，中国证券市场的运作模式就与西方证券市场的运作模式相去甚远！那么，我们就来看看华人经济学家对中国收藏市场的实证研究结果吧。

　　莫文光等人（Mok et al. , 1993）针对1911年以来近现代中国书画的一项研究发现，在20世纪60年代，收藏者主要将中国书画的鉴赏价值，而不是投资价值，作为购买决策的主要依据。不过，随着拍卖公司的推波助澜，西方油画价格的屡创新高，外国投资者的纷纷入市，再加上新加坡、中国香港、中国台湾等亚洲国家和地区的经济迅猛发展，收藏市场对中国书画的需求量也开始不断增加。

　　1980年，苏富比拍卖公司和佳士得拍卖公司开始在香港等地举行每年春秋各一次的中国书画拍卖会，收藏品拍卖"发现价格"的功能在此表现得淋漓尽致，中国书画的价格不断攀升。然而，与人们平时心目中关于收藏投资的观念大不相同，在1980～1990年约4000项拍卖纪录中，只有30件书画作品"曾重复上拍一次以上"。其中，仅有20件书画作品"成功地卖出过两次"。虽然这些书画作品在收藏者持有一段时期后，通常能卖出不错的价钱，为收藏者带来看似丰厚的利润。不过，平均而言，尽管在1980～1990年，调查样本所涉及的中国书画的年收益率为52.9%，同期的香港地区证券市场、新加坡证券市场和台湾地区证券市场的年收益率分别为13.3%、15.3%和54.4%。从表面上看，中国书画的年收益率似乎只比台湾地区证券市场的年收益率略逊一筹，而远远高于香港地区证券市场和新加坡证券市场的年收益率。但事实上，中国书画的投资风险比证券市场的投资风险要大得多。如果考虑到收藏中国书画的保险费用、保管费用和利息支出等因素，中国书画的投资收益率实际上比香港地区证券市场、新加坡证券市场和台湾地区证券市场的投资收益率都要差。不可否认，眼光独到的收藏者确实能够从书画投资中获利丰厚。问题是，"能够把'眼光'变为拍卖会上的'价钱'，又岂是易事？"

　　林行止（2002）进一步指出："在一般人印象中，收藏名家画作，不论中外，都是投资正道，这种印象之得，俱从名画在拍卖公司中卖得高价而来。"不过，在他看来，"名画收藏能否获利，随机性重于一切。这即是说，名画（的价值）因经济条件、政治环境及人们品味的变化而升降无常，对于非专业鉴赏家的投资者来说，购买收藏品最好是凭'美学观点'，即其可以令物主赏心悦目便是，若欲以之投资赚钱，失望恐怕是普遍现象。"

当然，也有不少经济学家持第二种观点。例如，瑞特林格（Reitlinger，1964）就认为，1968～1969年，美国经济不景气的时候，收藏品的价格飞涨。而资本价值、公司盈利和股息都在不断下降。于是，收藏品成了"不受价值侵蚀的另一种金钱"。"通货膨胀足以促成任何一种收藏品的升值。"吉（Gee，1981）对法国收藏者的研究也表明，商业人士和金融家热衷于在收藏市场上大显身手。不仅因为他们的财富惊人，而且因为他们精通大额的风险投资决策。因此，运用起来得心应手。在这些企业家和金融家眼里，收藏品显然是一种不错的投资工具。约翰斯（Johns，1997）同样指出："当货币贬值的时候，收藏品就成为一种有吸引力的投资，作为抵制通货膨胀的屏障。这种价值如同股票和债券一样，在20世纪80年代经济衰退的时期，不动产按指数比例增长，银行都愿意为购买收藏品提供贷款。从历史上看，经济增长与通货膨胀总是循环不断的，维持信誉和提高财产的价值都会推动收藏品价格的上扬。"

霍布斯鲍姆（Hobsbawm，1998）曾这样写道：从20世纪50年代起，收藏者惊喜地发现，收藏市场将近半个世纪之久的不景气，已经开始出现"解套"迹象。收藏品的价格，尤其是法国印象派绘画作品、后期印象派绘画作品和巴黎现代派绘画作品开始暴涨，直至天价。到了70年代，国际收藏市场的重心，首次从伦敦转至了纽约。进入80年代以后，疯狂暴涨的收藏市场，更是破纪录地一路飙升。印象派和后期印象派绘画作品的价格，在1975～1989年的约15年间，上涨了23倍。不过，从此以后，收藏市场的面貌，再也不能与过去同日而语了。有钱人依然继续收藏。不过，时至今日，越来越多的人是为了投资而购买收藏品，与过去竞购金矿股份的动机一模一样。例如，英国铁路养老基金会（British Rail Pensions Fund），就是在听从了苏富比拍卖公司的投资建议以后，从收藏品上大赚了几笔。而最能凸显80年代末期收藏品交易特色的一宗买卖，首推澳大利亚西部一名暴富的大亨邦德（Bond）。他以3100万英镑的价格，购得了一幅梵·高（Van Gogh）的绘画作品。其中的一大部分资金，是通过拍卖公司借贷而来的。他与拍卖公司双方显然都希望并预期该作品的价格会继续上涨。这样的话，不仅作为银行贷款抵押品的绘画作品身价可以更高，而且经纪人也可以从中获得更为丰厚的利润。遗憾的是，结果让双方都大失所望：邦德因此而落得破产。投机风造成的收藏市场景气，也于90年代初期全面破灭。

塞格（2004）指出："在经济低迷时期，证券市场一路狂跌，令许多投资者深受打击。于是，他们日益将目光转向收藏品，将其作为一种可替代的资产工具。"不过，从某种程度上讲，这或许只是这些人的一相情愿。在她看来，这是因为，"收藏投资的回报可能是无法预测的。收藏品不能迅速转手获利，也不能提供人们赖以生活的资本。虽然一般来说，越是昂贵的收藏品在转手后获利越多。但是，在经济不确定的时期，高端收藏品的价格往往下跌得更快。"

总的来看，第二种论调很少出现在严肃的学术研究上，而更多地出现在各种大众媒体的报道上。事实上，就我们的经验研究而言，第二种观点几乎无一例外地来自于大众媒体的报道或非严肃的投资学著作，并因此而广为流传，影响深远。那么，世界顶级投资机构对收藏投资又持什么样的态度呢？

花旗集团是率先提供收藏投资顾问服务的投资银行之一。它早在 1979 年就推出了这项服务，并聘请了数位收藏品估价专家。从某种意义上讲，花旗集团已经把收藏投资的理念向前推进了一大步。它为客户提供这样一种机会，让他们将收藏品作为低息贷款的抵押。花旗集团私人银行业务顾问组董事总经理赫费勒（Hoeveler）指出："人们已经把很多钱锁定在收藏品上，这样他们就既能以此进行投资，同时又能继续享用他们的收藏品。"

荷兰银行艺术品顾问组负责人萨拉马（Salama）认为："收藏品与股票之间的重要差异在于，收藏品是有形的，而且代表着一种生活方式。"

摩根斯坦利集团首席投资分析师达斯特（Darst）则提醒收藏者注意："收藏品的交易量很小，只有很少一部分人为了出售而购买收藏品，大多数人购买收藏品的目的是为了收藏。"

事实上，关于收藏投资的这类争论，在很大程度上是由于人们对收藏品的理解不同而造成的。有的人将收藏品视为纯粹的消费品（奢侈品），而有的人将收藏品视为纯粹的投资品。如果将收藏品视为纯粹的奢侈品，那么，经济增长率就成了对收藏品的需求量具有决定性影响的重要因素。因为当经济增长率较高时，人们的可支配收入不断增加，才会随之增加对奢侈品的消费，以满足更高层次的需要。但是，如果将收藏品视为纯粹的投资品，那么，通货膨胀率就成了对收藏品的需求量具有决定性影响的重要因素。因为当通货膨胀率较高时，购买收藏品就成为一种有效的保值手段，它可以减少因高通货膨胀率所带来的货币贬值风险。由此可见，问题的症结之一实际上在于对收藏品的二重性（既是消费品又是投资品）特点的理解不够全面。

除此之外，收藏品的种类包罗万象的特点，也使得人们对这个问题的争论变得复杂无比。因为这两种观点的支持者几乎都可以从收藏市场上找出足够的案例来证明自己的观点，反驳对方的看法。例如，我们可以有把握地说，邮票的市场行情与书画的市场行情就有明显的不同。而且，即使对于邮票投资而言，经济周期的变化对"保值珍邮"的影响实际上也很不同于对"打折邮票"

的影响；对于书画投资而言，经济周期的变化对朱屺瞻作品的影响实际上很不同于对吴冠中作品的影响，甚至对吴冠中的国画、油画和水彩画等不同种类绘画作品的影响，都是不尽相同的。经济周期与收藏投资的关系，因此而变得扑朔迷离，令人难以把握。

在我们看来，收藏品实际上既是消费品，又是投资品。在一般情况下，人们购买收藏品的动机也具有二重性。通过购买收藏品，人们既可以获得心理上的满足和精神上的享受，又可能获得经济上的收益。但是，收藏品的这种二重性特点也给我们带来了分析上的困难：我们确实难以通过实证的检验或者逻辑的推导，得出一个确凿无疑的结论。之所以会这样，一方面是由于当代中国的收藏市场历史有限，数据难觅；另一方面则是由于收藏品的种类包罗万象，反例层出。在这种情况下，我们只能退而求其次，看看美国经济周期的变化对收藏市场波动的影响。大量的实证研究表明，经济周期的变化与证券市场的波动具有很强的正相关关系。因此，研究经济周期与收藏投资的关系，在很大程度上也可以等价于研究证券市场与收藏市场的关系。梅建平和摩西（2004）曾经针对收藏品拍卖市场，设计出了一种新梅—摩西（NEW MEI－MOSES，以1954年为起点）指数，并将这种指数与美国证券市场上的标准普尔指数（S&P）进行了比较（见图6.2）。

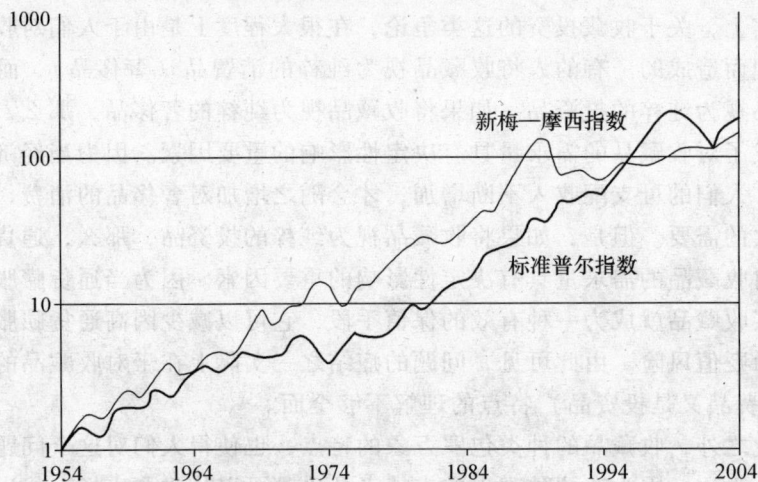

图6.2 新梅—摩西指数与标准普尔指数的比较（1954—2004）

资料来源：J. Mei & M. Moses, Fine Art Indices Winter 2004 Update Art and Stocks Soar, Working Paper, 2004.

从图 6.2 中我们可以发现，1954～2004 年的新梅—摩西指数和标准普尔指数的走向是大致相同，十分吻合的。这一结论的经济学含义是，经济周期对收藏投资的影响非常显著。收藏品实际上很难成为证券等金融工具的替代品，而作为人们抵御投资市场系统风险的有效工具。

当然，需要指出的是，在经济复苏或者经济繁荣时期，如果证券市场的表现一蹶不振，大量的闲散资金，例如，"热钱"（一种专门进行短期投机套利的投机资本）涌入收藏市场的话，那么，收藏市场行情很有可能因此而启动。收藏品则很有可能成为证券的替代品。正如赵锡军所说：收藏市场本身的资本容量很小，本来不属于"游资"喜欢追逐的短、平、快行业。但是，随着近年来中国政府加强监管股市、楼市的异常资金流动。因此，收藏市场成为游资套利的一个新的重要渠道。（张锐，2005）而在经济衰退或者经济萧条时期，虽然绝大多数供给弹性大的收藏品的表现可能会像证券市场的表现一样惨不忍睹，但是，某些供给弹性小的收藏品，可能真的会像评论家所说的那样，成为"不受价值侵蚀的另一种金钱"。因为收藏投资的成败，在很大程度上实际上取决于收藏者到底选择了什么样的收藏品。

第三节 收藏投资的周期选择

对于收藏投资而言，收藏投资的最适合周期究竟应该是多长，确实是一个至关重要的问题。收藏市场的评论家几乎无一例外地认为，收藏品最适合长期投资。例如，荷兰银行（ABN Amro Bank）艺术品顾问组负责人萨拉马（Salama）就认为："收藏品为人们提供了另一条投资途径。人们不是在谈论惊人的回报，而是长期的回报。"（赛格，2004）在长期回报方面，评论家喜欢举的典型例子之一是斯密的名著《国民财富的性质和原因的研究》的长期投资回报。1776 年出版的《国民财富的性质和原因的研究》（初版）在 20 世纪初（1900～1909 年）的平均价约为 2.6 英镑。如果以 1930～1939 年的平均价 24.8 英镑为基数 100 计算其价格指数的话，那么，2.6 英镑可以换算为指数 10.5。到了 1980～1989 年，该书的平均价已经上涨到了 8763.3 英镑，指数为 35335.9。换句话说，90 年来价格上涨了 3500 多倍。在拍卖会上，该书更是拍出过 11.5 万英镑的高价。（林行止，2002）

但是，对于究竟多长时间算是长期，评论家却往往只字不提或者含糊其辞。这显然很容易给收藏者造成一种错觉，即收藏投资的周期越长越好。然而，事实果真如此吗？在回答这个问题之前，我们还是首先明确这样一个问题：对于收藏投资而言，多长时间算是短期，多长时间算是中期，多长时间又算是长期？经验地看，我们可以将 1 年以下视为短期，将 1~5 年视为中短期，将 5~10 年视为中期，将 10~50 年视为中长期，将 50 年以上视为长期（见表 6.1）。

表 6.1   收藏投资周期的划分

时间跨度	1 年以下	1~5 年	5~10 年	10~50 年	50 年以上
周期划分	短期	中短期	中期	中长期	长期

资料来源：马健：《收藏投资的理论与实务》，浙江大学出版社 2004 年版，第 128 页。

据清代杨宾的《大瓢偶笔》记载："字价贵贱有幸有不幸焉，非关书也。如王氏父子（指晋代的王羲之和王献之），宋齐时极贵大令（王献之），而右军则为其子所掩。至贞观间则反之，大令书弃而不收，遂至割去姓名以求售。"在南朝的宋、齐时代（公元 420~502 年），王献之的书法作品红极一时，王羲之的书法作品反倒很少有人问津。但是，到了唐代的贞观年间（公元 627~649 年），情况正好相反。王献之的书法作品已经不那么受人欢迎了，而王羲之的书法作品却开始受到世人的追捧。（王孟奇，2003）

当然，有人也许会反驳，100 多年的时间跨度，远远超过了 50 年这个划分周期的底线，况且又是在古代，其间物是人非，这样的例子恐怕没有足够的说服力！那么，我们再来看看近现代的情况吧。

我们曾经对 1929 年国民政府教育部举办的全国第一届美术展览会参展书画家的书画作品在近年来收藏品拍卖市场的表现，进行过一次调查（见表 6.2）。

表 6.2   1929 年全国第一届美术展览会参展书画家作品的近年市场拍卖行情

作者	作品名称	1929 年的标价	近年参考价	成交数/上拍数
丁愚	牡丹	1200（40）元	2836 元/平方尺	7/8 件
丁云轩	江南春色	900（30）元	无成交记录	0 件
丁慕冰	芙蓉狸猫	600（20）元	无成交记录	0 件
于常一	隶书	300（10）元	无成交记录	0 件
于小莲	白描仕女	900（30）元	无成交记录	0 件
王潜楼	松鹿	780（26）元	无成交记录	0 件
王师子	腊梅	2100（70）元	7253 元/平方尺	40/47 件
王陶民	美人红粉	3000（100）元	无成交记录	0 件

续表

作者	作品名称	1929 年的标价	近年参考价	成交数/上拍数
王履斋	铁树	900（30）元	无成交记录	0 件
石侯头陀	北苑春山	1500（50）元	无成交记录	0 件
石宗素	仙霞云海	900（30）元	无成交记录	0 件
史喻盒	篆书屏	1800（60）元	无成交记录	0 件
邢一峰	桃花雀戏	1500（50）元	11406 元/平方尺	7/7 件
白 蕉	书法	750（25）元	15056 元/平方尺	9/10 件
朱天梵	弹指层楼	4200（140）元	无成交记录	0 件
伍蠡甫	重溪秋望	1200（40）元	无成交记录	0 件
尹同愈	镜框扇面	2400（80）元	无成交记录	0 件
王禹襄	毛公鼎条屏	3000（100）元	无成交记录	0 件
王显诏	双旌飞瀑	1500（50）元	无成交记录	0 件
王代之	松	6000（200）元	无成交记录	0 件
方人定	九龙宋王台	3000（100）元	23868 元/平方尺	11/13 件
王选青	四尺立轴	1200（40）元	无成交记录	0 件
莫与伦	墨笔山水	600（20）元	无成交记录	0 件
王敬章	水墨山水	300（10）元	无成交记录	0 件
吴青霞	山景芦雁	900（30）元	14936 元/平方尺	197/257 件
吴笠仙	菊花	900（30）元	无成交记录	0 件
吕季操	庐山飞瀑	12000（400）元	无成交记录	0 件
沈仪彬	顺风图	1500（50）元	无成交记录	0 件
何香凝	水中月	12000（400）元	28189 元/平方尺	8/10 件
李秋君	平冈秋色	1800（60）元	7367 元/平方尺	13/14 件
沈晋之	空山流水	660（22）元	无成交记录	0 件
李珊岛	秋山图	2400（80）元	无成交记录	0 件
吴 惠	四尺对联	300（10）元	无成交记录	0 件
吴铁珊	老松	720（24）元	无成交记录	0 件
李浩然	石梁观瀑	1500（50）元	无成交记录	0 件
李纯盒	山楂折扇	360（12）元	无成交记录	0 件
杜 杜	秋山小景	240（8）元	无成交记录	0 件
何其愚	红梅	600（20）元	无成交记录	0 件

作者	作品名称	1929 年的标价	近年参考价	成交数/上拍数
何漆园	粤岭斜晖	2400（80）元	无成交记录	0 件
汪华东	阑山春色图	900（30）元	无成交记录	0 件
余彤甫	山水	900（30）元	无成交记录	0 件
汪星伯	层峦叠翠	3000（100）元	无成交记录	0 件
伍冠五	南山拥翠	900（30）元	无成交记录	0 件
杜滋园	秋山	600（20）元	无成交记录	0 件
沈 林	设色人物	360（12）元	无成交记录	0 件
余 时	江南风味	900（30）元	无成交记录	0 件
沈子丞	拈花仕女	1200（40）元	6182 元/平方尺	26/27 件
况又韩	山水	360（12）元	无成交记录	0 件
沈有壬	扇面	120（4）元	无成交记录	0 件
胡伯洲	松鼠葡萄	660（22）元	无成交记录	0 件
余静芝	梅鹤	960（32）元	无成交记录	0 件
余 觉	草书对联	480（16）元	无成交记录	0 件
侯子步	放鹤亭	600（20）元	无成交记录	0 件
姚梅村	富春大岭	900（30）元	无成交记录	0 件
周一峰	海鹰	1500（50）元	无成交记录	0 件
周叔雅	恋母	12000（400）元	无成交记录	0 件
林尊严	诗条	1800（60）元	无成交记录	0 件
宗士福	仿董文敏	750（25）元	无成交记录	0 件
招学庵	月上西楼	750（25）元	无成交记录	0 件
金健吾	赤壁夜游	720（24）元	5597 元/平方尺	1/1 件
查烟谷	有月竹影寒	300（10）元	无成交记录	0 件
胡伯翔	嘶风图	6000（200）元	无成交记录	0 件
胡倬云	溪山雨后	900（30）元	无成交记录	0 件
洪 野	黄昏	2100（70）元	无成交记录	0 件
洪 怡	腊梅山茶	900（30）元	无成交记录	0 件
周养庵	墨梅	1800（60）元	无成交记录	0 件
周亦鹿	仕女	900（30）元	无成交记录	0 件
周鸿年	无量寿佛	18000（600）元	无成交记录	0 件

作者	作品名称	1929 年的标价	近年参考价	成交数/上拍数
洪庶安	杏花小鸡	1200（40）元	无成交记录	0 件
周伯生	仕女	2100（70）元	无成交记录	0 件
胡玉斋	隶书	240（8）元	无成交记录	0 件
胡汀鹭	指画秋葵	1800（60）元	无成交记录	0 件
胡若鲲	隶书	1200（40）元	无成交记录	0 件
俞寄凡	长江一览	1500（50）元	无成交记录	0 件
胡俭珍	墨笔山水	2400（80）元	无成交记录	0 件
马孟容	海棠春雨	2400（80）元	无成交记录	0 件
马瑞图	山水	1500（50）元	无成交记录	0 件
马梅轩	篆书	660（22）元	无成交记录	0 件
徐逵	春江垂钓	450（15）元	无成交记录	0 件
俞剑华	山水	3000（100）元	5920 元/平方尺	16/17 件
俞起亚	山水	900（30）元	无成交记录	0 件
俞蕴兰	秋山图	1500（50）元	无成交记录	0 件
施定夫	弥勒佛	1800（60）元	无成交记录	0 件
施子韵	松风高士	180（6）元	无成交记录	0 件
马公愚	行书	600（20）元	10864 元/平方尺	1/1 件
马振麟	春屏条	600（20）元	无成交记录	0 件
马公鲁	松岭飞瀑	450（15）元	无成交记录	0 件
姚华	桃花词画	1800（60）元	7697 元/平方尺	45/51 件
姚粟石	仿子久山水	6000（200）元	无成交记录	0 件
陆文郁	万玉图	2400（80）元	4252 元/平方尺	1/2 件
陈迦盦	松屏六幅	12000（400）元	无成交记录	0 件
陈璞	山水	1800（60）元	无成交记录	0 件
陶冷月	兰亭月色	12000（400）元	40492 元/平方尺	95/115 件
侯中谷	指画兰花	1200（40）元	无成交记录	0 件
陈贻衍	夏山晚翠	300（10）元	无成交记录	0 件
陈蕃浩	荷花	2400（80）元	无成交记录	0 件
陈恭甫	风霞雪月	2100（70）元	无成交记录	0 件
陈克明	山水	1020（34）元	无成交记录	0 件

续表

作者	作品名称	1929 年的标价	近年参考价	成交数/上拍数
陈树人	红棉	6000（200）元	11950 元/平方尺	23/27 件
陈半亭	月下野狼	3600（120）元	无成交记录	0 件
浦淑石	藤	300（10）元	无成交记录	0 件
奚屠格	山水	1200（40）元	无成交记录	0 件
邹谨初	新柳舞春风	1080（36）元	无成交记录	0 件
秦申洁	临吴渔山	600（20）元	无成交记录	0 件
秦仲文	溪山烟霭	1500（50）元	5217 元/平方尺	20/25 件
陈涓隐	纸窗梅影	900（30）元	无成交记录	0 件
秦清曾	夏日山居	1800（60）元	无成交记录	0 件
汤建猷	秋晓	1200（40）元	无成交记录	0 件•
高剑父	废塔烟横	15000（500）元	28294 元/平方尺	30/38 件
傅菩禅	秋蔬	900（30）元	无成交记录	0 件
冯钝伯	神谶	240（8）元	无成交记录	0 件
贺天健	幽谷探胜	2400（80）元	30887 元/平方尺	107/146 件
黄君璧	疏林	3000（100）元	31659 元/平方尺	193/246 件
鲍天爵	山水	120（4）元	无成交记录	0 件
张枬	同此长乐寿	900（30）元	无成交记录	0 件
张坤仪	蜜梨	3600（120）元	无成交记录	0/1 件
徐观	山水扇面	210（7）元	无成交记录	0 件
张永芳	空谷幽兰	3000（100）元	无成交记录	0 件
张墨林	工笔花卉	450（15）元	无成交记录	0 件
张书旂	白鹤	1500（50）元	14650 元/平方尺	60/70 件
张时敏	梅石	600（20）元	无成交记录	0 件
许光敷	风尘三侠	3060（102）元	无成交记录	0 件
孙颂昭	傲霜	1200（40）元	无成交记录	0 件
张文海	空山清趣	1500（50）元	无成交记录	0 件
张晋	仕女	3600（120）元	无成交记录	0 件
张雪扬	紫牡丹	6000（200）元	无成交记录	0 件
黄少强	待毙	900（30）元	20807 元/平方尺	3/5 件
黄太玄	对联	480（16）元	无成交记录	0 件

作者	作品名称	1929 年的标价	近年参考价	成交数/上拍数
黄蔼农	倚松听泉	1200（40）元	无成交记录	0 件
黄素庵	罗浮泛舟	1500（50）元	无成交记录	0 件
许 昭	梅石菖蒲	900（30）元	无成交记录	0 件
汤梅菁	花鸟	900（30）元	无成交记录	0 件
许 尧	山居幽兴	1200（40）元	无成交记录	0 件
孙雪泥	秋泛	1500（50）元	4965 元/平方尺	22/27 件
孙琼华	探梅图	6000（200）元	无成交记录	0 件
孙 功	高士图	1200（40）元	无成交记录	0 件
冯文凤	隶书对联	600（20）元	无成交记录	0 件
温展鹏	山水四屏	18000（600）元	无成交记录	0 件
过昭华	墨荷	1050（35）元	无成交记录	0 件
翁铜士	六体书屏	12000（400）元	无成交记录	0 件
孙慕唐	春山如笑	1200（40）元	无成交记录	0 件
翁之琴	岁暮之团员	480（16）元	无成交记录	0 件
叶少秉	花鸟	900（30）元	无成交记录	0 件
杨经笙	行书	720（24）元	无成交记录	0 件
杨豫立	梅花高士图	1200（40）元	无成交记录	0 件
许修直	行书	360（12）元	无成交记录	0 件
庄织云	篱菊	600（20）元	无成交记录	0 件
黎惠兰	牡丹	6000（200）元	无成交记录	0 件
华艺三	山水	1800（60）元	无成交记录	0 件
叶尔恺	对联	360（6）元	无成交记录	0 件
程少川	秋山	900（30）元	无成交记录	0 件
程万里	春林紫雪	600（20）元	无成交记录	0 件
叶谓莘	虎	900（30）元	无成交记录	0 件
赵竹铭	深山猿啸	450（15）元	无成交记录	0 件
葛冰如	墨笔山水	900（30）元	无成交记录	0 件
郑午昌	晓风残月	1800（60）元	43443 元/平方尺	105/130 件

续表

作者	作品名称	1929 年的标价	近年参考价	成交数/上拍数
虞淡涵	山水	3000（100）元	无成交记录	0 件
刘文渊	仕女	450（15）元	无成交记录	0 件
杨经生	对联	360（12）元	无成交记录	0 件
楼辛壶	竹石	1440（48）元	6259 元/平方尺	18/19 件
赵半跛	水仙石竹	540（18）元	无成交记录	0 件
赵子云	中秋图	2100（70）元	无成交记录	0 件
赵桐荫	紫藤	450（15）元	无成交记录	0 件
赵师惠	腊梅天竺	1500（50）元	无成交记录	0 件
赵安之	双马	1800（60）元	无成交记录	0 件
赵少昂	白鹦鹉	3000（100）元	32312 元/平方尺	88/129 件
杨遵路	百花长卷	6000（200）元	无成交记录	0 件
赵悔盦	钟鼎屏	1200（40）元	无成交记录	0 件
刘刚德	莲鹭	900（30）元	无成交记录	0 件
卢观海	阃外喜子	3000（100）元	无成交记录	0 件
毓英	花卉	1500（50）元	无成交记录	0 件
卢镇寰	野桥归叟	3000（100）元	无成交记录	0 件
赵浩	松	6000（200）元	无成交记录	0 件
钱殷之	指画丹橘	1200（40）元	无成交记录	0 件
樊少云	雪马	3600（120）元	5706 元/平方尺	85/104 件
黎二饮	残花	3600（120）元	无成交记录	0 件
邓诵先	曼倩像	3600（120）元	无成交记录	0 件
谢公展	菊石	900（30）元	2966 元/平方尺	37/42 件
金执中	荷花	600（20）元	无成交记录	0 件
李鹤仇	红叶竹雀	720（24）元	无成交记录	0 件
诸闻韵	盆菊	6000（200）元	无成交记录	0/1 件
蔡子庐	行书	600（20）元	无成交记录	0 件
潘博山	仿默存山水	2100（70）元	无成交记录	0 件
邓春澍	寄石桃罐	1500（50）元	无成交记录	0 件

续表

作者	作品名称	1929 年的标价	近年参考价	成交数/上拍数
管一得	仿黄山水	900 (30) 元	无成交记录	0 件
穆寿山	仿板桥墨竹	1500 (50) 元	无成交记录	0 件
苏人权	渔翁	2040 (68) 元	无成交记录	0 件
钱殷之	指画墨菊	1200 (40) 元	无成交记录	0 件
窦孟韩	东坡送春诗	600 (20) 元	无成交记录	0 件
潘天寿	秋海棠	7200 (240) 元	304723 元/平方尺	70/99 件
顾伯达	佛	1080 (36) 元	无成交记录	0 件
缪谷瑛	寒菊图	900 (30) 元	4101 元/平方尺	14/15 件
谢玉岑	八尺六条屏	3600 (120) 元	无成交记录	0 件
谢闲鸥	象神图	12000 (400) 元	无成交记录	0 件

资料来源：根据王中秀、茅子良、陈辉编著的《近现代金石书画家润例》，上海画报出版社 2004 年版，第 358~362 页相关资料整理。

说明：在"1929 年的标价"中，括号"（ ）"内数字的货币单位是"国币元"，括号"（ ）"前数字的货币单位是"人民币元"。换算方式是，1929 年的 1 元国币＝今天的 30 元人民币。相关的拍卖信息来自于中国嘉德国际拍卖有限公司、北京翰海拍卖有限公司、中贸圣佳拍卖有限公司、北京荣宝拍卖有限公司、北京华辰拍卖有限公司、上海敬华拍卖有限公司、上海朵云拍卖有限公司、上海崇源拍卖有限公司、香港苏富比拍卖有限公司和香港嘉士得拍卖有限公司 10 家拍卖公司 2000~2006 年的相关数据。

之所以选择全国第一届美术展览会的参展书画家作为我们的研究样本，是出于以下三个方面的考虑：

第一，这次展览会的作者涉及面广，作品质量颇高，基本上代表了 20 世纪 20 年代的中国书画艺术水平。据记载，该展览会的全部作品分为书画、金石、西画、雕塑、建筑、工艺美术、美术摄影 7 个部分。投稿者有 1080 人，投交作品 4060 件；入选者有 549 人，入选作品 1020 件。此外，还有特约者 342 人，提供作品 1328 件。王显诏（1930）在观看了该展览会后评论道："此次教育部所倡之全国美术展览会，算是中国空前之创举。这次的美展，筹备已有一年多。说者谓此会之隆重，等于日之帝展，法之沙龙。"

第二，1929 年的全国第一届美术展览会依据作者意愿，将展品分为卖品与非卖品。对于卖品，标有出售价格，这就便于我们按照作品的编号收录卖品部分，进行比较研究。当然，需要指出的是，由于存在一位作者同时入选多件作品的情况，因此，对于同一位作者入选多幅作品参展的情况，我们只随机选取其中的一件。

第三，1929年的物价水平比较稳定，便于我们根据货币购买力进行换算与比较。根据陈明远（2005）的研究，在1928年以后的10年内，除了1937～1938年间的物价水平（受抗日战争的影响）有轻微地上涨以外。总的来看，中国的银元、国币和法币都是比较坚挺的。因此，20世纪30年代的经济情况，可以大致用同一个物价和币值标准来与现在的情况进行比较。比较的方式是将生活必需品和日用品的实际购买力作为主要估算指标，例如，以主要食物的价格进行比较，1930～1936年的大米价格为10元/石左右（当时的1石＝160市斤），合每斤0.0625元。猪肉为每斤0.2元，白糖为每斤0.1元，食盐为每斤0.02～0.05元，植物油为每斤0.15元，鸡蛋为每斤0.2元；以饭店的食物价格进行比较，30年代的北平，一份西餐大菜套餐价格为0.5～1.2元；今天的同样一份套餐价格大约为15～60元，相差30～50倍；又以信件的邮资进行比较，30年代的国内邮简邮资为3～4分钱，今天的邮资为0.8～1.2元，相差约30倍；再以图书定价进行比较，30年代的一本定价为0.3～0.5元的书，在今天的定价约为10～20元左右，相差约40倍。综上所述，我们可以大致认为，1929～1936年的国币1元，大约相当于今天的人民币30元左右。

在近年来10家大型拍卖公司举办的收藏品拍卖会上，这196位近现代书画家中，依然有作品露面的为30位，所占比例为15.31%。在他们的1704件上拍作品中，共成交了1352件，所占比例为79.34%。总的来看，除了何香凝、陶冷月、高剑父、贺天健、黄君璧、赵少昂、潘天寿等书画家的书画作品依旧能够保持较高的价位以外，其余大部分书画家，早已淡出了拍卖会。一些在当年作品标价颇高的书画家，例如，吕季操、周叔雅、周鸿年、陈迦盦、温展鹏、翁铜士、谢闲鸥，现在似乎已经难闻其名了。当然，这种根据展览会标价进行的研究，虽然可以对当时的书画市场行情有一个总体的认识（既涉及已经成名的著名书画家，又涉及实力不错的新锐书画家），但同时也存在很大的问题，例如，标价并不完全等于成交价。因为一些书画家为了"面子"，会全然不顾收藏市场的实际反应，自己定出一些"有价无市"的高价。所以，我们有必要再考察一下20世纪30年代已经公认的著名书画家的书画作品在近年收藏品拍卖市场的行情（见表6.3）。

表 6.3 1935 年名人收藏书画展览会销售的书画家作品价格与近年市场拍卖行情

作者	作品名称	1935 年的标价	近年参考价	成交数/上拍数
胡公寿	四尺行书联	360（12）元	5821 元/平方尺	31/53 件
曾 熙	四尺行书联	240（8）元	5316 元/平方尺	11/14 件
吴让之	四尺草书联	450（15）元	2608 元/平方尺	4/5 件
曹汝霖	四尺行书联	150（5）元	无成交记录	0 件
杨见山	四尺隶书联	450（15）元	无成交记录	0 件
陆润庠	四尺行书联	240（8）元	1487 元/平方尺	1/1 件
郭尚先	四尺行书联	360（12）元	无成交记录	0 件
翁同龢	四尺行书联	450（15）元	93978 元/平方尺	2/3 件
谭组叟	四尺行书联	300（10）元	无成交记录	0 件
黎元洪	四尺楷书联	600（20）元	无成交记录	0 件
黄山寿	四尺魏碑联	450（15）元	7628 元/平方尺	165/229 件
于右任	四尺行书联	240（8）元	26726 元/平方尺	4/4 件
郑孝胥	四尺行书联	240（8）元	4964 元/平方尺	2/2 件
钱吉生	四尺行书联	300（10）元	无成交记录	0 件
陶濬宣	四尺魏碑联	180（6）元	无成交记录	0 件
吴观岱	三尺行书联	180（6）元	5269 元/平方尺	38/49 件
徐世昌	四尺行书联	450（15）元	4556 元/平方尺	19/22 件
赵子云	四尺隶书联	240（8）元	无成交记录	0 件
何诗孙	四尺行书联	240（8）元	无成交记录	0 件
高 邕	四尺行书联	180（6）元	2712 元/平方尺	4/7 件
王文治	三尺行书轴	300（10）元	无成交记录	0/1 件
浦文球	三尺行书轴	120（4）元	无成交记录	0 件
杨了公	四尺篆书轴	150（5）元	无成交记录	0 件
韩国钧	三尺草书轴	150（5）元	无成交记录	0 件
金 城	四尺篆书轴	180（6）元	20434 元/平方尺	103/126 件
王觉斯	四尺草书轴	1800（60）元	无成交记录	0 件
倪墨耕	人物走兽	1500（50）元	6354 元/平方尺	179/255 件
吴伯滔	山水	480（16）元	无成交记录	0 件
杨东山	梅花	240（8）元	无成交记录	0 件
吴昌硕	蟠桃	300（10）元	92151 元/平方尺	574/705 件

续表

作者	作品名称	1935 年的标价	近年参考价	成交数/上拍数
吴石仙	山水	900（30）元	8116 元/平方尺	84/125 件
陆廉夫	山水	300（10）元	无成交记录	0 件
虚 谷	鱼	360（12）元	74339 元/平方尺	30/41 件
韩佩芬	山水	240（8）元	无成交记录	0 件
王一亭	梅雀	540（18）元	17968 元/平方尺	596/794 件
刘海粟	山水	240（8）元	20453 元/平方尺	65/98 件
赵 瞳	山水	180（6）元	无成交记录	0/1 件
张大千	佛像	300（10）元	111545 元/平方尺	841/1063 件
沙山春	仕女	300（10）元	无成交记录	0 件
汪仲山	花鸟	210（7）元	5564 元/平方尺	55/71 件
蒲 华	兰花	300（10）元	18613 元/平方尺	157/204 件
俞达夫	花鸟	180（6）元	无成交记录	0 件
沈益斋	花鸟	180（6）元	无成交记录	0 件
潘雅声	仕女	750（25）元	无成交记录	0 件
萧厔泉	山水	750（25）元	无成交记录	0 件
张善孖	梅雀	240（8）元	16717 元/平方尺	183/222 件
经子渊	兰花	210（7）元	无成交记录	0 件
沈心海	双马	300（10）元	5342 元/平方尺	82/109 件
姚叔平	山水	600（20）元	2509 元/平方尺	28/32 件
吴杏芬	菊花	240（8）元	无成交记录	0 件

资料来源：根据王中秀、茅子良、陈辉编著的《近现代金石书画家润例》，上海画报出版社 2004 年版，第 383~385 页相关资料整理。

说明：在"1935 年的标价"中，括号"（ ）"内数字的货币单位是"国币元"，括号"（ ）"前数字的货币单位是"人民币元"。换算方式是，1935 年的 1 元国币＝今天的 30 元人民币。相关的拍卖信息来自于中国嘉德国际拍卖有限公司、北京翰海拍卖有限公司、中贸圣佳拍卖有限公司、北京荣宝拍卖有限公司、北京华辰拍卖有限公司、上海敬华拍卖有限公司、上海朵云拍卖有限公司、上海崇源拍卖有限公司、香港苏富比拍卖有限公司和香港嘉士得拍卖有限公司 10 家拍卖公司 2000~2006 年的相关数据。

在近年来 10 家大型拍卖公司举办的收藏品拍卖会上，这 50 位近现代书画家中，依然有作品露面的为 24 位，所占比例为 48%。在他们的 4237 件上拍作品中，共成交了 3258 件，所占比例为 76.89%。此外，我们还可以发现，当时价位相当的书画家，在当今的市场表现却是大相径庭的。例如，张大千的作品《佛像》与沙山春的作品《仕女》在当时的价格都是国币10元（约合今天的人民币300元）。不过，二者现在的市场行情，却是"天上人间"。张大千作品的平均价格已经高达111545元／平方尺，而沙山春的作品却早就淡出了收藏者的视野。

更为典型的例子，是20世纪三四十年代，因为擅长画山水而享誉大江南北，被人们称为"三吴一冯"的吴湖帆、吴待秋、吴子深和冯超然。早在六七十多年前的收藏市场上，吴湖帆的书画作品就十分走俏，动辄以金条计价。吴子深、吴待秋和冯超然的书画作品价格低于吴湖帆，三者之间则不相上下。不过，现在的情况是，除了吴湖帆的书画作品价格走势依然相当坚挺，屡创佳绩外，其他"二吴一冯"的书画作品市场行情已大不如前，难以同日而语了（见表6.4及图6.3、图6.4、图6.5和图6.6）。

表6.4　　　　　民国时期"三吴一冯"书画作品的近年市场拍卖行情

作者	上拍数量	成交数量	总成交额	成交率	平均价格
吴湖帆	252 件	188 件	4638.3 万元	74.6%	92076 元／平方尺
吴待秋	311 件	262 件	1287.13 万元	84.24%	9800 元／平方尺
吴子深	96 件	82 件	357.34 万元	85.42%	12457 元／平方尺
冯超然	257 件	209 件	1883.1 万元	81.32%	19151 元／平方尺

资料来源：根据2000～2006年的相关资料整理，截止时间为2006年2月。

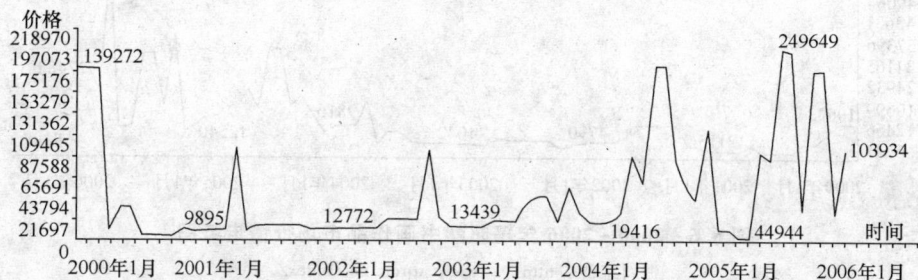

图6.3　2000～2006年吴湖帆书画作品市场行情走势图

资料来源：http://www.artron.net/index/.

瑞特林格（Reitlinger，1964）的研究也发现，在19世纪末期以当时的"天价"成交的某些收藏品，到了20世纪初期和中期在收藏市场再次露面时，

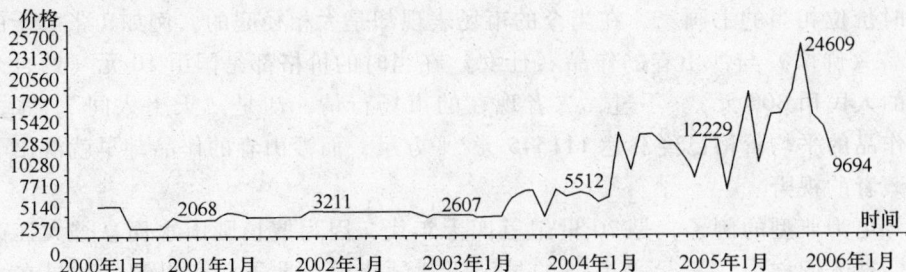

图 6.4　2000～2006 年吴待秋书画作品市场行情走势图

资料来源：http：//www.artron.net/index/.

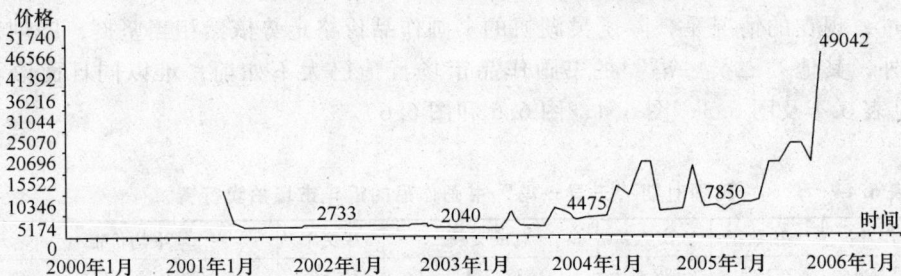

图 6.5　2000～2006 年吴子深书画作品市场行情走势图

资料来源：http：//www.artron.net/index/.

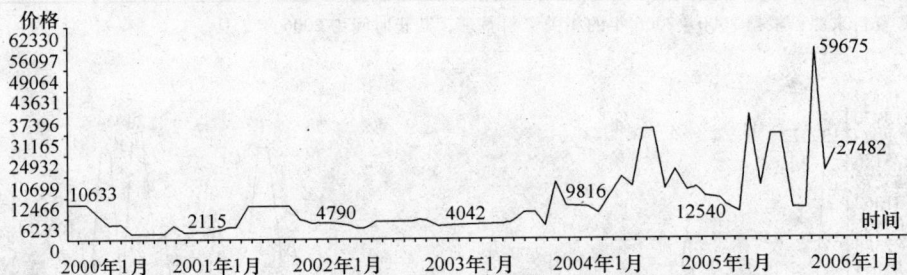

图 6.6　2000～2006 年冯超然书画作品市场行情走势图

资料来源：http：//www.artron.net/index/.

价格下跌的程度出人意料。一些收藏品的价格甚至跌到了"比墙纸还便宜"的程度。例如，油画《雾都孤儿》在 1875 年的成交价格是 1230 英镑，而1937 年却跌到了 21.4 英镑。当然，一些持有时间很长的收藏品确实可能会在若干年后卖出高价。不过，当我们用收藏投资的年收益率计算公式进行计算的话，却会发现，这些在持有多年以后卖出高价的收藏品的年收益率实际上并不算高。古镇煌曾经指出，根据苏富比拍卖公司和佳士得拍卖公司 1980 年在纽约的拍卖情况，雷诺阿（Renoir）的作品《花园》以 120 万美元拍出，该件拍品的委托人是在 1957 年以 20 万美元将其买入的。从表面上看，似乎大幅度升值，但如果以复利计算的话，每年的收益率实际上仅为 8.1%。在这些拍品中，增值幅度最大的是高更（Gauguin）的作品《大溪地妇人在椰树下》，该件拍品的委托人在 1960 年以 3.8 万美元将其买入，20 年后以 180 万美元售出，如果以复利计算的话，其年收益率实际上仅为 15%。（肖龙和汪明，1998）

　　收藏品适不适合进行短期或中短期投资呢？我们同样以"三吴一冯"之一的吴湖帆为例来说明这个问题。《峒山蒲雪图》是吴湖帆在艺术鼎盛时期（1949 年前后）创作的作品，该画长 95 厘米、宽 40.7 厘米，画上有夏连良的收藏印，可以说是吴湖帆的精品力作。《峒山蒲雪图》最早是在 1996 年的上海朵云轩秋季拍卖会上露面的，当时的成交价是 67 万元；1998 年，这幅作品由上海工艺拍卖公司以 132 万元的价格拍出，创下了当时吴湖帆作品的第二高价；1999 年，该作品出现在中国嘉德国际拍卖公司举办的秋季拍卖会上，但成交价仅为 77 万元；2000 年，《峒山蒲雪图》又出现在北京翰海拍卖公司举办的秋季拍卖会上，结果成交价继续下跌，仅以 66 万元成交；2001 年，香港嘉士得拍卖公司举办的春季拍卖会再次推出这幅作品，最终以 110 万元拍出。《峒山蒲雪图》在 6 年之间 5 次出现在拍卖会上，既能拍出吴湖帆书画作品中的第二高价，又能以 66 万元成交，价格相差足足 1 倍（见图 6.7）。

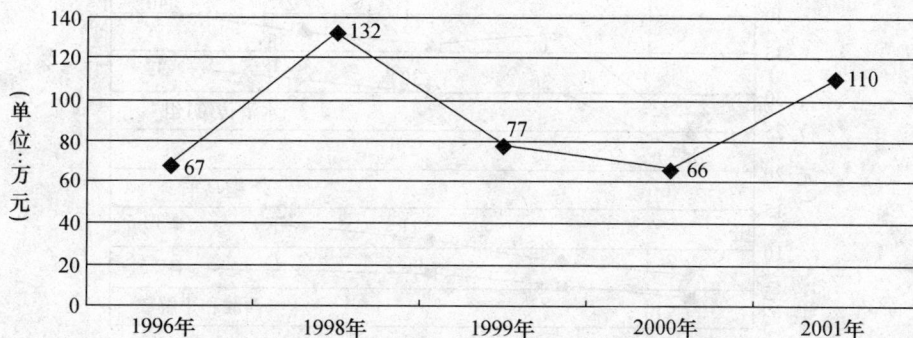

图 6.7　吴湖帆作品《峒山蒲雪图》的市场拍卖交易行情
资料来源：根据 1996～2001 年的相关资料整理。

那么，收藏投资的最适合周期究竟应该是多长呢？经验地看，收藏品是不适合进行长期投资（50年以上）的。这是因为：

第一，收藏投资的效用主要包括精神收益与经济收益两个方面的收益。因此，为了满足效用最大化原则，就应该将这两种收益进行合理的组合。根据边际效用递减定律，随着时间的推移，同一件收藏品给人们带来的精神收益有递减的趋势。换句话说，绝大多数人普遍存在着"喜新厌旧"的心理，所以，对于收藏者而言，如果持有同一件收藏品的时间太长，实际上并不能带来最大的效用满足。

第二，人的生命周期有限。据调查，目前中国人的平均寿命为72岁左右。对于收藏投资而言，收藏投资的周期显然应该最好控制在收藏者的生命周期之内。

第三，收藏投资的偏好转移风险将对收藏投资产生重大的影响。而且，一般来说，收藏投资的周期越长，收藏者遇到偏好转移风险的概率就越大。

总的来说，收藏品也不适合进行短期投资（1年以下）。这是因为：

第一，尽管收藏者通过收藏品而获得的最大化精神收益的时间长短因人而异。然而，如果投资周期太短（仅仅几个月），收藏者显然很难获得足够的精神收益。

第二，从某种意义上讲，如果收藏投资的周期太短，那么，随机性因素将对收藏投资的成败产生决定性影响。当然，在收藏市场处于整体上涨的"牛市"行情下，"闭着眼睛"都能赚钱的时期是个例外（见图6.8）。但是，即使在这样的时期，随机性的影响也是不容忽视的。

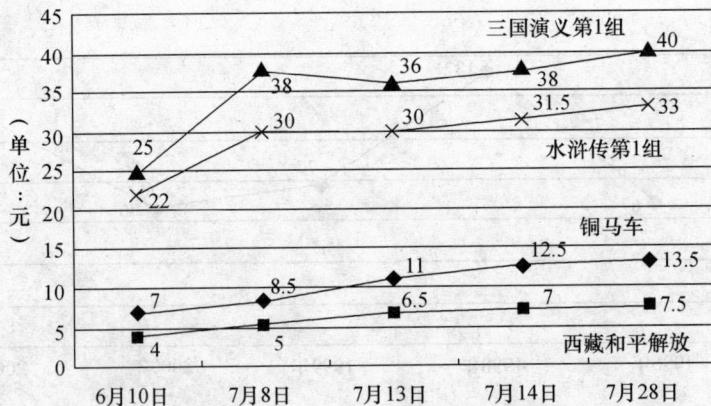

图6.8　1991年6～7月的部分JT邮票小型张价格的变动情况

资料来源：根据陈伯君、胡文忠《中国邮市忧思录》，四川文艺出版社1992年版，第18～19页的相关资料整理。

　　事实上，收藏品比较适合进行中期投资。具体的投资周期则因具体情况而异，以 10 年为基点灵活把握。例如，日本安道森（Anetos）公司在东山魁夷的绘画作品上的投资，就是从 1990 年开始的，以每 10 年为一个周期，将他们所收藏的东山魁夷作品循序渐进地推向收藏市场。他们的投资总额为 22.6 亿日元，总收益则达到了 44.7 亿日元。（叶永青，1997）当然，10 年只是一个基点而已，具体的投资周期显然应该根据具体情况而定。英国铁路养老基金会在收藏投资的周期选择方面灵活权变的运作方式，就很值得我们借鉴。

　　20 世纪 70 年代中期，英国经济不太景气，为了进一步分散风险，负责保管英国铁路局员工退休金的英国铁路养老基金会（British Rail Pensions Fund），以基金会每年可支配的总流动资金的 5% 为限（相当于 500 万英镑）投资在收藏品上。将英国铁路局员工退休金投入收藏市场的构想来自于统计学专家列文（Lewin）。他发现，自从 1973 年以来，受两次石油危机的影响，国际油价大幅度上涨。20 世纪 70 年代的两次石油危机分别带来了为期 3 年的经济萧条和为期 1.5 年的经济衰退。以英国为例，1974 年的通货膨胀率高达 27%。在这种情况下，他认为："应该选择收藏品作为投资工具，因为它最稳妥、最能赚钱。"为了验证他的这个猜测，列文针对 1920～1970 年的收藏市场展开了全面的统计研究。根据他的不完全统计，1974 年，英国收藏市场的年成交额大约为 10 亿英镑，而且，"只有织棉、古代兵器和甲胄的价格上涨追不上通货膨胀的上涨速度。"在此基础上，他建议英国铁路养老基金会从每年可支配的总流动资金中拨出 3%，以投资组合的方式进行收藏投资，投资周期为 25 年左右。

　　列文需要一位收藏专家协助他的工作，于是，他找到了苏富比拍卖公司。时任董事长的威尔森（Wilson）立刻答应鼎力相助，并委派曾经参与苏富比年鉴《艺术品大拍卖》（*Art at Auction*）编辑工作的艾德尔斯坦（Edelstein）负责打理和保管英国铁路养老基金会的收藏品。另一位统计学专家斯通弗罗斯特（Stonefrost）则负责督导英国铁路养老基金会的整个收藏投资计划。对于这项收藏投资计划，英国铁路养老基金会的监督非常严格。艾德尔斯坦提出的每一项购买计划，都必须附上收藏品的照片和价格分析报告，并提交英国铁路养老基金会下属的收藏品委员会进行审查。之所以如此，部分原因是由于英国铁路养老基金会的这项收藏投资计划备受争议。包括国会、工会和新闻媒体在内的社会各界都对这项收藏投资计划持批评态度。例如，英国全国铁路工人联合会的主要领导就直言不讳地指出："收藏投资不同于证券投资，后者每年都能获得收益，而且，英国铁路养老基金会赚到的股息还可以享受免税政策的优惠。"因此,人们都在质疑,英国铁路养老基金会把钱投入收藏市场,究竟是不是明智之举?

在这种情况下,英国铁路养老基金会以极其谨慎的态度,从 1974 年底开始先后购进了 2400 多件收藏品。这些收藏品的种类繁多,从印象派绘画到早期的珍贵印刷品,从中国瓷器到唐三彩。总投资额在 4000 万英镑(约合 1 亿美元)左右。当然,具体的操作并没有人们想象的那样简单。在收藏品交易商们看来,英国铁路养老基金会与苏富比拍卖公司的这种合作模式难免会让人眼红。因为这种合作让苏富比拍卖公司处于绝对有利的地位:他们既知道卖方保留价格,又知道买方保留价格。但事实上,情况并非完全如此。有时候,英国铁路养老基金会会直接委托各大交易商在收藏市场上为他们购买收藏品,而且事先并不通知苏富比拍卖公司。艾德尔斯坦后来坦言,她确实曾经面对利益冲突的困扰:苏富比拍卖公司董事长威尔森多次向她施加压力。要求她提交一些收藏品购买计划。然而,艾德尔斯坦心里明白,这些收藏品也许会损害英国铁路养老基金会的利益。为此,她感到进退维谷,三度提出辞呈,威尔森才没有再找她的麻烦。

英国铁路养老基金会本来确定的收藏投资周期是 25 年。然而,到了 14 年后的 1988 年,他们却宣布准备开始陆续出售收藏品了。1989 年春季,英国铁路养老基金会委托伦敦苏富比拍卖公司举办了一场英国铁路养老基金会收藏品拍卖会,将一批收藏品推向市场,而这批收藏品的表现也不负众望。例如,一部希伯莱文的古老版本《圣经》的成交价超过了 200 万英镑,而当年的买入价为 17.9 万英镑;一尊唐三彩马的成交价为 415 万英镑,而当年的买入价为 22 万英镑;毕沙罗(Pissarro)的一幅肖像画的成交价为 132 万英镑,而当年的买入价为 33 万英镑;莫奈(Monet)的一幅圣母像的成交价为 671 万英镑,而当年的买入价为 25.3 万英镑;马蒂斯(Matisse)的一尊青铜像《两个女黑人》的成交价为 176 万英镑,而当年的买入价为 58240 万英镑。在该场拍卖会上,英国铁路养老基金会总共出售了 25 件收藏品:当年以 340 万英镑买进,此时以 3520 万英镑卖出,年收益率为 20.1%,扣除通货膨胀因素后的年收益率则为 11.9%。同年 5 月 16 日,英国铁路养老基金会又在香港举办了一场英国铁路养老基金会中国瓷器专场拍卖会。该场拍卖会一共上拍了 100 多件收藏品,总估价为 5500 万港元,总成交额则接近 1 亿港元。其中,一件明代洪武年间的釉里红大碗,估价为 600 万~800 万港元,成交价高达 2035 万港元;而另一件南宋官窑青瓷也拍到了 2200 万港元,创下了当时中国瓷器拍卖价格的最高成交记录。(沃森,1999)

　　事实上，英国铁路养老基金会的这个决定是非常明智的。1974年，他们趁着收藏投资的大好时机进入收藏市场。1986～1989年是收藏市场有史以来最兴旺的时期之一，1989年更是收藏市场最景气的一年。在这个时候把收藏品脱手，而不是死死抱住"长期投资"或者"25年"的教条不放，显然是再恰当不过的了。为什么这样说呢？2004年，伯罕斯（Bonhams）拍卖公司举办了一场拍卖会，一盏古罗马时期的玻璃油灯以260万英镑的成交价格创下了有史以来玻璃制品拍卖的最高成交记录。1979年，这盏玻璃油灯被安德鲁（Andrew）以52万英镑的价格卖出。9年之后（1988年），英国铁路养老基金会以210万英镑的价格将这盏玻璃油灯售出。由此，我们不难看出英国铁路养老基金会的高明之处：他们选择了其升值周期中收益最高的时段果断出手——使得这盏玻璃油灯在9年之间价格就翻了两番之多！而在他们卖出后的16年间，这盏玻璃油灯的价格总共才上涨了25%。

　　需要指出的是，在收藏界与新闻界津津乐道的这些成交记录背后，英国铁路养老基金会收藏投资组合的年投资收益率实际上并不算特别高，约为13.1%。由此可见，在他们投资的收藏品中，有不少收藏品的收益率远远低于平均值，有的甚至还出现了亏损。但总的来看，其年收益率还是达到了令英国铁路养老基金会满意的水平，只不过远没有部分新闻媒体渲染的那样高而已。（西艺和方翔，2004）

第七章　收藏投资中的赝品

第一节　赝品出现的原因

　　长期以来，收藏者对赝品的态度大都是敬而远之，甚至谈"赝"色变的。例如，李发贵等人（1995）就认为："古玩是一次性的，流传到现在的已经很少了。新造的古玩便是赝品。赝品同真品相比有着本质的不同，粗劣的赝品自然谈不上什么价值，就是仿造得精美绝伦的赝品，也被玩家排斥。"不过，他们也承认："有些仿制品虽然是后人所作，但因为制作精湛，或者时间长久，本身也就成了古玩。例如，宋人仿唐人的铜镜，明清时期的仿宋瓷器，等等。"显而易见，他们所说的赝品主要涉及的是古代与近代收藏品，而没有涵盖现代与当代收藏品。

　　那么，什么是赝品呢？简单地说，赝品是指冒充真品的复制品或仿制品。不过，赝品的含义实际上并没有这么简单。正如翟振明（2003）指出的那样：一件赝品是相对于某件真品而言的，前者与后者在概念上对立，但在可感性质上相似。"赝"字明显地指示着背后有人进行伪造活动，至于被伪造的东西可以有哪些种类，实际上并不是非常明确的。除了那些典型的属于赝品的假书画、假古董之外，还有一些东西是难以最终决定是否属于赝品的。例如，一位艺术家模仿自己原来创作的、具有特殊象征意义的冒充品算是赝品吗？一位著名画家让别人模仿他的风格作画，然后签上自己的名字，这样的绘画作品算是赝品吗？使用原来的模子，但并非由原作者印制出来的木刻版画算是赝品吗？

　　在翟振明（2003）看来，赝品之所以成为赝品，必须满足以下几个必要条件：

　　条件1：这件东西（记做X）与另一件存在着或被认为正存在着的东西（记做Y）在可感性质上相似。

　　条件2：有关人士相信Y的存在先于X的存在。

　　条件3：X是有人摹仿Y制造出来的。

条件4：X 被人冒充 Y 在流通过程中出现。

条件5：Y 所具有的（真实的或想象的）物理可感性质之外的象征意义是 Y 的价值的主要承载。

条件6：X 缺乏作为价值主要承载的象征意义。

条件7：Y 所承载的象征意义被认为是不能被与组成 Y 的物质的同类物质的其他个体所承载的，即被认为是稀有的或独特的。

需要指出的是，虽然从表面上看，以上 7 个必要条件似乎构成了赝品成为赝品的充分必要条件。但是，寻找某个概念的充分必要条件实际上并非如此简单。例如，如果我们能够找出符合以上所列的每一个条件，但明显不属于赝品的例子，就说明以上所列条件的集合不构成充分条件。又如，如果我们能够找出明显属于赝品，但却不符合以上列出的一个或几个条件的例子，也说明以上所列的一个或多个条件不是必要条件。如果能够找出这两类例子，那么，我们就必须对这些条件进行修改、增加或删除，直到满意为止。（翟振明，2003）

收藏投资的赝品问题，实际上并不是一个简单的问题。如前所述，赝品是指冒充真品的复制品或仿制品。换句话说，赝品主要来源于两个方面：一是真品的复制品；二是真品的仿制品。所谓复制品，是指从材料、形体、工艺、风格等方面都要求与真品保持一致，力求做到神形毕肖，从而可以乱真的收藏品。人们制作复制品的目的，既有盈利的动机，又有保护原作，继承传统和提高技艺的动机。事实上，众所周知的《洛神赋图》（东晋顾恺之原作，现存唐代摹本和宋代摹本）、《女史箴图》（东晋顾恺之原作，现存唐代摹本）、《兰亭序》（东晋王羲之原作，现存唐代冯承素、虞世南等人摹本）、《韩熙载夜宴图》（南唐顾闳中原作，现存宋代摹本）等中国古代书画，都是在原作早已失传的情况下，依靠临摹复制得以保存至今的。仿制品与复制品的不同之处，主要在于仿制品的制作不受材料、形体和工艺等因素的限制，只是力求做到形神相近，可以批量生产，并且广为销售。由此可见，仿制品的制作工艺要远远低于复制品。然而，不管是复制品还是仿制品，只要在收藏品市场上以真品的面貌流通交易，就是不折不扣的赝品。

那么，赝品为什么会在收藏市场上出现呢？简单地说，至少有以下三个方面的原因：

一、市场需要

虽然收藏品的供给弹性大小各不相同，但是，对于绝大多数收藏品的真品而言，供给量却总是相当有限的。当人们对某种收藏品的需求量不断增加，而供给量的增加又难以满足需求量的增加时，这种收藏品的市场价格就可能会上涨。但是，即使如此，也常常不能满足收藏市场的需求。如前所述，收藏品给人们带来的效用，实际上不仅包括经济收益，而且包括精神收益（如心理上的满足和精神上的享受）。如果收藏者仅仅希望得到心理上的满足和精神上的享受，那么，复制品和仿制品同样可以比较好地满足他们在这个方面的需要。

此外，随着人们生活水平的提高，居室装饰也越来越讲究。即使不喜欢收藏，许多人依然希望悬挂一些有品位的书画和摄影。但是，有品位的作品大多出自名家之手，由于名家作品的价格很高，令不少人望尘莫及。而且，现在的收藏已经成为了一种时尚。在这种情况下，大多数人只能退而求其次，购买名家书画的复制品或仿制品，以满足对高雅艺术的渴求或附庸风雅之心。这样一来，赝品的大量出现，也就不足为怪了。（王玮，2005）

成都市收藏家协会的一位专家甚至坦言："成都的假画应该比真画更有市场。"他认为，由于收藏品作伪技术的迅速发展，一般人甚至资深收藏者都很难分辨收藏品的真伪。赝品越来越多，一方面冲击了收藏市场，打击了收藏者的信心，因为在一般人眼中，收藏一幅真画和收藏一幅水平极高的假画，实际上并没什么区别。即使自己收藏的是真迹，也可能得不到大众的认可，最后成了孤芳自赏，变得意义全无。另一方面，则潜移默化地形成了一个"繁荣"的假画市场。反正"没有办法辨别，就干脆不辨别"，而且，现在还有很多人专门购买假画，一是因为不少赝品具有很高的水平，可以用这些以假乱真的赝品来装饰自己的私人空间；二是因为购买赝品的价格比较低廉。（王宗琦和许鹏，2005）

二、技术进步

如果说市场需要使赝品的出现成为可能的话，那么，技术进步无疑使得赝品的出现由可能变成了现实。一方面，收藏品的复制技术和仿制技术有了很大的进步；另一方面，收藏品的做旧技术也得到了迅猛发展。因此，从某种意义上讲，正是技术进步使得赝品的制作日渐精美，日益逼真。我们甚至可以认为，就目前的情况而言，实际上是收藏品鉴定技术的发展速度赶不上收藏品作伪技术的发展速度。牟建平（2005）曾经将书画作伪的方法归纳为原样克隆、改头换位、移花接木、东拼西凑、面壁生造、上款唬人、藏印蒙骗、题跋欺世、著录伪装，等等。广东某海关就遇到过一件大规模的"文物走私案"。为了确定这批走私文物的真伪和价值，该海关特意请来了6位文物鉴定专家进行鉴定。这些专家在经过仔细鉴定后一致认定，这批明清瓷器是国内罕见的珍品，其中，有的还是国家一级文物。海关方面顺藤摸瓜来到江西景德镇的卖主家中。卖主得知来意以后，不慌不忙地从床底下拖出一只大浴盆，里面装满了清三代官窑瓷器。海关人员问道："这些东西哪里来的？"卖主则理直气壮地回答道："本人仿着玩玩，犯什么法？"在场的鉴定专家听后大惊失色。直到海关人员和鉴定专家亲眼看到了卖主制作的尚未烧制的器物后，才消除了最后一丝的疑虑。这个大宗"文物走私案"也以近乎喜剧的形式告终。（梁红英和赵德威，2000）

不仅如此，现在的收藏品作伪实际上正在日益专业化、集团化和规模化。有人专门负责寻找旧纸和老墨，有人专门负责打稿，有人专门负责上色，有人专门负责刻印，有人专门负责仿造落款，有人专门负责销售。甚至还出现了收藏品作伪的产业集群。所谓产业集群，按照波特（2002）的理解，是指与某一产业领域相关的、相互之间具有密切联系的企业和其他相应机构组成的有机整体，是一种相关的产业活动在地理上的集中现象。王玮（2005）的调查就发现，假瓷器大多来自于江西景德镇。它们大多是在仿古样式生产后，使用药水蒸煮、烟熏、打磨、日照、土埋等方法加工而成的。假玉器则主要是安徽蚌埠、江苏扬州、河南南阳等地生产的。其中，以红山玉、汉玉和良渚玉居多。做旧的方法一般采用熏、烤、烧、煮、炸、蚀、沁色、酸蚀，等等。此外，在收藏市场上，河南生产的假陶器，河北生产的假木器，安徽生产的假铜镜也都是"闻名遐迩"的。

三、利润吸引

马克思在《资本论》一书中，曾经引用过邓宁格（Dunninger）的话来描述人们在追逐利润时的贪婪："一旦有适当的利润，资本就胆大起来。如果有10%的利润，它就保证到处被使用；有20%的利润，它就活跃起来；有50%的利润，它就铤而走险；为了100%的利润，它就敢践踏一切人间法律；有300%的利润，它就敢犯任何罪行，甚至冒绞首的危险。"对于"赚钱仅次于贩卖军火和毒品"（陆欣和强浩，2002）的收藏品作伪而言，利润的吸引显然是赝品大量出现的重要原因。在全国各地的收藏市场上，唐寅的美人、郑板桥的竹子、徐悲鸿的奔马、齐白石的群虾……举目皆是。有时候，店主甚至会在刚刚卖出一张书画后，就立刻从柜台内取出一张完全一样的"名人书画"挂上墙去。

不过，总的来看，那些价格昂贵的收藏品的赝品多是复制品，而那些价格低廉的收藏的赝品则以仿制品居多。而且，精仿的复制品与低仿的仿制品的目标市场也是大不相同的。一般来说，精仿的复制品主要针对的是拍卖交易市场和门店交易市场，而低仿的仿制品则主要针对的是地摊交易市场。事实上，现在的作伪者制作复制品或仿制品的动机，已经不仅是牟取丰厚的利润了。只要有利可图，不管利润多少，他们都会去复制或仿制收藏品，并且在适当的时候，将这些复制品或仿制品作为真品销售。因此，在现在的收藏市场上，价格高达几十万至上百万元的收藏品，例如，精品官窑瓷器有复制品存在，而价格区区几角钱的收藏品，例如，"大路货"古钱币也有仿制品存在。

第二节　治理赝品：一个美丽的神话？

尽管大多数收藏者对赝品的态度都是相当微妙的。然而，在赝品的治理这个问题上，人们的看法却显得见仁见智。

周倜认为："应该坚决打假。因为假货多了，一般人不敢轻易涉足收藏市场。"所以，他主张应该对收藏市场进行严格监管。

潘深亮也认为："必须坚决反对作假，并采取一些有力的措施。"就书画作伪而言，他建议："第一，要加强立法；第二，行政执法部门对于一贯作假、屡教不改的人，要进行严厉打击；第三，作者本人也要采取一些防伪措施，来保护自己的合法权益。"此外，他还坚持认为："不能完全放开收藏市场。"

盛茂柏指出："对于收藏者来说，如果他们花了很多钱，而买到的却是赝品，显然会极大地挫伤他们的收藏积极性。当然，对于收藏市场的打假问题，应该具体问题具体分析。例如，以学习为目的临摹等，我们是不反对的。但是，对于那些牟取暴利，危害他人的违法犯罪行为，应该坚决打击、取缔。"

朱国荣进一步指出："允许造假，等于是允许用欺骗的手段来获取利润。放任伪作赝品在收藏市场存在，其后果将会促使收藏市场走向毁灭性的衰竭，到头来还是三败俱伤。"

牛双跃则强调："现在的收藏市场是鱼龙混杂的市场，必须打假。但是，打假的关键在于建立健全的管理、监督机制，并且以法律的形式来规范它。这是最根本的。这些问题不解决，打假永远是句空话。"他认为："应该在一个健全的管理监督机制条件下，让收藏市场自由发展。"

当然，除了造假者以外，还有很多人不赞成以打假的方式来治理收藏市场上的赝品问题。

孙轶青就主张："在收藏市场上应该允许收藏品的有真有假，彻底实行自由贸易。"他指出，自己之所以不主张在收藏市场上进行打假，是因为"这是私有制和市场经济条件下不可避免的产物。这种造假现象不但过去有，现在有，将来还会有。因而在一个相当长的历史时期内，我们只能允许真假并存，由市场优胜劣汰的竞争规律去解决，由顾客日益聪明的慧眼去鉴别。今天，我们如果违反规律，强行打假，必然会打不胜打，甚至真假难辨，搅乱市场交易的正常秩序。当然，一经发现造假者，应该进行教育，加以劝止；对于情节恶劣，危害严重的作伪诈骗罪行，还应该依法惩处"。

史树青则指出：对于收藏市场打假这一提法，他觉得可以提，但不要过度，而应该具体问题具体分析。因为"收藏品作为商品有其特殊性，如果要打假，那么，复制品和仿制品本身不应该算在其中，以假充真才算是假。从现实可操作性来看，打假也并不容易。打假不仅需要法规，也需要财力。规范收藏市场所涉及的问题非常多，而且是一个渐进的过程"。

郑理也强调："收藏品不同于一般商品，它有一定的特殊性。从宏观上看，从改革的大环境看，从法律的角度看，收藏市场的打假应该是一个如何管理的问题，是从机制上如何改革的问题。是一个如何立法，加强法律保护和制约的问题。"所以，他"不主张简单地以打假的方式来解决这个问题，因为单靠这种简单的方法是解决不了问题的。这是一个市场问题，市场有它自身的规律，单靠行政手段解决不了问题。应该从加强管理，从立法方面来解决，要多调查、多研究，逐步来完善我们的收藏市场"。

李雪梅将收藏市场理解为三个层面："一是摊贩市场，二是商铺市场，三是拍卖市场。"在此基础上，她认为，对这三个市场应该有不同的管理方法和要求。"对于摊贩市场，它是一种自由市场，对它应该宽容一些，允许真伪并存；对于商铺市场，则应该靠行业自律，用行业规范来约束其行为。而对于拍卖市场，则必须打假，必须有严格的法律法规来规范它"。

马未都则认为："收藏市场打假之事比较复杂。首先要弄清'假'的概念是什么？中国历史上出现过多次全国范围的收藏热，但情况不一样，例如，北宋年间仿古成风，但那时的仿古多是为了追求时髦，不是为了作伪；到了清乾隆时期，许多仿古行为的目的就是作伪，追求商业利益。我们今天打'假'，打的应是作伪之假。由于立法不完善等原因，提出打假，方向是对的，但在短期内尚没有操作性。"（孙轶青、吴醒民和刘亚军，2000）

比较以上两种关于赝品治理的观点，我们不难发现，赞同强行打假者大都希望借助政府这只"看得见的手"来解决收藏市场"失灵"的问题，而不主张强行打假者则大都希望凭借市场这只"看不见的手"来自动发挥调节作用。从本质上讲，这两种观点实际上并没有太大的分歧。只是分析的视角有所不同而已。前者强调的是规范意义上的"应不应该"，而后者关注的则是经验层面上的"可不可行"。事实上，收藏品打假是否可行，至少要受制于以下两个约束条件：

一、打假的成本

在收藏市场上开展声势浩大的打假活动，显然需要支付高昂的成本，这些成本包括：打假机构的日常运作费用、工作人员的培训费用、工作人员的薪水开支，等等。从某种意义上讲，高昂的打假成本实际上是大规模开展打假活动的第一个障碍。与此相关的一个重要问题是，收藏品打假的运作成本到底应该由政府部门承担，还是应该由因为打假而受益的收藏者来承担？虽然维护市场秩序是政府的重要职能之一，但显而易见的是，作为发展中国家的中国，政府部门还有许多更为重要和迫切的地方需要庞大的经费支出。在这种情况下，寄希望于由政府部门来完全承担打假的成本，似乎是很不现实的。

那么，由那些因为"有效打假"而受益的收藏者来承担这些成本又如何呢？事实上，这个方案更不可行。

第一，不同的收藏者从"有效打假"中获得的潜在收益是各不相同的。从理论上讲，收藏者的潜在收益不同，应该支付的相应的成本自然也应该不同。但问题是，收藏者的这种潜在收益，无论在事前，还是在事后，都是难以准确度量的。例如，高端收藏品的收藏者与低端收藏品的收藏者在收藏品打假上的收益，就有很大的不同。而且，收藏品打假的实际效果究竟怎么样，实际上也是一个很难度量的问题。

第二，即使收藏者确实可以或多或少地从收藏品打假中受益，但是，一旦打假活动正式开始，每一个收藏者都会从中受益。换句话说，不管是由政府来支付打假的成本，还是由收藏者来支付打假的成本，不支付打假成本的收藏者照样可以坐享其成，获得因为打假而带来的收益，这就会出现"搭便车"现象。所谓"搭便车"，是指收藏者通过隐瞒自己的偏好或意愿，以便从他人的支出中获得好处的行为。换句话说，部分收藏者实际上不必支付打假成本，但仍然可以从其他人支付的打假成本中获得因为打假而带来的收益。

总而言之，收藏品打假的成本实际上相当高昂，而且，很少有人愿意主动支付这种高昂的成本。

二、真伪的鉴定

如果要在收藏品市场上强行打假，收藏品真伪的鉴定也是一个大问题。按照朱浩云（2001）的思路，我们可以发现，收藏品真伪的鉴定至少面临以下两个问题。

第一，收藏品的真伪如何鉴定。众所周知，鉴定是一门很深奥的学问。以中国书画为例，几千年来，中国有名有姓的书画家数不胜数。仅仅拿海派画家来说，就有至少上千人。因此，由一位鉴定专家鉴定每一个书画家的作品，几乎是不可能的。即使由一位鉴定专家专门鉴定某一位书画家的作品，实际上也具有相当大的难度。就一位书画家的艺术成长历程而言，大致可以分为学习期、成熟期、巅峰期和衰退期。每一个时期都有其各自的特点。

从收藏市场的现实情况来看，书画作伪的名目繁多、五花八门。既有作伪者自书自画冒充而成的（具体可分为摹、临、仿、造四大类）；又有作伪者以旧作改头换面、移花接木而成的（具体可分为改、添、减、割等）；还有妻子为丈夫代笔而成的，弟子为老师代笔而成的，儿子为父亲代笔而成的；更有作伪者利用现代高新技术仿真印刷而成的。与此相对应的是，收藏品的鉴定至今仍然没有被学术界和收藏界公认的鉴定方法，大多依靠鉴定专家的经验和眼力。

然而，正如刘建伟（2004）指出的那样：“收藏品的鉴定非真即假，即使随便指真道假，都会有 50% 的命中率。这里的关键，无论说真道假，都要拿出负责任的证据。”问题是，就目前收藏品鉴定的现状而言，关于收藏品真伪的理论，在很大程度上依然停留在“只可意会，不可言传”的微妙境地。在这种情况下，鉴定专家在收藏品真伪问题上的意见往往大相径庭，见仁见智。

第二，收藏品的真伪由谁判定。从某种意义上讲，现在的收藏品鉴定在很大程度上还停留在经验判断的“眼学”层面上。因此，鉴定专家是不是真的“目光如炬”、“洞烛幽明”，实际上是很难说的。总的来看，目前收藏品鉴定领域的情况是“屡出新闻，错鉴不断”，“你真我假，众口不一”，“各执己见，互不相让”，并且还呈现出“泛专家化”的趋势。最终则形成了目前的收藏品鉴定“毫无权威性，人人可鉴定”的混乱局面。

举例来说，虽然一些权威文博机构的著名鉴定专家对中国古代书画较为谙熟，但是，他们对中国近现代书画的认识，却不一定比那些专门研究中国近现代书画的普通鉴定专家高明。另外，还有一些鉴定专家“业务不专，全面开花，无所不通”。甚至还有个别在古陶瓷、古玉器或青铜器领域具有一定专长的鉴定专家，却在其他领域大显身手。在这种情况下，无论是采取“专家集体鉴定，少数服从多数”的办法，还是采取“专家集体鉴定，一票否决”的办法，恐怕都未必能得到令人满意的结果。让我们来看两个典型的案例。

2005 年 3 月 14 日，由珠海市博物馆和国之瑰宝艺术网主办的“国之瑰宝——黎雄才、关山月作品展”在珠海市博物馆举行。展出的 38 幅作品（署名黎雄才的 34 件，关山月的 4 件）被闻讯赶来的关山月之女关怡、黎雄才之子黎捷，还有黎雄才的助手黎振东等人认定全都是赝品，并迅速向媒体披露曝光。

3月24日，广东省文艺家权益保障委员会特意组织一批岭南画派研究专家专程前往珠海进行现场鉴定。广东省美协副主席王玉珏、广州美术学院国画系主任梁世雄、广州美术学院关山月研究室主任陈振国等专家在观看展览后，一致向在场的广东省公证处两名公证员和律师指认"展品全系假冒"。

然而，4月26日，此事又起波澜。这批书画展品的收藏者陈海涛（又名陈瀚文）决定从参展的38幅作品中，选取12幅黎雄才的作品，专程送到北京再次进行鉴定。经国家文物鉴定委员会副主任史树青、中国美术家协会书画鉴定委员会主任杨新、中国美术家协会美术理论研究委员会主任王仲、故宫博物院研究员杨臣彬、中央美术学院教授薛永年等专家的鉴定，这12幅作品却一致被认定为真品，有的甚至还是精品。其中的《衡岳松云图》和《岁寒图》当即被中国国家博物馆收藏。这个结论与一个多月前由岭南画派专家们得出的鉴定结果，可谓是大相径庭。于是，继谢稚柳和徐邦达之后的新一轮"南北鉴定之争"风云再起。

时隔不久，又有一件因为收藏品鉴定引发的争议再度引起收藏界的轩然大波。2005年5月14日，在中央电视台播出的"鉴宝"节目中，一幅吴作人款《牧牛图》被从事书画鉴定研究工作长达40年之久的故宫博物院研究员单国强现场鉴定为吴作人的真迹，并给出了25万元的估价。然而，吴作人的遗孀、著名书画家萧淑芳却表示，该《牧牛图》是伪作无疑。（马继东，2005；净言，2005）

由此可见，通过打假的方式来解决收藏市场上的赝品问题，实际上很有可能收效甚微，甚至步履维艰。

事实上，收藏市场是一个"难得买卖不骗人，鲜有买货不受骗"的特殊市场。收藏品有真有假，收藏者的眼力各有不同。有人看真，有人看假；买主看真，卖主看假的事情多如牛毛。在收藏市场上，如果以赝品的价格买到了真品，称为"捡漏"；如果以真品的价格买到了赝品，则称为"打眼"，统统不能称之为骗人或受骗，双方都认为是眼力问题。这是中国收藏界的传统"行规"。在这种情况下，以打假的方式来治理收藏市场的赝品问题，显然很可能是一个美丽的神话。

第三节 经济学透视下的赝品

收藏市场是一个相当典型的信息不对称市场。所谓信息不对称，是指交易双方所掌握的关于交易对象信息的不相等。信息不对称通常表现为，一方拥有较多的甚至完全的信息，另一方则只拥有较少的信息。例如，收藏品的卖方几乎总是比买方更了解自己打算出售的收藏品在真假和瑕疵等方面的信息。其结果则很容易导致信息弱势方在交易决策上的失误，或者信息优势方做出不利于信息弱势方的行为。

在正式进行分析之前，我们首先进行以下三个假设：

第一，收藏市场上的收藏品，实际上是真品和赝品并存。

第二，绝大多数收藏者并非收藏品鉴定的专家，而且，即使专家也有"打眼"的时候。

第三，收藏品的卖方比买方拥有更多的关于收藏品的信息。在做了上述三个假设之后，我们再来分析信息不对称下的收藏市场。

当收藏者刚刚开始对某种收藏品发生兴趣的时候，这种收藏品的价格一般是比较低的。但是，当收藏者对这种收藏品的兴趣与日俱增时，这种收藏品的价格就会开始不断上扬。问题是，当收藏者对这种收藏品的需求量太大时，绝大多数收藏品所具有的不可再生性特点，会使一部分需求得不到满足。在高额利润的吸引之下，赝品也就自然而然地出现了。如果我们用横轴表示某种收藏品的数量（真品与赝品的总和），用纵轴表示这种收藏品的价格，而用字母

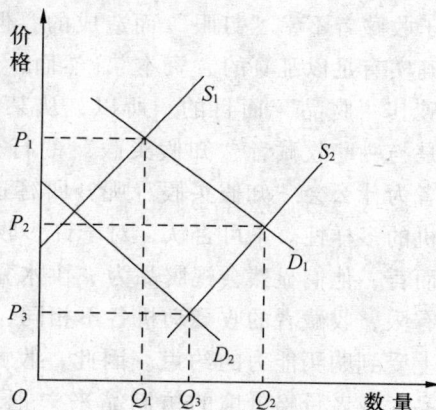

图 7.1　信息不对称下的收藏品市场

S 和 D 分别表示这种收藏品的供给曲线和需求曲线的话，那么，可以用图 7.1 来描述在信息不对称的情况下，赝品对收藏市场的影响。

在刚开始时，收藏者对这种收藏品的需求曲线为 D_1，供给曲线为 S_1，这种收藏品的价格为 P_1，交易数量为 Q_1。当这种收藏品的供给量无法满足收藏者对它的需求时，这种收藏品的价格会不断上升。与此同时，这种收藏品的赝品也会在收藏市场上出现。此时的供给曲线由 S_1 向右移动到了 S_2。由于在短期内，这种收藏品的需求量一般不会迅速发生变化。因此，这种收藏品的价格将变为 P_2，交易数量则变为 Q_2。但是，收藏者购买到的这种收藏品，实际上是鱼龙混杂、真伪皆有的。这个问题也将逐渐被收藏者发现。在这种情况下，由于种种原因，例如，规避收藏投资的品质风险，收藏者对这种收藏品的需求

量将迅速（或缓慢）减少。此时的需求曲线由 D_1 向左移至 D_2。这种收藏品的价格变为了 P_3，交易数量则变为了 Q_3。不仅如此，在很多情况下，这种收藏品的价格还将不断下跌。与此同时，真品的卖方则会因为以现期价格出售收藏品的利润越来越偏离他们的预期利润，选择继续持有，而不是立即出售。

沿着上述这个思路，我们似乎可以断言，这种收藏品的真品在收藏市场上出现的概率将越来越少，价格也将继续下跌。直到赝品将真品"赶出"了收藏市场。此时的收藏市场就成为劣质品驱逐优质品的"柠檬市场"（the market for lemons，在美国的俚语中，柠檬是"次品"的意思）。但事实并非如此简单。因为以上的分析只是在一种理想状态下的抽象分析，现实的情况则要复杂得多。

长期以来，人们普遍认为，赝品之所以能够顺利交易，在很大程度上是由于收藏者不幸"打眼"而造成的。但事实果真完全如此吗？尽管不少复制品确实有足以乱真的"资本"，然而，绝大多数仿制品实际上都是很容易被人识破其"赝品"面目的。所以，从某种意义上讲，赝品之所以能够顺利交易，是与一些收藏者"知假买假"的行为分不开的。但是，我们有理由问，收藏者为什么会"知假买假"呢？回答这个问题的关键，在于理解收藏者收藏动机的多样性。不可否认，对于许多收藏者，尤其是那些抱有投资动机的收藏者而言，他们显然会视赝品为"洪水猛兽"。但是，由于收藏品的真品数量非常有限，收藏者的收藏动机各不相同，而且，收藏者的收藏行为还不得不在客观上受到购买能力的约束。因此，收藏者有选择性地购买一些制作精美的复制品，或者价格低廉的仿制品来"把玩欣赏"，也是情理之中，可以理解的事情。不仅如此，由于赝品还能够在不同程度上满足收藏者的各种需要，例如，"把玩之乐"、"炫耀价值"，等等，这才造成了"赝品有市"、"赝品有价"的现状。让我们来看看浙江省某画廊的赝品销售情况（见表7.1）。

在这家画廊的宣传资料上，有这样一段话："本斋根据收藏家、书画家、书画爱好者及社会追求高档艺术品之人士需求，本斋特聘书画家为各界朋友高仿近现代书画大师精品。仿作水平很高，基本达到原作水平。时常售价3000～10000元以上每件。高仿作品不是顶级鉴定家，一般鉴赏家与普通书画人士很难鉴别真伪。悬挂《高仿名家》作品，能提高主人社会层次与对高档艺术品的追求与享受。若能成功转让《高仿名家》，经济收入将很高。本斋提供启功、沈鹏等名家大师题字、题匾。题匾的水平接近名家水平，可以乱真，以5%～10%名家笔墨创造名家大师效应。各方所产生经济回报将很大。承接收藏家、书画家、社会企业人士题写室名、企业名称等。欢迎各界人士承接到相

表 7.1   浙江省某画廊"高精仿近现代名家大师书画精品价目表"

作者	尺寸	类别	价格
启 功	46×68 厘米（中堂）	书法	300 元
启 功	34×186 厘米（对联）	书法	500 元
沈 鹏	46×68 厘米（中堂）	书法	300 元
林散之	34×136 厘米（条幅）	书法	600 元
王 镛	34×136 厘米（条幅）	书法	600 元
刘炳森	34×136 厘米（条幅）	书法	600 元
王西京	68×68 厘米（斗方）	人物	500 元
范 曾	46×68 厘米（中堂）	人物	400 元
齐白石	46×68 厘米（中堂）	花鸟	300 元
白雪石	46×68 厘米（中堂）	山水	400 元
徐悲鸿	50×100 厘米（中堂）	奔马	500 元
启功、沈鹏	题字四尺以内	书法	1000 元
等名家大师	题匾四尺以内	书法	1500 元

资料来源：浙江省某画廊宣传资料（2005 年 8 月）。

关业务与本斋合作。"（部分文字似乎不太通顺，但原文如此，照录而已。）

从上面这段话中，我们不难发现"赝品有市"、"赝品有价"的一些深层次原因：

第一，"悬挂《高仿名家》作品，能提高主人社会层次与对高档艺术品的追求与享受"。

第二，"若能成功转让《高仿名家》，经济收入将很高"。

第三，"题匾的水平接近名家水平，可以乱真，以 5%～10% 名家笔墨创造名家大师效应"。

当然，如果从经济学的角度仔细推敲的话，事实却并没有这么简单。

一方面，众所周知，齐白石、徐悲鸿等近现代著名书画家的书画作品价格与沈鹏、王西京等当代著名书画家的书画作品价格，显然不能相提并论，其间的差距可达十几倍，甚至几十倍之多。然而，在该画廊的定价中，齐白石的"花鸟"精仿品（46×68 厘米）的售价仅为 300 元，与沈鹏的书法精仿品（46×68 厘米）的售价相同；徐悲鸿的"奔马"精仿品（50×100 厘米）的售价仅为 500 元，与王西京的"人物"精仿品（68×68 厘米）的售价无异。按照经济学的逻辑，既然"若能成功转让《高仿名家》，经济收入将很高"，那么，对于不同的"名家大师"的书画精仿品，显然也应该根据真品的价格来定价。换句话说，即使是在"名家大师"的书画精仿品之间，售价也应该拉出足够的差距。但是，就以上所了解到的信息，我们可以推测，"成功转让"显然并非易事。

另一方面，这家画廊在"名家大师"的题字、题匾精仿品方面的定价，倒是很耐人寻味。启功的书法中堂精仿品（46×68厘米）的售价仅为300元，他的书法对联精仿品（34×186厘米）的售价仅为500元，而沈鹏的书法中堂精仿品（46×68厘米）的售价也仅为300元。不过，启功、沈鹏等名家大师的题字和题匾精仿品的售价就高得多了：题字（四尺以内）的售价为1000元，题匾（四尺以内）的售价则为1500元，是普通内容的名家大师书法精仿品定价的2~5倍。有意思的是，从精仿的成本而言，书法中堂和书法对联的生产成本（主要是指作伪的劳动量）通常应该比题字的生产成本高一些，而题匾的生产成本通常是最低的。例如，一首七言律诗书法中堂的字数显然比"某某斋"、"某某楼"的题匾字数多得多。既然从成本的角度难以解释这个问题，那么，如果不是供求关系的无形力量形成了这样的价格，还能有什么原因呢？而收藏市场对名家大师题字、题匾的需求，如果不是由于这些精仿品能够实现诸如"提高主人社会层次"之类的功能，又能是什么呢？

事实上，由于收藏市场上的传统观念和收藏者的客观需要，许多收藏者对待赝品的微妙态度并不是行外人士能够深刻体会得到的。从某种意义上讲，赝品的价值在于它能够在不同程度上满足收藏者的需要，因此，收藏者愿意为之"付费"。一个典型的例子是，一些鉴定专家在鉴定收藏品真伪的时候，如果遇到了赝品，通常会报出几种不同的市场参考价：真品的价格、"高仿"（复制品）的价格以及"低仿"（仿制品）的价格。此外，如果还要细分，"旧仿"与"新仿"的价格也是各不相同的。

近年来，拍卖会上那些被标明"某某款"的赝品之所以销售态势良好，就部分地反映了这个问题。例如，陆俨少款的书法精仿品能够卖到3000元左右，而吴昌硕款的"花卉"精仿品能够卖到8000元左右，张大千款的"仕女"精仿品更是能够卖到1万元左右。一些高仿的"老冲头"（即旧仿的书画作品）的价格，甚至还与真品价格无异。例如，2000年，在上海朵云轩拍卖会上，一件宋代赵伯驹款《荷塘消夏》的估价为40万~60万元。该画从30万元起拍，经过竞买人的激烈角逐，最后以212万元的价格落锤；而另一件元代王振鹏款《货郎图》的估价为50万~80万元，最后也以78万元的价格成交。

一些古钱币赝品的价格甚至可能比同类的真品钱币价格还高。刘建民就遇到过这样的一件事。他曾经在收藏市场上看到过一枚铸造十分精美的明代崇祯通宝花钱。该钱币的背面铸有两匹奔马，看上去比常见的普通崇祯通宝更为漂亮。刘建民心想："崇祯跑马花钱确实非同一般"，于是在讨价还价之后，以25元的价格买了下来。可是，当他兴致勃勃地跑去图书馆借来相关书籍进行考证时，却傻了眼。因为书上白纸黑字地写着"背有二匹奔马的崇祯通宝是伪品"。事后，他将这枚钱币拿给朋友观赏。一位朋友提出，愿意用其他钱币来交换那枚跑马花钱。刘建民想，既然是假币，换掉又有何妨？于是，便很随意地换了其他钱币。过了一些日子，他才偶然间得知，由于那枚伪作的跑马花钱铸造精美，而且作伪年代久远，传世极少。因此，真正的崇祯跑马花钱的价格实际上还不如那枚伪作的跑马花钱高。（林家治等，2004）

从某种意义上讲，启功对待赝品的态度就很值得收藏者深思。鲍文清（2004）在《启功杂忆》一书中，曾经记录过启功的两个小故事：

一天，几位好事的友人撺掇启功来到潘家园，看到门口的店铺都挂有启功写的字，启功的第一反应是惊愕，继之又笑起来，他想起了幼时曾经羡慕前辈被人模仿的殊荣。今天见到的情景，竟是他想也不敢想的。这里是署有启功名号的书法作品的海洋。虽然没有一件是他亲手所写，但全部是仿他的书法写的，内容也都是20世纪80年代他习惯写的词句。有人打趣地问他感觉如何？启功笑答，写得都比我好。在他的记忆里，从来没在任何场合写过这些字。有人又问，既是假的你为何不写状子告他们？启功又笑了："这些假字都是些穷困之人因生活所迫，寻到的一种谋生手段，我一打假，也把他们的饭碗打碎啦！我为什么要这样做？"周围的人听了都哈哈大笑。有些人认出这是真启功来啦，就围过来劝启功打假，启功坦然地说："人家用我的名字是看得起我，他学的这手字一定花了不少工夫，再者，他是缺钱用，才干了这种事，他要是向我伸手借钱，我不是也得借给他吗？"他向周围的人讲了古代书法名家唐伯虎和文征明的故事，他们在市场上看到有人仿造他们的书法，并没有生气，反倒在他们的赝品上再添几笔，题上款，以示支持，卖假字的人因而多赚了几吊钱，高兴而去！那些买了假字的人也十分愿意，因为他们的损失并不大，都高高兴兴地把字画带回家去了！

有人向启功请教，怎样分辨启功书法的真伪？启功谦虚地说："写得好的是假的，写得不好的是真的！"有位领导曾经拿了一幅署名为启功，而且几乎可以乱真的书法给启功本人看。这位领导感慨道："我给你拿来一张字想请您看看，这个伪劣作品仿得多么像！"启功放下手里的活儿说："好！好！我们看看！"来客把这幅字挂在墙上，启功戴上眼镜走近仔细一看，说："我看你可不能这么说，这幅字可是伪而不劣呀！"来客紧接下去问："您看这字跟您的字有哪些区别?"启功用手比画了一下说:"我的字是劣而不伪,你拿来的字是伪而不劣!"启功开了一个玩笑说:"这世界上,面对我的字大体有三种人,有一种人是不认识我的人,他们对我的生存是无所谓的;另一种人是对我感兴趣,并已经拿到了我的字的人,他们盼我赶紧死;第三种人是对我感兴趣但还没拿到我的字,所以他们盼我先别死。"

可不是吗?许多"伪而不劣"的复制品和仿制品,确实值得收藏。在这个方面的经典案例,是张大千的仿古书画。张大千临摹的清代石涛的书画作品十分精到,几可乱真,被誉为"南方石涛"。石涛的书画作品在早期、中期、晚期各有什么特点,各用的是什么印章,用的哪方印章在哪一年跌损过,留下了什么痕迹,张大千都精心研究过。再加上他高超的绘画技巧,以及利用一些古纸作假,因此,他的伪作一般很难被人识破。有一天,黄宾虹去拜访张大千的老师李瑞清,正巧李瑞清刚从外面购得一幅石涛的山水长卷。黄宾虹见该画"笔墨纵横淋漓,意境苍莽新奇",不禁为之拍案叫绝。经过黄宾虹仔细鉴定后,确认为石涛真迹。第二天,黄宾虹怀揣重金,也来到城隍庙古玩街,准备碰碰运气。逛了半天,他终于发现了一幅石涛的山水长卷,而且,该画的技法纯熟,远在李瑞清所购的那幅画之上。黄宾虹掩饰不住内心的喜悦,以100元的价格购得此画,便直奔李瑞清家中。他一进门,就颇为自得地请李瑞清观赏。此时,张大千正好也在李瑞清家中,见此情景,不禁哑然失笑。因为该画实际上是张大千的仿作。为了不让黄宾虹遭受蒙骗,张大千掏出100元恭恭敬敬地呈给黄宾虹,并告诉他,此画为自己仿作,要求黄宾虹见谅。黄宾虹在惊异之余,对张大千的才能佩服不已,数日后写了一副对联,赞叹张大千的奇才:"八大到今真不死,大千而后又何人。"

还有一次,陈半丁购得一册石涛的册页,特地邀请陈师曾、王雪涛、徐燕孙、周养庵等人前来欣赏。当时,张大千正好客居北平,经朋友推荐,也一同应邀来到陈半丁府上,以便一睹"石涛画册"为快。当陈半丁小心翼翼地打开一个镂刻精美的檀木画匣,并郑重其事地取出画册时,张大千看见了画册上题的"金陵胜景"四字,心中便有了几分怀疑。等陈半丁翻了几页后,张大千不禁脱口说道:"原来是这个册子,是我画的。"一语惊四座,主人大为不悦。大家也都认为这个年轻人口出狂言。张大千则不慌不忙地把画册的内容以及题款、印章等内容如数家珍地一一道来。大家边听边看,竟然与张大千所说的一字不差,大家无不为之震惊。

事实上,张大千的许多仿作,在艺术价值和在中国美术史上的地位,较之书画名家的真品,已经有过之而无不及了。在20世纪三四十年代,一些日本人明明知道（张大千仿）石涛的画是赝品，但是，他们仍然愿意购买。在他们看来，作品的真伪实际上并不是那么重要。不仅如此，世界上许多著名的博物馆都收藏有张大千的伪作。例如，华盛顿佛利尔美术馆收藏有他的《来人吴中三隐》，纽约大都会博物馆收藏有他的《石涛山水》和《梅清山水》，伦敦大英博物馆收藏有他的《巨然茂林叠嶂图》，我国台湾省台北故宫博物院收藏有他的《二十一观音》和《释迦牟尼造像》，等等。（玉龙，2002）

　　收藏者岳峰对待赝品的态度，实际上也很值得收藏者回味。与许多"谈赝色变"的收藏者不同，岳峰认为："这是事实上就存在的东西，并不会因为我们不谈而不存在，而且我也从中得到了很多'快乐'，当然这些'快乐'是有代价的。"他坦言："为什么爱好收藏赝品，一部分原因是古书画真迹买不起，价格相对低廉的赝品是个不错的选择。另外，因为我曾经吃过一个亏。"有一次，岳峰在一家瓷器店看到了一个南北朝的钵，他心里想：杜牧有诗"南朝四百八十寺，多少楼台烟雨中"。这说明南朝佛教十分昌盛，钵作为僧人的器皿，流传到现在也不无可能。而那个钵上的莲瓣装饰也正说明了这一时代的特点。于是，岳峰问了问老板价格，他要价 5000 元。岳峰的眉头紧蹙："太便宜了！"他认为自己对收藏是有所了解的，这个价格相当便宜。于是，又和老板杀了杀价，最后以 2000 元成交。回家之后，岳峰兴奋了好几天，以为捡到了宝贝。在西安举办的一个公益性质的收藏品鉴定会上，他把这个钵带了过去，请鉴定专家"掌眼"。结果，鉴定专家指出，他所买的这个钵底是"圈足"，而这种设计是宋代以后才出现的。鉴定专家的最后一句话对他来说，几乎是一个晴天霹雳，鉴定专家说："10 元钱就能搞定！"

　　这个打击让岳峰在相当长一段时间里，都没有再敢去碰收藏。但是，有一天，他突然问自己："为什么人家就能利用赝品赚那么多钱，而我不能呢？我有收藏知识，有收藏经验，我应该可以。"于是，岳峰把目标选定在了赝品收藏上。不过，他强调，自己这么做是为了弥补缺憾："不久前，我去了一趟广州，在那里用 6800 元购买了一幅毛主席的墨宝。一共有 44 件，我去的时候已经剩下最后几件了。卖方明确标明这是复制品，但我觉得这种技术复制出来的效果达到了几可乱真的地步。对于那件作品，我爱不释手，是有原因的。毛主席书法真迹一直被收藏在中央文献研究室档案馆，从不对外展出。所以，买这个作品，我是出于弥补缺憾。"当然，岳峰也不避讳自己收藏赝品的动机——就是为了赚钱。"当然，我不会欺骗别人，我很明确告诉他们这是赝品，但我会告诉他们这个赝品是很有价值的。不瞒你，我用赝品收藏赚的钱，已经让我自己换了 3 次汽车了。"岳峰不无自豪地说道。（陈璐，2005）

第八章　收藏投资策略

第一节　收藏投资基本原则

对于收藏者来说，制定一个切实可行的投资计划是至关重要的。经验地看，收藏投资的基本原则主要包括以下四条：

一、资金来源原则

总的来看，收藏品在变现方面存在许多难以避免的困难，因此，收藏者用于收藏投资方面的资金，必须做好中期甚至中长期投资的准备，以便等待最佳的出货时机。许多理财专家都一致认为，在财务管理方面，应该遵循"三三制"原则，即把三分之一的可支配收入用于日常支出；三分之一的可支配收入用于（风险较大的）各种投资；三分之一的可支配收入用于（风险较小的）储蓄。对于收藏投资而言，显然也应该遵循"三三制"原则，将三分之一或者三分之一以下的可支配收入用于收藏投资。这样的话，即使收藏者投资失败，也不至于元气大伤。

二、投资比例原则

根据收藏投资收益和风险的不同，收藏者在进行收藏投资组合时，其组合一般应该由防御性投资和进取性投资两部分构成。二者的构成比例，一方面取决于收藏者对风险的偏好程度，另一方面则取决于投资资金的现状。如果收藏者是风险偏好者，或者收藏者进行收藏投资的主要目的是获取高额利润，那么，进取性投资占总投资的比例就可以高一些，如占70%；而防御性投资占总投资的比例则可以低一些，如占30%。如果收藏者是风险厌恶者，或者收藏者进行收藏投资的主要目的是维持资金的现状，那么，防御性投资占总投资的比例就可以高一些，如占70%；而进取性投资占总投资的比例则可以低一些，如占30%。

三、投资对象原则

收藏者在选择投资对象时，应该遵循投资的安全性原则和流动性原则。所谓安全性，是指确保投资能够收回本金，并且获得预期收益的特性。如果投资对象的预期收益相同，但风险较小，就表明收藏投资的安全性较高。所谓流动性，则表明了收藏品变现的难易程度。如果一件收藏品在收藏市场上很容易流通交易，那么，这件收藏品的流动性就比较强。对于收藏投资而言，把握好安全性原则和流动性原则是非常重要的。因为收藏品的安全性直接关系到收藏投资的本金能否顺利收回，而收藏品的流动性则直接关系到收藏者能否比较容易地将收藏品成功变现。投资对象原则提醒收藏者在选择收藏品的时候，应该密切关注收藏品的投资安全和变现能力。

四、小额投资原则

我们知道，在收藏投资的成本构成中，学习成本是一种不容忽视的重要成本。对于收藏投资而言，无论是经验丰富的资深收藏者，还是刚入收藏界的初出茅庐者，都有可能由于收藏投资的品质风险、品相风险、价格风险和保管风险，或者道德风险、偏好转移风险、交割能力风险和法律政策风险，而遭受经济上的损失。因此，对于收藏者，尤其是正准备进行收藏投资的新手来说，在投资的初期先拿出小额资金进行尝试，逐步摸索收藏市场的行情，慢慢积累投资操作的经验，当自己熟悉情况以后再增加投资的资金，显然是少交"学费"，尽快入门的重要途径。尤其需要提醒收藏者注意的是，关于收藏的许多经验性知识，在很大程度上只能通过个人的直接体验才能获得。对于这些经验性知识而言，希望简单地通过对相关文本的理解就将其扎实掌握，实际上是困难重重的。

总而言之，收藏者应该根据自己的实际情况，制定切实可行的投资计划，并且在计划实施过程中遵循以上的基本原则，切忌随波逐流。只有这样，收藏者才能在最佳的时机，以最好的方式，冒最小的风险，获最大的收益。

第二节 收藏投资策略与误区

一、收藏投资策略

概括起来，收藏投资的主要策略大体如下：

（一）选择具有潜在吸引力的收藏品

从某种意义上讲，收藏者的投资对象实际上是收藏品的未来。换句话说，收藏者投资成败的关键，在很大程度上取决于这些收藏品所具有的潜在吸引力究竟如何。所谓潜在吸引力，是指收藏品在未来所具有的吸引力大小。这个投资策略的关键，是寻找并且购买那些有可能在将来具有足够吸引力的收藏品。

　　基于以上投资理念，收藏者在选择收藏品的时候，显然应该将视线延长，购买那些能够在不久的将来具有足够的吸引力，即那些具有潜在吸引力的收藏品。以"抗日战争"题材期刊和连环画在 2005 年的市场表现为例，2005 年是中国抗日战争胜利 60 周年，也是抗日战争专题收藏者开心不已的一年。从 2005 年 5 月 8 日起，"世界反法西斯胜利 60 周年庆典"就拉开了序幕。与其他国家的庆典相比，"中国抗日战争胜利 60 周年庆典"毫不逊色：60 部新拍摄的抗日战争题材电影和电视剧，60 台大型文艺庆典活动，60 座大中城市和"日本受降地"主题庆典，海外华侨抗日展、中美空军抗日展等活动不断地吸引着人们的眼球。在收藏界，由中国收藏家协会主办的"全国藏书家抗日文献史料巡回展"更是用了 180 天走遍抗日战争的各大主战场、惨案事发地、日本受降地和抗日根据地，并且发起了 100 万人的签名活动。这些庆典活动的收藏投资学含义是：收藏者对抗日战争题材收藏品的兴趣正在日益浓厚，抗日战争题材收藏品的吸引力正在与日俱增。

　　由于题材备受关注，史料价值明显，群众基础广泛，市场价格偏低等一系列原因，抗日战争题材的期刊和连环画成为收藏者追捧的热点。2005 年 5 月，在北京海王村拍卖公司主办的拍卖会上，抗日战争题材的期刊异常火暴。无论是竞买者的人数，还是最终成交的价格，较之从前都有明显的增长。例如，邹韬奋主编的《抗战》杂志（共 56 册）和日文版的《满洲事变号外及画报》（3 册）就分别以 11000 元和 5500 元的价格成交。事实上，正如马建国指出的那样："抗战题材连环画是连环画收藏中的持久热点题材，在纪念抗战胜利 60 周年之际更是达到了顶峰。这从参与收藏和投资的群体人数明显增多，整体品种行情持续攀升，以及经典品种拍卖价格屡创新高等现象中都可以得到佐证。"例如，由丁斌曾、韩和平绘制的《铁道游击队》连环画（全套 10 册，上海人民美术出版社 1956 年版）虽然先后重印过 47 次，但是，其初版的价格仍然高达 7000 元。此外，20 世纪 50 年代出版的绘图版连环画《敌后武工队》和电影版连环画《赵一曼》的价格，也分别达到了 6000 元和 5000 元左右。（梅楚英，2005）

　　对于收藏者而言，选择真正具有潜在吸引力的收藏品，实际上并非易事。美国的一位画商曾经透露，他每年都会从大约 1000 多位画家的绘画作品中筛选出 50 位。但是，在逐一走访完他们之后，他通常只会展出 5 位画家的作品，而最终能够真正建立起业务合作关系的，可能只有 1 位。（凯夫斯，2004）而且，正如沃霍尔（Warhol）坚持认为的那样：每一个艺术家都能够在 15 分钟之内成名。因为艺术世界就像一扇旋转门，艺术家转进去获得承认之后，转出来很快就消失得无影无踪。（约翰斯，1997）因此，即使用"万里挑一"来形容选择具有潜在吸引力的收藏品之难，应该也不为过。

　　当然，选择具有潜在吸引力的收藏品，实际上也有不少技巧可言。以书画投资为例，简单地说，书画投资的关键之一，在于选择具有吸引力的书画家。而具有吸引力的书画家，不仅应该具有一定的艺术实力，同样重要的是，他还应该具有商业上的运作能力。这一点显然是很容易被绝大多数收藏者忽略的。在这个方面的典型例子是著名画家毕加索。虽然很少有人能够真正理解毕加索的绘画作品，但是，这丝毫不影响他在美术史上的重要地位。从某种意义上讲，这显然与美术评论家和画商的成功运作密不可分。1901年，毕加索在巴黎的安布罗瓦·沃拉尔德（Ambroise Vollard）美术馆举办了自己的第一场画展。在这些展品中，包括三位画展资助者的画像。此外，他还将两幅绘画作品赠送给了美术评论家，以"感谢他们的高度赞扬"。

　　不久之后，毕加索开始与画商坎魏勒进行合作，而坎魏勒也给予了毕加索大力支持。他与德国、瑞士和东欧许多国家的美术馆联手宣传毕加索的绘画作品，这一系列行动显然卓见成效。从1918年起，毕加索开始与法国的两位著名画商进行合作：一位是专门经营19世纪绘画作品的罗森伯格；另一位是主要经营18世纪以前绘画作品的维尔登施泰茵。罗森伯格高举立体派的旗帜，称毕加索的绘画作品是"绘画领域唯一可行的风格"，并且将毕加索誉为"立体派的领袖"。当然，对于毕加索来说，这些赞誉之辞确实有些言过其实了。因为即使是毕加索本人也并不赞同一些立体派后起之秀画家的做法，他实际上更倾向于将自己的作品融入多元化的艺术风格。不仅如此，罗森伯格还不惜重金，多次在慕尼黑、纽约、芝加哥等地为毕加索举办大型的国际画展。不过，"画展中作品的标价很高"，"很少能够真正售出"。此外，通过总结自己经营印象派绘画作品的成功经验，罗森伯格还鼓励毕加索推出"能够引起举世瞩目的系列性作品"。（凯夫斯，2004）通过这一系列成功的运作，毕加索的"大师"地位逐渐得以确立。

　　郎等人（Lang & Lang，1988）曾经针对1880～1940年之间的蚀刻市场进行了一项研究，这项研究着重探讨"什么因素使那些处于鼎盛时期的名刻手更有可能被人们记住"。该研究表明，蚀刻作品的内在品质实际上并没有其他因素那么重要。他们发现，因为蚀刻而成名的名刻手，都有以下几个共同点：

　　第一，努力保存自己的蚀刻作品，并且留下关于工作过程的完整记录。

　　第二，寻找其他人承担起蚀刻作品收藏者的角色，以保留自己的名声。

　　第三，与那些对历史感兴趣的人们结成"圈子"，并保持长期的联系。

第四，使自己的蚀刻作品具有"可回顾性"，以便让这些作品被视为"正在出现的文化与政治特性"的标志。

（二）分析收藏品现期吸引力的来源

对于那些在收藏市场上已经风光异常的收藏品，理性的收藏者同样应该冷静地分析这些收藏品现期吸引力的来源。以纪念香港回归"金箔"邮票小型张在 1997 年之后的表现为例，1997 年 7 月 1 日，全国各大中城市的邮政局门口都排起了长队。人们竞相购买这枚纪念意义重大的小型张：主题为香港回归，主图为邓小平头像，而且是我国发行的第一枚"金箔"邮票。在发行日当天，马上就有人以 180 元的价格收购这枚发行量为 2000 万枚，面值为 50 元，加上一个邮折的售价分别为 110 元（供集邮协会会员）和 120 元（供普通集邮者）的小型张。几天之后，在各大中城市的邮票市场上，这枚小型张更是卖到了 650 元的高价。但是，随着香港的正式回归，这枚小型张的价格不仅"回归"到了面值水平，而且继续一路下跌，最低价更是跌到了 14 元，不到面值的 1/3。在 2002 年 7 月 1 日香港回归 5 周年纪念日这个极具吸引力的特殊日子，这枚小型张的价格仍然没有明显的起色，仅为 18 元。即使在经历了 8 年的消耗和沉淀之后的 2005 年，这枚小型张还是依旧在 30 元左右的价位徘徊。（周凤迟，2005）纪念香港回归"金箔"邮票小型张的涨涨跌跌，固然与邮票市场的过度炒作不无关系，但是，在我们看来，"回归题材"的转瞬即逝，其吸引力的去如黄鹤，无疑同样是重要原因之一。

对于收藏投资而言，分析收藏品现期吸引力的来源至关重要，还可以用陆俨少书画作品的例子加以说明。在从 2000 年 1 月到 2004 年 6 月长达 4 年的时间里，陆俨少的书画作品除了在 2000 年年底有过一个比较明显的速涨速跌行情以外，几乎一直在持续盘整。（见图 8.1）

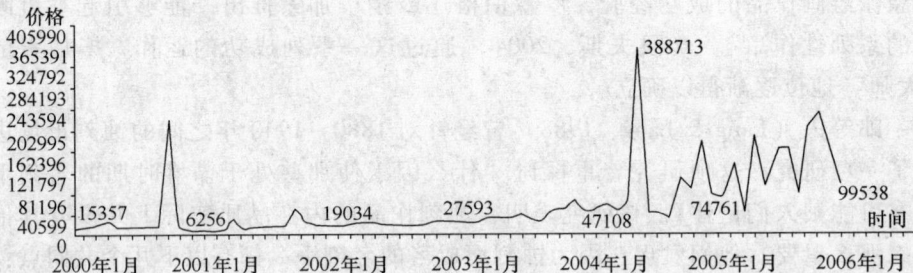

图 8.1　2000 年 1 月至 2006 年 1 月的陆俨少书画作品价格变动情况

资料来源：http：//www.artron.net/index/.

不过，2004 年 6 月 26 日，在北京翰海拍卖公司举办的春季拍卖会上，陆俨少创作的《杜甫诗意图百开册页》以 6930 万元的"天价"成交之后，情况就大不一样了。（见图 8.2 和表 8.1）

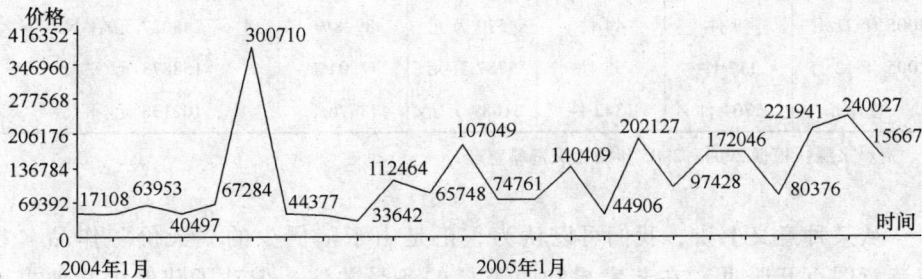

图 8.2 2004 年 1 月至 2005 年 12 月的陆俨少书画作品价格变动情况

资料来源：http：//www.artron.net/index/.

表 8.1 2004 年 1 月至 2005 年 12 月陆俨少书画作品的拍卖情况

时间	上拍数量	成交数量	成交额	成交率	平均价格
2004 年 1 月	54 件	34 件	432 万元	63%	47108 元/平尺
2004 年 3 月	4 件	1 件	8 万元	25%	63953 元/平尺
2004 年 4 月	24 件	17 件	198 万元	71%	48497 元/平尺
2004 年 5 月	67 件	60 件	1479 万元	90%	67284 元/平尺
2004 年 6 月	44 件	33 件	7653 万元	75%	388713 元/平尺
2004 年 7 月	9 件	9 件	184 万元	100%	44377 元/平尺
2004 年 9 月	7 件	5 件	103 万元	71%	33642 元/平尺
2004 年 10 月	4 件	4 件	167 万元	100%	112464 元/平尺
2004 年 11 月	107 件	71 件	2747 万元	66%	89748 元/平尺
2004 年 12 月	122 件	112 件	7716 万元	92%	187349 元/平尺
2005 年 1 月	9 件	9 件	157 万元	100%	74761 元/平尺
2005 年 3 月	13 件	13 件	496 万元	100%	143409 元/平尺
2005 年 4 月	6 件	4 件	55 万元	67%	44908 元/平尺
2005 年 5 月	62 件	58 件	3666 万元	94%	202127 元/平尺
2005 年 6 月	87 件	73 件	3002 万元	84%	97429 元/平尺
2005 年 7 月	112 件	103 件	5956 万元	92%	172846 元/平尺

续表

时间	上拍数量	成交数量	成交额	成交率	平均价格
2005 年 9 月	10 件	9 件	259 万元	90%	80376 元/平尺
2005 年 10 月	7 件	6 件	426 万元	86%	221941 元/平尺
2005 年 11 月	49 件	44 件	4570 万元	89.8%	248027 元/平尺
2005 年 12 月	117 件	55 件	3787 万元	47.01%	158873 元/平尺
总计	1704 件	1342 件	51089 万元	78.76%	102138 元/平尺

资料来源：根据 2004 ~ 2005 年的相关资料整理。

从某种意义上讲，我们可以认为，正是由于陆俨少的"天价"作品《杜甫诗意图百开册页》在艺术界和收藏界的备受关注，带动了陆俨少其他书画作品价格的普遍上涨行情。事实上，在收藏市场上，诸如此类的例子不胜枚举。拥有《时尚》（Vogue）、《纽约客》（The New Yorker）等著名媒体的传媒大亨纽豪斯（Newhouse）曾经以 1700 万美元的价格买下了约翰斯的最重要作品《闪耀开始》，并因此而震惊了当时的艺术界和收藏界。这位精明的传媒大亨之所以愿意花如此高价购买这件显然并非"物有所值"的绘画作品，目的是希望他所收藏的约翰斯的其他作品能够迅速增值。他的逻辑是：假如约翰斯的《闪耀开始》值 1700 万美元的话，那么，约翰斯的其他作品价格显然也会"成倍地上涨"。（约翰斯，1997）事实上，收藏者只有冷静地分析收藏品现期吸引力的来源，才能做出更为准确的判断：收藏品的引人注目，到底是买进，还是卖出的信号？

（三）提防当代工艺品的"投资陷阱"

近几年来，收藏市场的日渐升温，吸引了不少当代工艺品的制造商和销售商。他们纷纷推出被（自己）誉为"具有很高的艺术价值和收藏价值"，甚至"同时具有实用价值和文物价值"的当代工艺品。然而，无论这类当代工艺品在制作工艺上有什么差异，它们都具有以下两个共同的特点：

第一，发行价格高昂。例如，北京某公司推出的发行量为 1000 套的"象牙道林纸精印《毛泽东选集》"的发行价格为 5800 元；珠海某公司推出的发行量为 888 套的"珐琅彩茶具"的发行价格为 9668 元；北京某公司推出的发行量为 99 只的"粉彩超薄大盘"的发行价格为 39999 元；上海某公司推出的发行量为 150 对的"嵌玉贴金红木太师椅"的发行价格更是高达 15 万元。

第二，夸大投资价值。在这些当代工艺品销售商的广告中，无不充斥着极其乐观的预期："股票投资、黄金投资、房地产投资险不可测，唯有工艺品投资的风景这边独好，回报丰厚"，"若干年后，价格将不再是如今的 18 万元，可能会翻一番，甚至更高，没有风险"，"100 年后可能成为稀世之宝"，等等。福建某公司甚至还在媒体上公布了由他们推出的当代工艺品在近两年的大幅度"升值"情况。例如，由该公司生产的某件发行量为 16 件的瓷器在 2004 年时的"市场价格"为 20 万元，2005 年时则已"上涨"到了 29 万元；而由该公司生产的另一件发行量仅为 5 件的瓷器，则已经由 2004 年的 39 万元"上涨"到了 2005 年的 66 万元。

不可否认，在以"货卖买家"为商业传统的收藏市场上，只要买卖双方的信息对称，经过充分的讨价还价而最终成交的价格，并不存在所谓"高昂"的问题。然而，正如弗里德曼（Friedman，1975）所说："世界上没有免费的午餐。"当代工艺品的销售商，一方面将某件当代工艺品的投资价值夸大到"回报十分丰厚"，甚至"可能会翻一番"；另一方面却将其投资风险描述为几乎"没有风险"的程度时，显然就有通过扭曲信息，从而误导收藏者盲目投资之嫌了。因为经验地看，收益与风险从来都是形影相随的。

事实上，从收藏投资的角度来看，以高昂的价格盲目购买这些当代工艺品，至少存在以下两大问题：一是购买价格高；二是交割能力差。

这类当代工艺品的销售商为了能够在获取高额利润的前提下顺利完成销售目标，大都会在广告宣传上花费巨资，而这一系列交易成本的最终分担者，显然是收藏者个人。不仅如此，当收藏者希望顺利转让这些当代工艺品时，却几乎不可能花费同样的资金进行铺天盖地的宣传。而在收藏市场上，正如那句众所周知的行话"三年不开张，开张吃三年"所描述的一样——"买货容易卖货难"。在这种情况下，尽管不少收藏者花高价买回了一大堆当代工艺品，但是，当他们希望将其出售变现时，才遗憾地发现，自己在昔日精心选购的那些当代工艺品，实际上根本就没有人愿意花高价，甚至是以自己当初的购买价接手。如果哪位收藏者不相信，只要他亲自到收藏市场上，问问有没有人愿意收购那些在广告上被描述为已经大幅度"升值"的收藏品，如果愿意，价格又是多少，自然可以真相大白！

尤其需要指出的是，经验地看，热衷于购买当代工艺品的收藏者，以那些知识准备不足、实战经验缺乏的收藏界"新手"居多。他们也最容易因为当代工艺品的销售商在宣传上的误导，而在刚一入市时就缴纳高昂的"学费"，付出惨重的代价。

当然，对于当代工艺品而言，也不能一概而论。只是由于当代工艺品的交易尚未形成具有一定规模的固定的二级市场，因此，当代工艺品的投资风险显然在某种程度上被收藏者低估了。事实上，从理论上讲，收藏当代工艺品与投资当代工艺品是两种并不完全相同的行为。如果只是将当代工艺品作为消费品，那么，只要自己喜欢，当然不必担心它日后是否容易变现，也不用在意它日后价格的涨跌。然而，如果将当代工艺品作为投资品，那么，收藏者在购买时就不得不认真考虑一下，这种当代工艺品的交割能力（尤其是预期交割能力）的大小究竟如何。假如仅仅是由于销售商的"一面之词"而在短期内吸引来了收藏者的注意力，然而，日后却未必会继续有其他收藏者一如既往地对这些当代工艺品表现出浓厚的兴趣，投入大量的资金，那么，收藏者似乎还是应该三思而后行，以免落入当代工艺品的投资陷阱。

（四）保持谨慎乐观，不做"最大笨蛋"

凯恩斯的"更大笨蛋理论"告诉我们，很多收藏者之所以几乎完全不顾某件收藏品的所谓真实价值，即使它实际上一文不值，也愿意花高价买下，是因为他们预期会有更大的笨蛋花更高的价格从他们手中买走这件收藏品。而投资成败的关键，就在于能否准确判断究竟有没有比他更大的笨蛋出现。只要他不是最大的笨蛋，就仅仅是赚多赚少的问题。如果他再也找不到愿意出更高价格的更大笨蛋从他手中买走这件收藏品的话，那么，他显然就是最大的笨蛋了。对于收藏投资而言，始终保持谨慎乐观，尽量不做"最大笨蛋"，是至关重要的。

不过，始终对收藏市场保持谨慎乐观，却并非易事。正如国际货币基金组织（1998）在一项研究报告中指出的那样："当每个人都朝同一个方向冲去时，投资者通常很难做到在一边袖手旁观，并去回想过去市场崩溃时的教训。"因为"从众行为的力量会驱赶人们继续做别人都在做的事情"。（布勒，2004）当然，增加经济上的收益，或者避免经济上的损失，还只是收藏者保持谨慎乐观，不做"最大笨蛋"的理由之一。同样重要，甚至更为重要的理由是，对于收藏者而言，一定金额的损失所带来的痛苦，要远远大于同样金额的收益所带来的满足。这个结论，来自于卡尼曼与特维斯基（Kahneman & Tversky，1979）的一组经济学实验。这组实验一共由三个实验组成，每个实验又各自给出了两种投资组合，供实验者选择。

实验1：

投资组合A：25%的机会赢得3000美元，75%的机会赢得0美元；

投资组合B：20%的机会赢得4000美元，80%的机会赢得0美元。

实验2：

投资组合A：80%的机会赢得4000美元，20%的机会赢得0美元；

投资组合 B：100% 的机会赢得 3000 美元。

实验 3：

投资组合 A：80% 的机会亏损 4000 美元，20% 的机会亏损 0 美元；

投资组合 B：100% 的机会亏损 3000 美元。

在实验 1 中，投资组合 A 的预期效用 = 3000 × 0.25 + 0 × 0.75 = 750（美元），投资组合 B 的预期效用 = 4000 × 0.2 + 0 × 0.8 = 800（美元）。投资组合 B 的预期效用 > 投资组合 A 的预期效用。

在实验 2 中，投资组合 A 的预期效用 = 4000 × 0.8 + 0 × 0.2 = 3200（美元），投资组合 B 的预期效用 = 3000 × 1 = 3000（美元）。投资组合 A 的预期效用 > 投资组合 B 的预期效用。

在实验 3 中，投资组合 A 的预期效用 = − 4000 × 0.8 + 0 × 0.2 = − 3200（美元），投资组合 B 的预期效用 = − 3000 × 1 = − 3000 美元。投资组合 B 的预期效用 > 投资组合 A 的预期效用。

在实验 1 中，65% 的人选择了投资组合 B；在实验 2 中，80% 的人选择了投资组合 A，这表明大多数人在处于获利状态时，是厌恶风险的；在实验 3 中，92% 的人选择了投资组合 A，这表明大多数人在处于亏损状态时，是偏好风险的。

在此后的研究中，特维斯基和卡尼曼（1991）还进一步对人们在亏损和获利时的感觉进行了量化比较。他们的结论是，亏损给人们带来的负面感觉大约比获利给人们带来的正面感觉高出两倍左右。这就是所谓的损失厌恶（loss aversion）理论：人们对损失的反感程度远远高于获利。换句话说，1 万元的损失在精神上带给人们的痛苦感受，要远远大于 1 万元的利润带给人们的愉快感受。普卢默（Plummer，2001）的经验研究也发现："当价格变动有利于自己，会产生愉悦的感受；但当价格朝相反方向变动，则会产生不悦（沮丧、愤怒、忧郁和恐惧）的感受。"收藏者厌恶损失的倾向，意味着在收藏投资中，收藏者的操作策略应该是：宁愿少赚一些利润，也要尽量避免亏损。

此外，还需要指出的是，很多收藏者，尤其是刚刚涉足收藏界的新手，常常被一些道听途说的固有观念所误导，并因此走入收藏投资的误区，甚至造成不小的损失。

为了提醒收藏者注意，我们特地从收藏投资的常见误区中，择其一二予以简单介绍：

二、收藏投资误区

（一）收藏品的年代越早越贵？

在收藏界，有一种流传很广的说法，叫做"百年无废纸"。从某种意义上讲，这种观念确实是有一定道理的。问题是，不少收藏者沿着"百年"的思路，自作聪明地继续推导，得出了诸如"收藏品的年代越早越贵"之类的结论。遗憾的是，事实并非完全如此。让我们来看看中国收藏品的成交价格总排名情况。（见表 8.2）

表 8.2　　　　　　　　　　　　中国收藏品的成交价格总排名

排名	名称	价格
1	元代（14 世纪中期）"鬼谷下山"青花瓷器	228341978 元
2	清代乾隆年间"花石锦鸡图"双耳瓶	122408800 元
3	翡翠原石	88000000 元
4	陆俨少《杜甫诗意图百开册页》	69300000 元
5	清代光绪年间甲骨精品	52800000 元
6	元代（14 世纪中期）"锦香亭"青花瓷器	49989600 元
7	清代乾隆年间六方套瓶青花瓷器	47615200 元
8	元代鲜于枢《石鼓歌》	46200000 元
9	清代乾隆年间"缠枝花卉纹"粉彩梅瓶	43992544 元
10	清代雍正年间蝠桃"福寿"纹粉彩橄榄瓶	43990000 元
11	明代永乐年间"龙戏珠纹棱"青花口洗	43400375 元
12	清代陆远《岁朝喜庆图》	39600000 元
13	清代乾隆年间"龙凤争珠图"青花壶	36336800 元
14	清代乾隆年间"端石兰亭图帖"缂丝全卷	35750000 元
15	清代乾隆年间"花蝶纹如意耳尊"粉彩瓷器	35027700 元
16	清代雍正年间"过墙梅竹纹"珐琅盘	34475546 元
17	宋代米芾《研山铭》	32989000 元
18	明代永乐年间"折技花果纹"青花墩盘	32181600 元
19	清代王翚《仿唐宋元诸名贤横景六幅图》	35200000 元
20	清代乾隆年间"内佛手果外花石纹"珐琅彩盌	30933344 元
21	清代乾隆年间"御帝组玺"五件	30933344 元
22	吴冠中《鹦鹉天堂》	30250000 元
23	明代宣德年间"云龙纹葵"青花口洗	29807200 元
24	明代陈洪绶《花鸟册页》	28600000 元
25	清代任伯年《华祝三多图》	28600000 元

续表

排名	名称	价格
26	明代永乐年间"龙凤呈祥"青花口洗	27966775 元
27	清代金昆、梁诗正等《大阅图》	27966775 元
28	宋代李公麟《西园雅集图》	27500000 元
29	西周"周宜壶"	26400000 元
30	清代乾隆年间"仿法花连池水禽纹盖"粉彩罐	25652000 元
31	宋代宋徽宗《写生珍禽图》	25300000 元
32	清代康熙年间"雕空龙寿纹十二扇围屏"寿山石	24998775 元
33	元代刘贯道《人物故事图册本》	24200000 元
34	清代康熙年间王原祁《仿宋元山水册页》	24200000 元
35	元代"缠枝牡丹纹双鱼耳"青花大罐	23217975 元
36	清代康熙年间"御用"田黄玉石印章（12 方）	22624375 元
37	清代乾隆年间"金银莲纹粉彩"镂空瓶	22201435 元
38	清代雍正年间"墨彩山水高士访游图"笔筒	22090400 元
39	明代周之冕《百花图》	22000000 元
40	晋代索靖《出师颂卷》	22000000 元
41	徐悲鸿《珍妮小姐画像》	22000000 元
42	清代康熙年间郎世宁《秋林群鹿图》	21496800 元
43	张大千《泼彩朱荷屏风》	21433200 元
44	清代康熙年间铜胎画"黄地牡丹雉鸡图"珐琅彩盖盒	20903200 元
45	清代雍正年间青花瓷器	20903200 元
46	傅抱石《茅山雄姿》	20900000 元
47	清代乾隆年间和阗白玉万寿纹盌	20487415 元
48	明代永乐年间折枝花卉青花烛台	20350000 元
49	齐白石、陈半丁《富贵长青》	20350000 元
50	清代乾隆年间"赶珠云龙纹"粉彩长颈瓶	20309600 元

资料来源：根据 2000～2006 年的相关资料整理。

　　在收藏品拍卖市场的成交价格排名前 50 位的中国收藏品中，周代的收藏品有 1 件，晋代的收藏品有 1 件，宋代的收藏品有 3 件，元代的收藏品有 5 件，明代的收藏品有 7 件，清代的收藏品有 26 件，现代与当代的收藏品有 7

件。从这些数据中我们可以发现，明代以前的收藏品所占的比例仅为20%左右，而明代以后的收藏品则占到了80%。虽然这只是高端收藏品的情况，但是，对于绝大多数中低端收藏品而言，情况也是非常相近的。例如，近现代书画的总体价格在相当长的一段时间里，就远远高于清代书画的总体价格；而"老纪特"邮票、"文化大革命"邮票和JT邮票的总体价格，也远远高于民国邮票的总体价格。这里面的道理，既与收藏者偏好的变迁有关，又与国家的文物管理政策有关。因为对于许多收藏者来说，购买那些年代久远，甚至被国家明令限制出境的收藏品，显然会在很大程度上缩小这些收藏品的"市场交易半径"。

（二）书画家辞世是利好消息？

在收藏界，另一种影响很大的说法是，书画家辞世是利好消息。持这种观点的收藏者津津乐道的一个例子是，当李可染在1989年12月5日去世之后，他的书画作品价格一度大幅上涨。一位我国台湾地区某报的记者则因为利用了其中的"信息不对称"而大获其利，从而一夜暴富。事情是这样的：1989年年底，一位台湾地区某报的记者受命采访著名画家李可染。可是，当他来到李可染家中时，却遗憾地被李可染的家人告知，李可染已经驾鹤西去了。不过，由于种种原因，李可染辞世的消息，还一直没有对外公布。这位记者在得知这个消息后，心中怦然一动，立刻赶赴荣宝斋。他惊喜地发现，李可染寄售的书画作品的价格仍然原封不动，丝毫未变。这位记者立刻致电台湾的亲属，让他们马上汇一大笔钱到北京，将李可染生前寄售的书画作品悉数买下。时隔一个月之久，人们才得知李可染辞世的消息。但是，当很多海内外收藏者匆匆忙忙地赶到荣宝斋寻找李可染生前寄售的书画作品时，才遗憾地发现，这些书画作品早已经踪迹全无，被人捷足先登了。这位记者却因为李可染书画作品价格的不断飙升，而"一夜暴富"。（刘刚和刘晓琼，1998）

然而，书画家的辞世实际上并非总是利好消息。同样典型的例子是，朱屺瞻的书画作品在他辞世之后，"不但没有出现飙升，走势反而十分疲软，价格呈回落之势，就连他的精品在拍卖会上也屡屡流标。"（罗文华，2004）更为典型的例子是，2005年，当启功和刘炳森驾鹤西去之后，他们的书法作品市场行情却大相径庭。据尧小锋（2005）统计，在收藏品拍卖市场上，从2000年到2005年10月10日，刘炳森的书法作品一共上拍了351件，其中，成交了165件，总成交额为171.6万元，总成交率为47%。启功的书法作品一共上拍了1815件，其中，成交了1093件，总成交额为4696.2万元，总成交率为60%。刘炳森逝世于2005年2月26日，从3月1日到10月10日，他的书法作品一共成交了23件，总成交额为24.8万元，总成交率为47%。启功病逝于2005年6月30日，从 7 月 10 日到 10 月 10 日，他的书法作品一共成交了 56 件，总成交额为 229.4 万元，总成交率为 62%。

从以上这些数据来看，启功的书法作品无论是从成交率来说，还是就成交价而言，都有小幅度上升。而刘炳森的书法作品则基本持平，甚至还出现了小幅度下跌。当然，由于拍品的尺幅不一，而且品质和品相的各不相同。因此，仅仅从表面的数据还难以明显地反映出他们的书法作品的涨跌情况。收藏市场经营者的说法或许更具有说服力。

某拍卖公司的总经理指出：刘炳森在世时，他的书法作品价格为 7000～8000 元/平方尺。当他逝世以后，其书法作品价格却不仅没有上涨，而且跌到了 5000～6000 元/平方尺，即使这样，成交率还不是太高。启功在世时，他的书法作品价格为 1 万～1.5 万元/平方尺。当他逝世以后，却是洛阳纸贵，价格翻了足足一倍多，即使如此，许多收藏者还是不愿轻易出手。在收藏市场上，只要是真品，几乎件件成交。

另一家拍卖公司的总经理则表示，之所以会出现这种情况，主要是由书法家的学术地位决定的。他认为："刘炳森生前是全国政协常务委员、中国文联副主席、中国书法家协会副主席和中国佛教协会副会长。书法是他迈上这些高位的主要资本。尽管他也写过一些书，出版过不少字帖，但是，这些著作的学术含量并不算高。他的成功之路基本是由书法家到书法家兼书法官员。因此，他的字被许多人称为'工艺美术字'，其艺术含量自然相对欠缺一些。而启功则不然。他生前是北京师范大学教授，同时担任全国政协常务委员、中央文史研究馆馆长、国家文物鉴定委员会主任委员和中国书法家协会名誉主席等职。应该说，他是学术与书法并重的，甚至可以说是先有学术，后有书法。在学术上的地位和在书画上的造诣，使他被人们誉为国学大师。他的书法中也充满了书卷气。"（尧小锋，2005）

对于这种局面，一些专业人士还指出，这实际上反映出了收藏者的逐渐成熟，反映了中国书法中"官本位"现象面临的尴尬。他们认为，长期以来，中国书法都面临着这样的窘境：由于受书法"官本位"的影响，一些书法家协会官员的书法作品价格普遍比较高。但是，当他们卸任或者去世之后，价格却大幅度下跌了。

当然，需要指出的是，刘炳森的书法与其他一些书法家协会官员的书法还是有很大区别的。因为刘炳森创造出的"刘体隶书"不仅很有特色，而且还进入了电脑字库。在当代书法界，这是比较罕见的。但是，即使如此，从近期的收藏市场行情来看，刘炳森的辞世却并非利好消息。

事实上，书画家的辞世之所以被一些收藏者视为利好消息，主要是出于书画真品的供给将因此而停止，或者找到了绝佳"炒作"题材的考虑。但是，收藏市场的微妙之处在于，书画家的去世同时意味着人们对书画家艺术水平再评价过程的开始。换句话说，对书画作品的新一轮市场检验，在很多时候实际上开始于书画家辞世之际。因此，书画家的辞世究竟是不是利好消息，显然不能一概而论，而应该具体问题具体分析。

除此之外，收藏投资的其他误区还包括：收藏品的外观越脏越真，收藏故事暗示流传有序，等等。对于诸如此类的误区，收藏者显然应该注意防范，而不能教条对待。

第三节　收藏投资操作技巧

在收藏市场上，供给弹性大的收藏品、供给弹性小的收藏品与无供给弹性的收藏品，在收藏投资的操作技巧方面，显然并非完全一样。由于供给弹性小的收藏品和无供给弹性的收藏品种类繁多，而且各具特色，难以归纳出具有一般性的操作技巧。因此，在收藏投资的操作技巧方面，我们主要涉及的是供给弹性大的收藏品，例如，JT邮票、电话卡，等等。

一般来说，我们可以将收藏市场的行情分为牛市、熊市和牛皮市三种类型。所谓牛市，是指收藏品的价格不断上升的市场状况；所谓熊市，是指收藏品的价格不断下降的市场状况；所谓牛皮市，是指收藏品的价格没有大的波动，只有小的起伏的市场状况。事实上，在牛市中，收藏品价格的上升并非只升不降，而是时常出现价格的回落；在熊市中，收藏品价格的下跌也并非只跌不涨，而是时常出现价格的反弹。（见图8.3和图8.4）

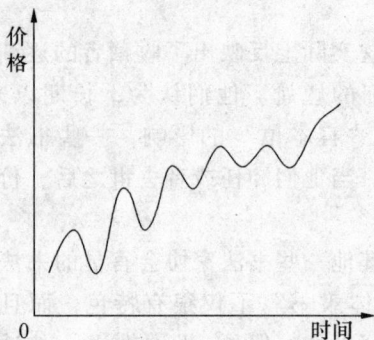

图 8.3　牛市示意图　　　　图 8.4　熊市示意图

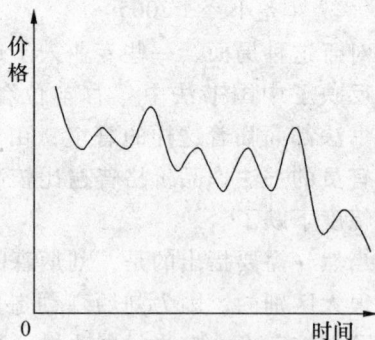

对于供给弹性大的收藏品而言，收藏投资的主要操作技巧包括市场行情有利时的操作技巧和市场行情不利时的操作技巧。

一、市场行情有利时的操作技巧

（一）利上加利法

在收藏品市场行情对收藏者十分有利且收藏者的资金相对充裕的情况下，收藏者就应该大举入市，以期获得更大的收益（见图8.5）。

如图8.5所示，收藏者可以在价格为 A 时，买入某种收藏品，当这种收藏品的价格上涨到 B 时，他可以适时将收藏品卖出。不过，如果他仍然预期这种收藏品会继续上涨的话，他还可以继续以 B 的价格买入这种收藏品。当这种收藏品的价格上涨到 C 时，收藏者既可以继续买入，也可以相机出货。这种操作技巧，虽然不一定保证买入的所有收藏品都能够获利，但是，只要适时平仓出局，那么，收藏者仍然可以获利不少。当然，利上加利法需要收藏者同时准备两到三套备用资金，以便随时出击。利上加利法的关键，在于把握好出货时机，只要不做最大笨蛋，就仅仅是赚多赚少的问题。

（二）积少成多法

在行情平稳且未见到任何能够使收藏市场大起大落的因素，即出现牛皮盘整时，运用积少成多法最为合适。每逢行情上涨就卖，行情下跌就买。这种方法在表面上看来似乎有悖于一般原理，而且很有几分类似于为人所鄙夷的所谓"投机"行为。尽管每次所获收益不大，然而，如果反复多次，总收益还是相当可观的，所以，将这种方法称为积少成多法。

如图8.6所示，收藏者可以在价格为 A 时，买入某种收藏品。当这种收藏品价格上涨到 B 时卖出。而当这种收藏品的价格下跌到 C 时买入。当行

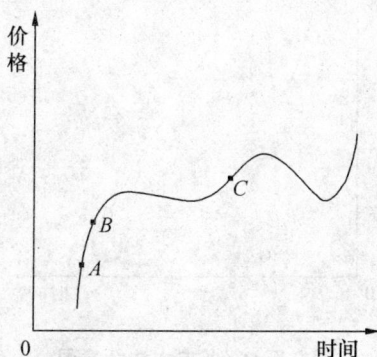

图 8.5　利上加利法示意图　　　　图 8.6　积少成多法示意图

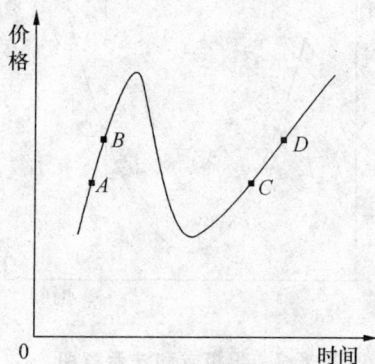

情上涨时，再寻找时机，例如，在价格上涨到 D 时卖出。如此反复，收藏者也可以将自己的收益积少成多。

二、市场行情不利时的操作技巧

(一) 积极求和法

当收藏者预期某种收藏品的市场行情会上涨时，可以买入这种收藏品。但是，如果市场行情却出人意料地反向下跌了，收藏者应该怎么办呢？如果收藏者预期市场行情依旧会反弹，那么，为了挽回大势，他就应该下定决心。在市场行情一跌再跌时，却不断买入这种收藏品，以便不断分担自己的总投资成本。在收藏者处于不利的情况下，如果采取消极的方式草草收兵，总会造成或多或少的损失。但是，如果将积极求和法运用得当的话，那么，收藏者不但可以部分甚至全部地挽回损失，有时候甚至还可以获利不少。

如图 8.7 所示，收藏者预期某种收藏品的价格会上涨，因此，在价格为 A 时，买入了这种收藏品。但遗憾的是，收藏者的预期并不正确。这种收藏品的价格不涨反跌了。那么，他实际上还可以在这种收藏品的价格不断下跌的过程中，分别以 B、C 和 D 的价格继续买入这种收藏品，从而降低平均买入成本。等到这种收藏品的价格开始反弹后，再寻找有利时机，例如，以 E 的价格将这种收藏品一次性脱手，或者多次卖出。对于收藏者而言，积极求和法的关键在于，资金占用的时间通常会比较长。因此，收藏者必须考虑到资金占用的机会成本。此外，收藏者还应该选择恰当的出手时机，以免错失良机而被再度"套牢"。

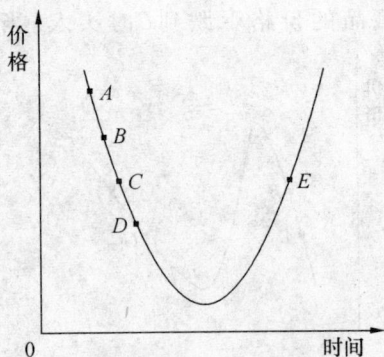

图 8.7　积极求和法示意图

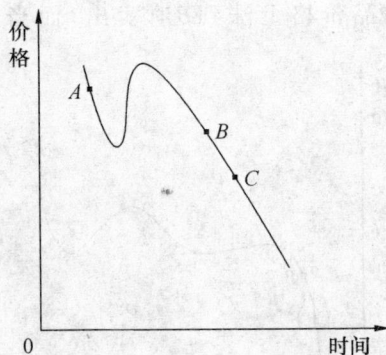

图 8.8　舍小求大法示意图

（二）舍小求大法

如果收藏者预期行情将上涨，而买入了某种收藏品。但是，市场行情却反向下跌了，而且，似乎还有一跌再跌的倾向。此时，收藏者就应该在损失还不是太大时先行将收藏品卖出。在这种收藏品继续下跌的过程中，再伺机买入，从而挽回过去的损失。这就是舍小求大法。

如图 8.8 所示，收藏者预期某种收藏品的市场行情将会上涨，因此，在价格为 A 时，买入了这种收藏品。但遗憾的是，这种收藏品不涨反跌，而且还有一跌再跌的趋势。那么，收藏者可以在价格下跌到 B 时，卖出自己手中持有的收藏品。等到这种收藏品的价格继续下跌时，再以比较低的价格，例如，以 C 的价格买入。从某种角度来看，舍小求大法与积极求和法，似乎有几分相似之处。不过，二者的主要区别在于，积极求和法需要不断注入新的资金，而舍小求大法则无须不断投入新的资金。舍小求大法的目的，主要是降低收藏投资成本。

附　录

中华人民共和国文物保护法

(2002 年 10 月 28 日第九届全国人民代表大会常务委员会第三十次会议通过，国家主席江泽民签署第 76 号主席令公布)

第一章　总则

第一条　为了加强对文物的保护，继承中华民族优秀的历史文化遗产，促进科学研究工作，进行爱国主义革命传统教育，建设社会主义精神文明和物质文明，根据宪法，制定本法。

第二条　在中华人民共和国境内，下列文物受国家保护：

（一）具有历史、艺术、科学价值的古文化遗址、古墓葬、古建筑、石窟寺和石刻、壁画；

（二）与重大历史事件、革命运动或者著名人物有关的以及具有重要纪念意义、教育意义或者史料价值的近代现代重要史迹、实物、代表性建筑；

（三）历史上各时代珍贵的艺术品、工艺美术品；

（四）历史上各时代重要的文献资料以及具有历史、艺术、科学价值的手稿和图书资料等；

（五）反映历史上各时代、各民族社会制度、社会生产、社会生活的代表性实物。

文物认定的标准和办法由国务院文物行政部门制定，并报国务院批准。

具有科学价值的古脊椎动物化石和古人类化石同文物一样受国家保护。

第三条　古文化遗址、古墓葬、古建筑、石窟寺、石刻、壁画、近代现代重要史迹和代表性建筑等不可移动文物，根据它们的历史、艺术、科学价值，可以分别确定为全国重点文物保护单位，省级文物保护单位，市、县级文物保护单位。

历史上各时代重要实物、艺术品、文献、手稿、图书资料、代表性实物等可移动文物，分为珍贵文物和一般文物；珍贵文物分为一级文物、二级文物、三级文物。

第四条　文物工作贯彻保护为主、抢救第一、合理利用、加强管理的方针。

第五条　中华人民共和国境内地下、内水和领海中遗存的一切文物，属于国家所有。

古文化遗址、古墓葬、石窟寺属于国家所有。国家指定保护的纪念建筑物、古建筑、石刻、壁画、近代现代代表性建筑等不可移动文物，除国家另有规定的以外，属于国家所有。

国有不可移动文物的所有权不因其所依附的土地所有权或者使用权的改变而改变。

下列可移动文物，属于国家所有：

（一）中国境内出土的文物，国家另有规定的除外；

（二）国有文物收藏单位以及其他国家机关、部队和国有企业、事业组织等收藏、保管的文物；

（三）国家征集、购买的文物；

（四）公民、法人和其他组织捐赠给国家的文物；

（五）法律规定属于国家所有的其他文物。

属于国家所有的可移动文物的所有权不因其保管、收藏单位的终止或者变更而改变。

国有文物所有权受法律保护，不容侵犯。

第六条　属于集体所有和私人所有的纪念建筑物、古建筑和祖传文物以及依法取得的其他文物，其所有权受法律保护。文物的所有者必须遵守国家有关文物保护的法律、法规的规定。

第七条　一切机关、组织和个人都有依法保护文物的义务。

第八条　国务院文物行政部门主管全国文物保护工作。

地方各级人民政府负责本行政区域内的文物保护工作。县级以上地方人民政府承担文物保护工作的部门对本行政区域内的文物保护实施监督管理。

县级以上人民政府有关行政部门在各自的职责范围内，负责有关的文物保护工作。

第九条　各级人民政府应当重视文物保护，正确处理经济建设、社会发展与文物保护的关系，确保文物安全。

基本建设、旅游发展必须遵守文物保护工作的方针，其活动不得对文物造成损害。

公安机关、工商行政管理部门、海关、城乡建设规划部门和其他有关国家机关，应当依法认真履行所承担的保护文物的职责，维护文物管理秩序。

第十条　国家发展文物保护事业。县级以上人民政府应当将文物保护事业纳入本级国民经济和社会发展规划，所需经费列入本级财政预算。

国家用于文物保护的财政拨款随着财政收入增长而增加。

国有博物馆、纪念馆、文物保护单位等的事业性收入，专门用于文物保护，任何单位或者个人不得侵占、挪用。

国家鼓励通过捐赠等方式设立文物保护社会基金，专门用于文物保护，任何单位或者个人不得侵占、挪用。

第十一条　文物是不可再生的文化资源。国家加强文物保护的宣传教育，增强全民文物保护的意识，鼓励文物保护的科学研究，提高文物保护的科学技术水平。

第十二条　有下列事迹的单位或者个人，由国家给予精神鼓励或者物质奖励：

（一）认真执行文物保护法律、法规，保护文物成绩显著的；

（二）为保护文物与违法犯罪行为作坚决斗争的；

（三）将个人收藏的重要文物捐献给国家或者为文物保护事业作出捐赠的；

（四）发现文物及时上报或者上交，使文物得到保护的；

（五）在考古发掘工作中作出重大贡献的；

（六）在文物保护科学技术方面有重要发明创造或者其他重要贡献的；

（七）在文物面临破坏危险时，抢救文物有功的；

（八）长期从事文物工作，作出显著成绩的。

第二章　不可移动文物

第十三条　国务院文物行政部门在省级、市、县级文物保护单位中，选择具有重大历史、艺术、科学价值的确定为全国重点文物保护单位，或者直接确定为全国重点文物保护单位，报国务院核定公布。

省级文物保护单位，由省、自治区、直辖市人民政府核定公布，并报国务院备案。

市级和县级文物保护单位，分别由设区的市、自治州和县级人民政府核定公布，并报省、自治区、直辖市人民政府备案。

尚未核定公布为文物保护单位的不可移动文物，由县级人民政府文物行政部门予以登记并公布。

第十四条　保存文物特别丰富并且具有重大历史价值或者革命纪念意义的城市，由国务院核定公布为历史文化名城。

保存文物特别丰富并且具有重大历史价值或者革命纪念意义的城镇、街道、村庄，由省、自治区、直辖市人民政府核定公布为历史文化街区、村镇，并报国务院备案。

历史文化名城和历史文化街区、村镇所在地的县级以上地方人民政府应当组织编制专门的历史文化名城和历史文化街区、村镇保护规划，并纳入城市总体规划。

历史文化名城和历史文化街区、村镇的保护办法，由国务院制定。

第十五条　各级文物保护单位，分别由省、自治区、直辖市人民政府和市、县级人民政府划定必要的保护范围，作出标志说明，建立记录档案，并区别情况分别设置专门机构或者专人负责管理。全国重点文物保护单位的保护范围和记录档案，由省、自治区、直辖市人民政府文物行政部门报国务院文物行政部门备案。

县级以上地方人民政府文物行政部门应当根据不同文物的保护需要，制定文物保护单位和未核定为文物保护单位的不可移动文物的具体保护措施，并公告施行。

第十六条　各级人民政府制定城乡建设规划，应当根据文物保护的需要，事先由城乡建设规划部门会同文物行政部门商定对本行政区域内各级文物保护单位的保护措施，并纳入规划。

第十七条　文物保护单位的保护范围内不得进行其他建设工程或者爆破、钻探、挖掘等作业。但是，因特殊情况需要在文物保护单位的保护范围内进行其他建设工程或者爆破、钻探、挖掘等作业的，必须保证文物保护单位的安全，并经核定公布该文物保护单位的人民政府批准，在批准前应当征得上一级人民政府文物行政部门同意；在全国重点文物保护单位的保护范围内进行其他建设工程或者爆破、钻探、挖掘等作业的，必须经省、自治区、直辖市人民政府批准，在批准前应当征得国务院文物行政部门同意。

第十八条　根据保护文物的实际需要，经省、自治区、直辖市人民政府批准，可以在文物保护单位的周围划出一定的建设控制地带，并予以公布。在文物保护单位的建设控制地带内进行建设工程，不得破坏文物保护单位的历史风貌；工程设计方案应当根据文物保护单位的级别，经相应的文物行政部门同意后，报城乡建设规划部门批准。

第十九条 在文物保护单位的保护范围和建设控制地带内，不得建设污染文物保护单位及其环境的设施，不得进行可能影响文物保护单位安全及其环境的活动。对已有的污染文物保护单位及其环境的设施，应当限期治理。

第二十条 建设工程选址，应当尽可能避开不可移动文物；因特殊情况不能避开的，对文物保护单位应当尽可能实施原址保护。

实施原址保护的，建设单位应当事先确定保护措施，根据文物保护单位的级别报相应的文物行政部门批准，并将保护措施列入可行性研究报告或者设计任务书。

无法实施原址保护，必须迁移异地保护或者拆除的，应当报省、自治区、直辖市人民政府批准；迁移或者拆除省级文物保护单位的，批准前须征得国务院文物行政部门同意。全国重点文物保护单位不得拆除；需要迁移的，须由省、自治区、直辖市人民政府报国务院批准。

依照前款规定拆除的国有不可移动文物中具有收藏价值的壁画、雕塑、建筑构件等，由文物行政部门指定的文物收藏单位收藏。

本条规定的原址保护、迁移、拆除所需费用，由建设单位列入建设工程预算。

第二十一条 国有不可移动文物由使用人负责修缮、保养；非国有不可移动文物由所有人负责修缮、保养。非国有不可移动文物有损毁危险，所有人不具备修缮能力的，当地人民政府应当给予帮助；所有人具备修缮能力而拒不依法履行修缮义务的，县级以上人民政府可以给予抢救修缮，所需费用由所有人负担。

对文物保护单位进行修缮，应当根据文物保护单位的级别报相应的文物行政部门批准；对未核定为文物保护单位的不可移动文物进行修缮，应当报登记的县级人民政府文物行政部门批准。

文物保护单位的修缮、迁移、重建，由取得文物保护工程资质证书的单位承担。

对不可移动文物进行修缮、保养、迁移，必须遵守不改变文物原状的原则。

第二十二条 不可移动文物已经全部毁坏的，应当实施遗址保护，不得在原址重建。但是，因特殊情况需要在原址重建的，由省、自治区、直辖市人民政府文物行政部门征得国务院文物行政部门同意后，报省、自治区、直辖市人民政府批准；全国重点文物保护单位需要在原址重建的，由省、自治区、直辖市人民政府报国务院批准。

　　第二十三条　核定为文物保护单位的属于国家所有的纪念建筑物或者古建筑，除可以建立博物馆、保管所或者辟为参观游览场所外，如果必须作其他用途的，应当经核定公布该文物保护单位的人民政府文物行政部门征得上一级文物行政部门同意后，报核定公布该文物保护单位的人民政府批准；全国重点文物保护单位作其他用途的，应当由省、自治区、直辖市人民政府报国务院批准。国有未核定为文物保护单位的不可移动文物作其他用途的，应当报告县级人民政府文物行政部门。

　　第二十四条　国有不可移动文物不得转让、抵押。建立博物馆、保管所或者辟为参观游览场所的国有文物保护单位，不得作为企业资产经营。

　　第二十五条　非国有不可移动文物不得转让、抵押给外国人。

　　非国有不可移动文物转让、抵押或者改变用途的，应当根据其级别报相应的文物行政部门备案；由当地人民政府出资帮助修缮的，应当报相应的文物行政部门批准。

　　第二十六条　使用不可移动文物，必须遵守不改变文物原状的原则，负责保护建筑物及其附属文物的安全，不得损毁、改建、添建或者拆除不可移动文物。

　　对危害文物保护单位安全、破坏文物保护单位历史风貌的建筑物、构筑物，当地人民政府应当及时调查处理，必要时，对该建筑物、构筑物予以拆迁。

第三章　考古发掘

　　第二十七条　一切考古发掘工作，必须履行报批手续；从事考古发掘的单位，应当经国务院文物行政部门批准。

　　地下埋藏的文物，任何单位或者个人都不得私自发掘。

　　第二十八条　从事考古发掘的单位，为了科学研究进行考古发掘，应当提出发掘计划，报国务院文物行政部门批准；对全国重点文物保护单位的考古发掘计划，应当经国务院文物行政部门审核后报国务院批准。国务院文物行政部门在批准或者审核前，应当征求社会科学研究机构及其他科研机构和有关专家的意见。

　　第二十九条　进行大型基本建设工程，建设单位应当事先报请省、自治区、直辖市人民政府文物行政部门组织从事考古发掘的单位在工程范围内有可能埋藏文物的地方进行考古调查、勘探。

　　考古调查、勘探中发现文物的，由省、自治区、直辖市人民政府文物行政部门根据文物保护的要求会同建设单位共同商定保护措施；遇有重要发现的，由省、自治区、直辖市人民政府文物行政部门及时报国务院文物行政部门处理。

第三十条 需要配合建设工程进行的考古发掘工作，应当由省、自治区、直辖市文物行政部门在勘探工作的基础上提出发掘计划，报国务院文物行政部门批准。国务院文物行政部门在批准前，应当征求社会科学研究机构及其他科研机构和有关专家的意见。

确因建设工期紧迫或者有自然破坏危险，对古文化遗址、古墓葬急需进行抢救发掘的，由省、自治区、直辖市人民政府文物行政部门组织发掘，并同时补办审批手续。

第三十一条 凡因进行基本建设和生产建设需要的考古调查、勘探、发掘，所需费用由建设单位列入建设工程预算。

第三十二条 在进行建设工程或者在农业生产中，任何单位或者个人发现文物，应当保护现场，立即报告当地文物行政部门，文物行政部门接到报告后，如无特殊情况，应当在二十四小时内赶赴现场，并在七日内提出处理意见。文物行政部门可以报请当地人民政府通知公安机关协助保护现场；发现重要文物的，应当立即上报国务院文物行政部门，国务院文物行政部门应当在接到报告后十五日内提出处理意见。

依照前款规定发现的文物属于国家所有，任何单位或者个人不得哄抢、私分、藏匿。

第三十三条 非经国务院文物行政部门报国务院特别许可，任何外国人或者外国团体不得在中华人民共和国境内进行考古调查、勘探、发掘。

第三十四条 考古调查、勘探、发掘的结果，应当报告国务院文物行政部门和省、自治区、直辖市人民政府文物行政部门。

考古发掘的文物，应当登记造册，妥善保管，按照国家有关规定移交给由省、自治区、直辖市人民政府文物行政部门或者国务院文物行政部门指定的国有博物馆、图书馆或者其他国有收藏文物的单位收藏。经省、自治区、直辖市人民政府文物行政部门或者国务院文物行政部门批准，从事考古发掘的单位可以保留少量出土文物作为科研标本。

考古发掘的文物，任何单位或者个人不得侵占。

第三十五条 根据保证文物安全、进行科学研究和充分发挥文物作用的需要，省、自治区、直辖市人民政府文物行政部门经本级人民政府批准，可以调用本行政区域内的出土文物；国务院文物行政部门经国务院批准，可以调用全国的重要出土文物。

第四章　馆藏文物

第三十六条　博物馆、图书馆和其他文物收藏单位对其收藏的文物，必须区分文物等级，设置藏品档案，建立严格的管理制度，并报主管的文物行政部门备案。

县级以上地方人民政府文物行政部门应当分别建立本行政区域内的馆藏文物档案；国务院文物行政部门应当建立国家一级文物藏品档案和其主管的国有文物收藏单位馆藏文物档案。

第三十七条　文物收藏单位可以通过下列方式取得文物：

（一）购买；

（二）接受捐赠；

（三）依法交换；

（四）法律、行政法规规定的其他方式。

国有文物收藏单位还可以通过文物行政部门指定保管或者调拨方式取得文物。

第三十八条　文物收藏单位应当根据馆藏文物的保护需要，按照国家有关规定建立、健全管理制度，并报主管的文物行政部门备案。未经批准，任何单位或者个人不得调取馆藏文物。

文物收藏单位的法定代表人对馆藏文物的安全负责。国有文物收藏单位的法定代表人离任时，应当按照馆藏文物档案办理馆藏文物移交手续。

第三十九条　国务院文物行政部门可以调拨全国的国有馆藏文物。省、自治区、直辖市人民政府文物行政部门可以调拨本行政区域内其主管的国有文物收藏单位馆藏文物；调拨国有馆藏一级文物，应当报国务院文物行政部门备案。

国有文物收藏单位可以申请调拨国有馆藏文物。

第四十条　文物收藏单位应当充分发挥馆藏文物的作用，通过举办展览、科学研究等活动，加强对中华民族优秀的历史文化和革命传统的宣传教育。

国有文物收藏单位之间因举办展览、科学研究等需借用馆藏文物的，应当报主管的文物行政部门备案；借用馆藏一级文物，应当经国务院文物行政部门批准。

非国有文物收藏单位和其他单位举办展览需借用国有馆藏文物的，应当报主管的文物行政部门批准；借用国有馆藏一级文物，应当经国务院文物行政部门批准。

文物收藏单位之间借用文物的最长期限不得超过三年。

第四十一条 已经建立馆藏文物档案的国有文物收藏单位,经省、自治区、直辖市人民政府文物行政部门批准,并报国务院文物行政部门备案,其馆藏文物可以在国有文物收藏单位之间交换;交换馆藏一级文物的,必须经国务院文物行政部门批准。

第四十二条 未建立馆藏文物档案的国有文物收藏单位,不得依照本法第四十条、第四十一条的规定处置其馆藏文物。

第四十三条 依法调拨、交换、借用国有馆藏文物,取得文物的文物收藏单位可以对提供文物的文物收藏单位给予合理补偿,具体管理办法由国务院文物行政部门制定。

国有文物收藏单位调拨、交换、出借文物所得的补偿费用,必须用于改善文物的收藏条件和收集新的文物,不得挪作他用;任何单位或者个人不得侵占。

调拨、交换、借用的文物必须严格保管,不得丢失、损毁。

第四十四条 禁止国有文物收藏单位将馆藏文物赠与、出租或者出售给其他单位、个人。

第四十五条 国有文物收藏单位不再收藏的文物的处置办法,由国务院另行制定。

第四十六条 修复馆藏文物,不得改变馆藏文物的原状;复制、拍摄、拓印馆藏文物,不得对馆藏文物造成损害。具体管理办法由国务院制定。

不可移动文物的单体文物的修复、复制、拍摄、拓印,适用前款规定。

第四十七条 博物馆、图书馆和其他收藏文物的单位应当按照国家有关规定配备防火、防盗、防自然损坏的设施,确保馆藏文物的安全。

第四十八条 馆藏一级文物损毁的,应当报国务院文物行政部门核查处理。其他馆藏文物损毁的,应当报省、自治区、直辖市人民政府文物行政部门核查处理;省、自治区、直辖市人民政府文物行政部门应当将核查处理结果报国务院文物行政部门备案。

馆藏文物被盗、被抢或者丢失的,文物收藏单位应当立即向公安机关报案,并同时向主管的文物行政部门报告。

第四十九条 文物行政部门和国有文物收藏单位的工作人员不得借用国有文物,不得非法侵占国有文物。

第五章 民间收藏文物

第五十条 文物收藏单位以外的公民、法人和其他组织可以收藏通过下列方式取得的文物：

（一）依法继承或者接受赠与；

（二）从文物商店购买；

（三）从经营文物拍卖的拍卖企业购买；

（四）公民个人合法所有的文物相互交换或者依法转让；

（五）国家规定的其他方式。

文物收藏单位以外的公民、法人和其他组织收藏的前款文物可以依法流通。

第五十一条 公民、法人和其他组织不得买卖下列文物：

（一）国有文物，但是国家允许的除外；

（二）非国有馆藏珍贵文物；

（三）国有不可移动文物中的壁画、雕塑、建筑构件等，但是依法拆除的国有不可移动文物中的壁画、雕塑、建筑构件等不属于本法第二十条第四款规定的应由文物收藏单位收藏的除外；

（四）来源不符合本法第五十条规定的文物。

第五十二条 国家鼓励文物收藏单位以外的公民、法人和其他组织将其收藏的文物捐赠给国有文物收藏单位或者出借给文物收藏单位展览和研究。

国有文物收藏单位应当尊重并按照捐赠人的意愿，对捐赠的文物妥善收藏、保管和展示。

国家禁止出境的文物，不得转让、出租、质押给外国人。

第五十三条 文物商店应当由国务院文物行政部门或者省、自治区、直辖市人民政府文物行政部门批准设立，依法进行管理。

文物商店不得从事文物拍卖经营活动，不得设立经营文物拍卖的拍卖企业。

第五十四条 依法设立的拍卖企业经营文物拍卖的，应当取得国务院文物行政部门颁发的文物拍卖许可证。

经营文物拍卖的拍卖企业不得从事文物购销经营活动，不得设立文物商店。

第五十五条 文物行政部门的工作人员不得举办或者参与举办文物商店或

者经营文物拍卖的拍卖企业。

文物收藏单位不得举办或者参与举办文物商店或者经营文物拍卖的拍卖企业。

禁止设立中外合资、中外合作和外商独资的文物商店或者经营文物拍卖的拍卖企业。

除经批准的文物商店、经营文物拍卖的拍卖企业外，其他单位或者个人不得从事文物的商业经营活动。

第五十六条 文物商店销售的文物，在销售前应当经省、自治区、直辖市人民政府文物行政部门审核；对允许销售的，省、自治区、直辖市人民政府文物行政部门应当作出标识。

拍卖企业拍卖的文物，在拍卖前应当经省、自治区、直辖市人民政府文物行政部门审核，并报国务院文物行政部门备案；省、自治区、直辖市人民政府文物行政部门不能确定是否可以拍卖的，应当报国务院文物行政部门审核。

第五十七条 文物商店购买、销售文物，拍卖企业拍卖文物，应当按照国家有关规定作出记录，并报原审核的文物行政部门备案。

拍卖文物时，委托人、买受人要求对其身份保密的，文物行政部门应当为其保密；但是，法律、行政法规另有规定的除外。

第五十八条 文物行政部门在审核拟拍卖的文物时，可以指定国有文物收藏单位优先购买其中的珍贵文物。购买价格由文物收藏单位的代表与文物的委托人协商确定。

第五十九条 银行、冶炼厂、造纸厂以及废旧物资回收单位，应当与当地文物行政部门共同负责拣选掺杂在金银器和废旧物资中的文物。拣选文物除供银行研究所必需的历史货币可以由人民银行留用外，应当移交当地文物行政部门。移交拣选文物，应当给予合理补偿。

第六章　文物出境进境

第六十条 国有文物、非国有文物中的珍贵文物和国家规定禁止出境的其他文物，不得出境；但是依照本法规定出境展览或者因特殊需要经国务院批准出境的除外。

第六十一条 文物出境，应当经国务院文物行政部门指定的文物进出境审核机构审核。经审核允许出境的文物，由国务院文物行政部门发给文物出境许可证，从国务院文物行政部门指定的口岸出境。

任何单位或者个人运送、邮寄、携带文物出境，应当向海关申报；海关凭文物出境许可证放行。

第六十二条　文物出境展览，应当报国务院文物行政部门批准；一级文物超过国务院规定数量的，应当报国务院批准。

一级文物中的孤品和易损品，禁止出境展览。

出境展览的文物出境，由文物进出境审核机构审核、登记。海关凭国务院文物行政部门或者国务院的批准文件放行。出境展览的文物复进境，由原文物进出境审核机构审核查验。

第六十三条　文物临时进境，应当向海关申报，并报文物进出境审核机构审核、登记。

临时进境的文物复出境，必须经原审核、登记的文物进出境审核机构审核查验；经审核查验无误的，由国务院文物行政部门发给文物出境许可证，海关凭文物出境许可证放行。

第七章　法律责任

第六十四条　违反本法规定，有下列行为之一，构成犯罪的，依法追究刑事责任：

（一）盗掘古文化遗址、古墓葬的；

（二）故意或者过失损毁国家保护的珍贵文物的；

（三）擅自将国有馆藏文物出售或者私自送给非国有单位或者个人的；

（四）将国家禁止出境的珍贵文物私自出售或者送给外国人的；

（五）以牟利为目的倒卖国家禁止经营的文物的；

（六）走私文物的；

（七）盗窃、哄抢、私分或者非法侵占国有文物的；

（八）应当追究刑事责任的其他妨害文物管理行为。

第六十五条　违反本法规定，造成文物灭失、损毁的，依法承担民事责任。

违反本法规定，构成违反治安管理行为的，由公安机关依法给予治安管理处罚。

违反本法规定，构成走私行为，尚不构成犯罪的，由海关依照有关法律、行政法规的规定给予处罚。

第六十六条　有下列行为之一，尚不构成犯罪的，由县级以上人民政府文物主管部门责令改正，造成严重后果的，处五万元以上五十万元以下的罚款；情节严重的，由原发证机关吊销资质证书：

（一）擅自在文物保护单位的保护范围内进行建设工程或者爆破、钻探、挖掘等作业的；

（二）在文物保护单位的建设控制地带内进行建设工程，其工程设计方案未经文物行政部门同意、报城乡建设规划部门批准，对文物保护单位的历史风貌造成破坏的；

（三）擅自迁移、拆除不可移动文物的；

（四）擅自修缮不可移动文物，明显改变文物原状的；

（五）擅自在原址重建已全部毁坏的不可移动文物，造成文物破坏的；

（六）施工单位未取得文物保护工程资质证书，擅自从事文物修缮、迁移、重建的。

刻画、涂污或者损坏文物尚不严重的，或者损毁依照本法第十五条第一款规定设立的文物保护单位标志的，由公安机关或者文物所在单位给予警告，可以并处罚款。

第六十七条　在文物保护单位的保护范围内或者建设控制地带内建设污染文物保护单位及其环境的设施的，或者对已有的污染文物保护单位及其环境的设施未在规定的期限内完成治理的，由环境保护行政部门依照有关法律、法规的规定给予处罚。

第六十八条　有下列行为之一的，由县级以上人民政府文物主管部门责令改正，没收违法所得，违法所得一万元以上的，并处违法所得二倍以上五倍以下的罚款；违法所得不足一万元的，并处五千元以上二万元以下的罚款：

（一）转让或者抵押国有不可移动文物，或者将国有不可移动文物作为企业资产经营的；

（二）将非国有不可移动文物转让或者抵押给外国人的；

（三）擅自改变国有文物保护单位的用途的。

第六十九条　历史文化名城的布局、环境、历史风貌等遭到严重破坏的，由国务院撤销其历史文化名城称号；历史文化城镇、街道、村庄的布局、环境、历史风貌等遭到严重破坏的，由省、自治区、直辖市人民政府撤销其历史文化街区、村镇称号；对负有责任的主管人员和其他直接责任人员依法给予行政处分。

第七十条　有下列行为之一，尚不构成犯罪的，由县级以上人民政府文物主管部门责令改正，可以并处二万元以下的罚款，有违法所得的，没收违法所得：

（一）文物收藏单位未按照国家有关规定配备防火、防盗、防自然损坏的设施的；

（二）国有文物收藏单位法定代表人离任时未按照馆藏文物档案移交馆藏文物，或者所移交的馆藏文物与馆藏文物档案不符的；

（三）将国有馆藏文物赠与、出租或者出售给其他单位、个人的；

（四）违反本法第四十条、第四十一条、第四十五条规定处置国有馆藏文物的；

（五）违反本法第四十三条规定挪用或者侵占依法调拨、交换、出借文物所得补偿费用的。

第七十一条　买卖国家禁止买卖的文物或者将禁止出境的文物转让、出租、质押给外国人，尚不构成犯罪的，由县级以上人民政府文物主管部门责令改正，没收违法所得，违法经营额一万元以上的，并处违法经营额二倍以上五倍以下的罚款；违法经营额不足一万元的，并处五千元以上二万元以下的罚款。

第七十二条　未经许可，擅自设立文物商店、经营文物拍卖的拍卖企业，或者擅自从事文物的商业经营活动，尚不构成犯罪的，由工商行政管理部门依法予以制止，没收违法所得、非法经营的文物，违法经营额五万元以上的，并处违法经营额二倍以上五倍以下的罚款；违法经营额不足五万元的，并处二万元以上十万元以下的罚款。

第七十三条　有下列情形之一的，由工商行政管理部门没收违法所得、非法经营的文物，违法经营额五万元以上的，并处违法经营额一倍以上三倍以下的罚款；违法经营额不足五万元的，并处五千元以上五万元以下的罚款；情节严重的，由原发证机关吊销许可证书：

（一）文物商店从事文物拍卖经营活动的；

（二）经营文物拍卖的拍卖企业从事文物购销经营活动的；

（三）文物商店销售的文物、拍卖企业拍卖的文物，未经审核的；

（四）文物收藏单位从事文物的商业经营活动的。

第七十四条　有下列行为之一，尚不构成犯罪的，由县级以上人民政府文物主管部门会同公安机关追缴文物；情节严重的，处五千元以上五万元以下的罚款：

（一）发现文物隐匿不报或者拒不上交的；

（二）未按照规定移交拣选文物的。

第七十五条 有下列行为之一的，由县级以上人民政府文物主管部门责令改正：

（一）改变国有未核定为文物保护单位的不可移动文物的用途，未依照本法规定报告的；

（二）转让、抵押非国有不可移动文物或者改变其用途，未依照本法规定备案的；

（三）国有不可移动文物的使用人拒不依法履行修缮义务的；

（四）考古发掘单位未经批准擅自进行考古发掘，或者不如实报告考古发掘结果的；

（五）文物收藏单位未按照国家有关规定建立馆藏文物档案、管理制度，或者未将馆藏文物档案、管理制度备案的；

（六）违反本法第三十八条规定，未经批准擅自调取馆藏文物的；

（七）馆藏文物损毁未报文物行政部门核查处理，或者馆藏文物被盗、被抢或者丢失，文物收藏单位未及时向公安机关或者文物行政部门报告的；

（八）文物商店销售文物或者拍卖企业拍卖文物，未按照国家有关规定作出记录或者未将所作记录报文物行政部门备案的。

第七十六条 文物行政部门、文物收藏单位、文物商店、经营文物拍卖的拍卖企业的工作人员，有下列行为之一的，依法给予行政处分，情节严重的，依法开除公职或者吊销其从业资格；构成犯罪的，依法追究刑事责任：

（一）文物行政部门的工作人员违反本法规定，滥用审批权限、不履行职责或者发现违法行为不予查处，造成严重后果的；

（二）文物行政部门和国有文物收藏单位的工作人员借用或者非法侵占国有文物的；

（三）文物行政部门的工作人员举办或者参与举办文物商店或者经营文物拍卖的拍卖企业的；

（四）因不负责任造成文物保护单位、珍贵文物损毁或者流失的；

（五）贪污、挪用文物保护经费的。

前款被开除公职或者被吊销从业资格的人员，自被开除公职或者被吊销从业资格之日起十年内不得担任文物管理人员或者从事文物经营活动。

第七十七条 有本法第六十六条、第六十八条、第七十条、第七十一条、第七十四条、第七十五条规定所列行为之一的，负有责任的主管人员和其他直接责任人员是国家工作人员的，依法给予行政处分。

第七十八条 公安机关、工商行政管理部门、海关、城乡建设规划部门和其他国家机关，违反本法规定滥用职权、玩忽职守、徇私舞弊，造成国家保护的珍贵文物损毁或者流失的，对负有责任的主管人员和其他直接责任人员依法给予行政处分；构成犯罪的，依法追究刑事责任。

第七十九条　人民法院、人民检察院、公安机关、海关和工商行政管理部门依法没收的文物应当登记造册，妥善保管，结案后无偿移交文物行政部门，由文物行政部门指定的国有文物收藏单位收藏。

第八章　附　则

第八十条　本法自公布之日起施行。

中华人民共和国文物保护法实施条例

（中华人民共和国国务院令第377号《中华人民共和国文物保护法实施条例》已经2003年5月13日国务院第八次常务会议通过，现予公布，自2003年7月1日起施行。总理温家宝）

第一章　总则

第一条　根据《中华人民共和国文物保护法》（以下简称文物保护法），制定本实施条例。

第二条　国家重点文物保护专项补助经费和地方文物保护专项经费，由县级以上人民政府文物行政主管部门、投资主管部门、财政部门按照国家有关规定共同实施管理。任何单位或者个人不得侵占、挪用。

第三条　国有的博物馆、纪念馆、文物保护单位等的事业性收入，应当用于下列用途：

（一）文物的保管、陈列、修复、征集；

（二）国有的博物馆、纪念馆、文物保护单位的修缮和建设；

（三）文物的安全防范；

（四）考古调查、勘探、发掘；

（五）文物保护的科学研究、宣传教育。

第四条　文物行政主管部门和教育、科技、新闻出版、广播电视行政主管部门，应当做好文物保护的宣传教育工作。

第五条　国务院文物行政主管部门和省、自治区、直辖市人民政府文物行政主管部门，应当制定文物保护的科学技术研究规划，采取有效措施，促进文物保护科技成果的推广和应用，提高文物保护的科学技术水平。

第六条　有文物保护法第十二条所列事迹之一的单位或者个人，由人民政府及其文物行政主管部门、有关部门给予精神鼓励或者物质奖励。

第二章　不可移动文物

第七条　历史文化名城，由国务院建设行政主管部门会同国务院文物行政主管部门报国务院核定公布。历史文化街区、村镇，由省、自治区、直辖市人民政府城乡规划行政主管部门会同文物行政主管部门报本级人民政府核定公布。县级以上地方人民政府组织编制的历史文化名城和历史文化街区、村镇的保护规划，应当符合文物保护的要求。

第八条　全国重点文物保护单位和省级文物保护单位自核定公布之日起1年内，由省、自治区、直辖市人民政府划定必要的保护范围，作出标志说明，建立记录档案，设置专门机构或者指定专人负责管理。设区的市、自治州级和县级文物保护单位自核定公布之日起1年内，由核定公布该文物保护单位的人民政府划定保护范围，作出标志说明，建立记录档案，设置专门机构或者指定专人负责管理。

第九条　文物保护单位的保护范围，是指对文物保护单位本体及周围一定范围实施重点保护的区域。文物保护单位的保护范围，应当根据文物保护单位的类别、规模、内容以及周围环境的历史和现实情况合理划定，并在文物保护单位本体之外保持一定的安全距离，确保文物保护单位的真实性和完整性。

第十条　文物保护单位的标志说明，应当包括文物保护单位的级别、名称、公布机关、公布日期、立标机关、立标日期等内容。民族自治地区的文物保护单位的标志说明，应当同时用规范汉字和当地通用的少数民族文字书写。

第十一条　文物保护单位的记录档案，应当包括文物保护单位本体记录等科学技术资料和有关文献记载、行政管理等内容。文物保护单位的记录档案，应当充分利用文字、音像制品、图画、拓片、摹本、电子文本等形式，有效表现其所载内容。

第十二条　古文化遗址、古墓葬、石窟寺和属于国家所有的纪念性建筑物、古建筑，被核定公布为文物保护单位的，由县级以上地方人民政府设置专门机构或者指定机构负责管理。其他文物保护单位，由县级以上地方人民政府设置专门机构或者指定机构、专人负责管理；指定专人负责管理的，可以采取聘请文物保护员的形式。文物保护单位有使用单位的，使用单位应当设立群众性文物保护组织；没有使用单位的，文物保护单位所在地的村民委员会或者居民委员会可以设立群众性文物保护组织。文物行政主管部门应当对群众性文物保护组织的活动给予指导和支持。负责管理文物保护单位的机构，应当建立健全规章制度，采取安全防范措施；其安全保卫人员，可以依法配备防卫器械。

第十三条 文物保护单位的建设控制地带，是指在文物保护单位的保护范围外，为保护文物保护单位的安全、环境、历史风貌对建设项目加以限制的区域。文物保护单位的建设控制地带，应当根据文物保护单位的类别、规模、内容以及周围环境的历史和现实情况合理划定。

第十四条 全国重点文物保护单位的建设控制地带，经省、自治区、直辖市人民政府批准，由省、自治区、直辖市人民政府的文物行政主管部门会同城乡规划行政主管部门划定并公布。省级、设区的市、自治州级和县级文物保护单位的建设控制地带，经省、自治区、直辖市人民政府批准，由核定公布该文物保护单位的人民政府的文物行政主管部门会同城乡规划行政主管部门划定并公布。

第十五条 承担文物保护单位的修缮、迁移、重建工程的单位，应当同时取得文物行政主管部门发给的相应等级的文物保护工程资质证书和建设行政主管部门发给的相应等级的资质证书。其中，不涉及建筑活动的文物保护单位的修缮、迁移、重建，应当由取得文物行政主管部门发给的相应等级的文物保护工程资质证书的单位承担。

第十六条 申领文物保护工程资质证书，应当具备下列条件：

（一）有取得文物博物专业技术职务的人员；

（二）有从事文物保护工程所需的技术设备；

（三）法律、行政法规规定的其他条件。

第十七条 申领文物保护工程资质证书，应当向省、自治区、直辖市人民政府文物行政主管部门或者国务院文物行政主管部门提出申请。省、自治区、直辖市人民政府文物行政主管部门或者国务院文物行政主管部门应当自收到申请之日起30个工作日内作出批准或者不批准的决定。决定批准的，发给相应等级的文物保护工程资质证书；决定不批准的，应当书面通知当事人并说明理由。文物保护工程资质等级的分级标准和审批办法，由国务院文物行政主管部门制定。

第十八条 文物行政主管部门在审批文物保护单位的修缮计划和工程设计方案前，应当征求上一级人民政府文物行政主管部门的意见。

第十九条 危害全国重点文物保护单位安全或者破坏其历史风貌的建筑物、构筑物，由省、自治区、直辖市人民政府负责调查处理。

危害省级、设区的市、自治州级、县级文物保护单位安全或者破坏其历史风貌的建筑物、构筑物，由核定公布该文物保护单位的人民政府负责调查处理。危害尚未核定公布为文物保护单位的不可移动文物安全的建筑物、构筑物，由县级人民政府负责调查处理。

第三章　考古发掘

第二十条　申请从事考古发掘的单位，取得考古发掘资质证书，应当具备下列条件：

（一）有 4 名以上取得考古发掘领队资格的人员；

（二）有取得文物博物专业技术职务的人员；

（三）有从事文物安全保卫的专业人员；

（四）有从事考古发掘所需的技术设备；

（五）有保障文物安全的设施和场所；

（六）法律、行政法规规定的其他条件。

第二十一条　申领考古发掘资质证书，应当向国务院文物行政主管部门提出申请。国务院文物行政主管部门应当自收到申请之日起 30 个工作日内作出批准或者不批准的决定。决定批准的，发给考古发掘资质证书；决定不批准的，应当书面通知当事人并说明理由。

第二十二条　考古发掘项目实行领队负责制度。担任领队的人员，应当取得国务院文物行政主管部门按照国家有关规定发给的考古发掘领队资格证书。

第二十三条　配合建设工程进行的考古调查、勘探、发掘，由省、自治区、直辖市人民政府文物行政主管部门组织实施。跨省、自治区、直辖市的建设工程范围内的考古调查、勘探、发掘，由建设工程所在地的有关省、自治区、直辖市人民政府文物行政主管部门联合组织实施；其中，特别重要的建设工程范围内的考古调查、勘探、发掘，由国务院文物行政主管部门组织实施。建设单位对配合建设工程进行的考古调查、勘探、发掘，应当予以协助，不得妨碍考古调查、勘探、发掘。

第二十四条　国务院文物行政主管部门应当自收到文物保护法第三十条第一款规定的发掘计划之日起 30 个工作日内作出批准或者不批准的决定。决定批准的，发给批准文件；决定不批准的，应当书面通知当事人并说明理由。文物保护法第三十条第二款规定的抢救性发掘，省、自治区、直辖市人民政府文物行政主管部门应当自开工之日起 10 个工作日内向国务院文物行政主管部门补办审批手续。

第二十五条　考古调查、勘探、发掘所需经费的范围和标准，按照国家有关规定执行。

　　第二十六条　从事考古发掘的单位应当在考古发掘完成之日起 30 个工作日内向省、自治区、直辖市人民政府文物行政主管部门和国务院文物行政主管部门提交结项报告，并于提交结项报告之日起 3 年内向省、自治区、直辖市人民政府文物行政主管部门和国务院文物行政主管部门提交考古发掘报告。

　　第二十七条　从事考古发掘的单位提交考古发掘报告后，经省、自治区、直辖市人民政府文物行政主管部门或者国务院文物行政主管部门依据各自职权批准，可以保留少量出土文物作为科研标本，并应当于提交发掘报告之日起 6 个月内将其他出土文物移交给由省、自治区、直辖市人民政府文物行政主管部门或者国务院文物行政主管部门指定的国有的博物馆、图书馆或者其他国有文物收藏单位收藏。

第四章　馆藏文物

　　第二十八条　文物收藏单位应当建立馆藏文物的接收、鉴定、登记、编目和档案制度，库房管理制度，出入库、注销和统计制度，保养、修复和复制制度。

　　第二十九条　县级人民政府文物行政主管部门应当将本行政区域内的馆藏文物档案，按照行政隶属关系报设区的市、自治州级人民政府文物行政主管部门或者省、自治区、直辖市人民政府文物行政主管部门备案；设区的市、自治州级人民政府文物行政主管部门应当将本行政区域内的馆藏文物档案，报省、自治区、直辖市人民政府文物行政主管部门备案；省、自治区、直辖市人民政府文物行政主管部门应当将本行政区域内的一级文物藏品档案，报国务院文物行政主管部门备案。

　　第三十条　文物收藏单位之间借用馆藏文物，借用人应当对借用的馆藏文物采取必要的保护措施，确保文物的安全。借用的馆藏文物的灭失、损坏风险，除当事人另有约定外，由借用该馆藏文物的文物收藏单位承担。

　　第三十一条　国有文物收藏单位未依照文物保护法第三十六条的规定建立馆藏文物档案并将馆藏文物档案报主管的文物行政主管部门备案的，不得交换、借用馆藏文物。

　　第三十二条　修复、复制、拓印馆藏二级文物和馆藏三级文物的，应当报省、自治区、直辖市人民政府文物行政主管部门批准；修复、复制、拓印馆藏一级文物的，应当经省、自治区、直辖市人民政府文物行政主管部门审核后报国务院文物行政主管部门批准。

第三十三条　从事馆藏文物修复、复制、拓印的单位，应当具备下列条件：

（一）有取得中级以上文物博物专业技术职务的人员；

（二）有从事馆藏文物修复、复制、拓印所需的场所和技术设备；

（三）法律、行政法规规定的其他条件。

第三十四条　从事馆藏文物修复、复制、拓印，应当向省、自治区、直辖市人民政府文物行政主管部门提出申请。省、自治区、直辖市人民政府文物行政主管部门应当自收到申请之日起30个工作日内作出批准或者不批准的决定。决定批准的，发给相应等级的资质证书；决定不批准的，应当书面通知当事人并说明理由。

第三十五条　为制作出版物、音像制品等拍摄馆藏二级文物和馆藏三级文物的，应当报省、自治区、直辖市人民政府文物行政主管部门批准；拍摄馆藏一级文物的，应当经省、自治区、直辖市人民政府文物行政主管部门审核后报国务院文物行政主管部门批准。

第三十六条　馆藏文物被盗、被抢或者丢失的，文物收藏单位应当立即向公安机关报案，并同时向主管的文物行政主管部门报告；主管的文物行政主管部门应当在接到文物收藏单位的报告后24小时内，将有关情况报告国务院文物行政主管部门。

第三十七条　国家机关和国有的企业、事业组织等收藏、保管国有文物的，应当履行下列义务：

（一）建立文物藏品档案制度，并将文物藏品档案报所在地省、自治区、直辖市人民政府文物行政主管部门备案；

（二）建立、健全文物藏品的保养、修复等管理制度，确保文物安全；

（三）文物藏品被盗、被抢或者丢失的，应当立即向公安机关报案，并同时向所在地省、自治区、直辖市人民政府文物行政主管部门报告。

第五章　民间收藏文物

第三十八条　文物收藏单位以外的公民、法人和其他组织，可以依法收藏文物，其依法收藏的文物的所有权受法律保护。公民、法人和其他组织依法收藏文物的，可以要求文物行政主管部门对其收藏的文物提供鉴定、修复、保管等方面的咨询。

第三十九条　设立文物商店，应当具备下列条件：

（一）有 200 万元人民币以上的注册资本；

（二）有 5 名以上取得中级以上文物博物专业技术职务的人员；

（三）有保管文物的场所、设施和技术条件；

（四）法律、行政法规规定的其他条件。

第四十条　设立文物商店，应当依照国务院文物行政主管部门的规定向省、自治区、直辖市以上人民政府文物行政主管部门提出申请。省、自治区、直辖市以上人民政府文物行政主管部门应当自收到申请之日起 30 个工作日内作出批准或者不批准的决定。决定批准的，发给批准文件；决定不批准的，应当书面通知当事人并说明理由。

第四十一条　依法设立的拍卖企业，从事文物拍卖经营活动的，应当有 5 名以上取得高级文物博物专业技术职务的文物拍卖专业人员，并取得国务院文物行政主管部门发给的文物拍卖许可证。

第四十二条　依法设立的拍卖企业申领文物拍卖许可证，应当向国务院文物行政主管部门提出申请。国务院文物行政主管部门应当自收到申请之日起 30 个工作日内作出批准或者不批准的决定。决定批准的，发给文物拍卖许可证；决定不批准的，应当书面通知当事人并说明理由。

第四十三条　文物商店购买、销售文物，经营文物拍卖的拍卖企业拍卖文物，应当记录文物的名称、图录、来源、文物的出卖人、委托人和买受人的姓名或者名称、住所、有效身份证件号码或者有效证照号码以及成交价格，并报核准其销售、拍卖文物的文物行政主管部门备案。接受备案的文物行政主管部门应当依法为其保密，并将该记录保存 75 年。文物行政主管部门应当加强对文物商店和经营文物拍卖的拍卖企业的监督检查。

第六章　文物出境进境

第四十四条　国务院文物行政主管部门指定的文物进出境审核机构，应当有 5 名以上专职文物进出境责任鉴定员。专职文物进出境责任鉴定员应当取得中级以上文物博物专业技术职务并经国务院文物行政主管部门考核合格。

第四十五条　运送、邮寄、携带文物出境，应当在文物出境前依法报文物进出境审核机构审核。文物进出境审核机构应当自收到申请之日起 15 个工作日内作出是否允许出境的决定。文物进出境审核机构审核文物，应当有 3 名以上文物博物专业技术人员参加；其中，应当有 2 名以上文物进出境责任鉴定员。文物出境审核意见，由文物进出境责任鉴定员共同签署；对经审核，文物进出境责任鉴定员一致同意允许出境的文物，文物进出境审核机构方可作出允许出境的决定。文物出境审核标准，由国务院文物行政主管部门制定。

第四十六条 文物进出境审核机构应当对所审核进出境文物的名称、质地、尺寸、级别，当事人的姓名或者名称、住所、有效身份证件号码或者有效证照号码，以及进出境口岸、文物去向和审核日期等内容进行登记。

第四十七条 经审核允许出境的文物，由国务院文物行政主管部门发给文物出境许可证，并由文物进出境审核机构标明文物出境标识。经审核允许出境的文物，应当从国务院文物行政主管部门指定的口岸出境。海关查验文物出境标识后，凭文物出境许可证放行。经审核不允许出境的文物，由文物进出境审核机构发还当事人。

第四十八条 文物出境展览的承办单位，应当在举办展览前6个月向国务院文物行政主管部门提出申请。国务院文物行政主管部门应当自收到申请之日起30个工作日内作出批准或者不批准的决定。决定批准的，发给批准文件；决定不批准的，应当书面通知当事人并说明理由。一级文物展品超过120件（套）的，或者一级文物展品超过展品总数的20%的，应当报国务院批准。

第四十九条 一级文物中的孤品和易损品，禁止出境展览。禁止出境展览文物的目录，由国务院文物行政主管部门定期公布。未曾在国内正式展出的文物，不得出境展览。

第五十条 文物出境展览的期限不得超过1年。因特殊需要，经原审批机关批准可以延期；但是，延期最长不得超过1年。

第五十一条 文物出境展览期间，出现可能危及展览文物安全情形的，原审批机关可以决定中止或者撤销展览。

第五十二条 临时进境的文物，经海关将文物加封后，交由当事人报文物进出境审核机构审核、登记。文物进出境审核机构查验海关封志完好无损后，对每件临时进境文物标明文物临时进境标识，并登记拍照。临时进境文物复出境时，应当由原审核、登记的文物进出境审核机构核对入境登记拍照记录，查验文物临时进境标识无误后标明文物出境标识，并由国务院文物行政主管部门发给文物出境许可证。未履行本条第一款规定的手续临时进境的文物复出境的，依照本章关于文物出境的规定办理。

第五十三条 任何单位或者个人不得擅自剥除、更换、挪用或者损毁文物出境标识、文物临时进境标识。

第七章 法律责任

第五十四条 公安机关、工商行政管理、文物、海关、城乡规划、建设等有关部门及其工作人员，违反本条例规定，滥用审批权限、不履行职责或者发现违法行为不予查处的，对负有责任的主管人员和其他直接责任人员依法给予行政处分；构成犯罪的，依法追究刑事责任。

第五十五条 违反本条例规定，未取得相应等级的文物保护工程资质证书，擅自承担文物保护单位的修缮、迁移、重建工程的，由文物行政主管部门责令限期改正；逾期不改正，或者造成严重后果的，处 5 万元以上 50 万元以下的罚款；构成犯罪的，依法追究刑事责任。违反本条例规定，未取得建设行政主管部门发给的相应等级的资质证书，擅自承担含有建筑活动的文物保护单位的修缮、迁移、重建工程的，由建设行政主管部门依照有关法律、行政法规的规定予以处罚。

第五十六条 违反本条例规定，未取得资质证书，擅自从事馆藏文物的修复、复制、拓印活动的，由文物行政主管部门责令停止违法活动；没收违法所得和从事违法活动的专用工具、设备；造成严重后果的，并处 1 万元以上 10 万元以下的罚款；构成犯罪的，依法追究刑事责任。

第五十七条 文物保护法第六十六条第二款规定的罚款，数额为 200 元以下。

第五十八条 违反本条例规定，未经批准擅自修复、复制、拓印、拍摄馆藏珍贵文物的，由文物行政主管部门给予警告；造成严重后果的，处 2000 元以上 2 万元以下的罚款；对负有责任的主管人员和其他直接责任人员依法给予行政处分。

第五十九条 考古发掘单位违反本条例规定，未在规定期限内提交结项报告或者考古发掘报告的，由省、自治区、直辖市人民政府文物行政主管部门或者国务院文物行政主管部门责令限期改正；逾期不改正的，对负有责任的主管人员和其他直接责任人员依法给予行政处分。

第六十条 考古发掘单位违反本条例规定，未在规定期限内移交文物的，由省、自治区、直辖市人民政府文物行政主管部门或者国务院文物行政主管部门责令限期改正；逾期不改正，或者造成严重后果的，对负有责任的主管人员和其他直接责任人员依法给予行政处分。

第六十一条 违反本条例规定，文物出境展览超过展览期限的，由国务院文物行政主管部门责令限期改正；对负有责任的主管人员和其他直接责任人员依法给予行政处分。

第六十二条 依照文物保护法第六十六条、第七十三条的规定，单位被处以吊销许可证行政处罚的，应当依法到工商行政管理部门办理变更登记或者注销登记；逾期未办理的，由工商行政管理部门吊销营业执照。

第六十三条 违反本条例规定，改变国有的博物馆、纪念馆、文物保护单位等的事业性收入的用途的，对负有责任的主管人员和其他直接责任人员依法给予行政处分；构成犯罪的，依法追究刑事责任。

第八章 附 则

第六十四条 本条例自 2003 年 7 月 1 日起施行。

中华人民共和国拍卖法

(1996 年 7 月 5 日第八届全国人民代表大会常务委员会第二十次会议通过。根据 2004 年 8 月 28 日第十届全国人民代表大会常务委员会第十一次会议《关于修改〈中华人民共和国拍卖法〉的决定》修正)

第一章　总则

第一条　为了规范拍卖公司行为，维护拍卖秩序，保护拍卖活动各方当事人的合法权益，制定本法。

第二条　本法适用于中华人民共和国境内拍卖企业进行的拍卖活动。

第三条　拍卖是指以公开竞价的形式，将特定物品或者财产权利转让给最高应价者的买卖方式。

第四条　拍卖活动应当遵守有关法律、行政法规，遵循公开、公平、公正、诚实信用的原则。

第五条　国务院负责管理拍卖业的部门对全国拍卖业实施监督管理。

省、自治区、直辖市的人民政府和设区的市级人民政府负责管理拍卖业的部门对本行政区域内的拍卖业实施监督管理。

第二章　拍卖标的

第六条　拍卖标的应当是委托人所有或者依法可以处分的物品或者财产权利。

第七条　法律、行政法规禁止买卖的物品或者财产权利，不得作为拍卖标的。

第八条　依照法律或者按照国务院规定需经审批才能转让的物品或者财产权利，在拍卖前，应当依法办理审批手续。

委托拍卖的文物，在拍卖前，应当经拍卖人住所地的文物行政管理部门依法鉴定、许可。

第九条　国家行政机关依法没收的物品，充抵税款、罚款的物品和其他物品，按照国务院规定应当委托拍卖的，由财产所在地的省、自治区、直辖市的人民政府和设区的市级人民政府指定的拍卖人进行拍卖。拍卖由人民法院依法没收的物品，充抵罚金、罚款的物品以及无法返还的追回物品，适用前款规定。

第三章　拍卖当事人

第一节　拍卖人

第十条　拍卖人是指依照本法和《中华人民共和国公司法》设立的从事拍卖活动的企业法人。

第十一条　拍卖企业可以在设区的市设立。设立拍卖企业必须经所在地的省、自治区、直辖市人民政府负责管理拍卖业的部门审核许可，并向工商行政管理部门申请登记，领取营业执照。

第十二条　设立拍卖企业，应当具备下列条件：

（一）有一百万元人民币以上的注册资本；

（二）有自己的名称、组织机构、住所和章程；

（三）有与从事拍卖业务相适应的拍卖师和其他工作人员；

（四）有符合本法和其他有关法律规定的拍卖业务规则；

（五）符合国务院有关拍卖业发展的规定；

（六）法律、行政法规规定的其他条件。

第十三条　拍卖企业经营文物拍卖的，应当有一千万元人民币以上的注册资本，有具有文物拍卖专业知识的人员。

第十四条　拍卖活动应当由拍卖师主持。

第十五条　拍卖师应当具备下列条件：

（一）具有高等院校专科以上学历和拍卖专业知识；

（二）在拍卖企业工作两年以上；

（三）品行良好。

被开除公职或者吊销拍卖师资格证书未满五年的，或者因故意犯罪受过刑事处罚的，不得担任拍卖师。

第十六条　拍卖师资格考核，由拍卖行业协会统一组织。经考核合格的，由拍卖行业协会发给拍卖师资格证书。

第十七条　拍卖行业协会是依法成立的社会团体法人，是拍卖业的自律性组织。拍卖行业协会依照本法并根据章程，对拍卖企业和拍卖师进行监督。

第十八条　拍卖人有权要求委托人说明拍卖标的的来源和瑕疵。

拍卖人应当向竞买人说明拍卖标的的瑕疵。

第十九条　拍卖人对委托人交付拍卖的物品负有保管义务。

第二十条　拍卖人接受委托后，未经委托人同意，不得委托其他拍卖人拍卖。

第二十一条　委托人、买受人要求对其身份保密的，拍卖人应当为其保密。

第二十二条　拍卖人及其工作人员不得以竞买人的身份参与自己组织的拍卖活动，并不得委托他人代为竞买。

第二十三条　拍卖人不得在自己组织的拍卖活动中拍卖自己的物品或者财产权利。

第二十四条　拍卖成交后，拍卖人应当按照约定向委托人交付拍卖标的的价款，并按照约定将拍卖标的移交给买受人。

第二节　委托人

第二十五条　委托人是指委托拍卖人拍卖物品或者财产权利的公民、法人或者其他组织。

第二十六条　委托人可以自行办理委托拍卖手续，也可以由其代理人代为办理委托拍卖手续。

第二十七条　委托人应当向拍卖人说明拍卖标的的来源和瑕疵。

第二十八条　委托人有权确定拍卖标的的保留价并要求拍卖人保密。

拍卖国有资产，依照法律或者按照国务院规定需要评估的，应当经依法设立的评估机构评估，并根据评估结果确定拍卖标的的保留价。

第二十九条　委托人在拍卖开始前可以撤回拍卖标的。委托人撤回拍卖标的的，应当向拍卖人支付约定的费用；未作约定的，应当向拍卖人支付为拍卖支出的合理费用。

第三十条　委托人不得参与竞买，也不得委托他人代为竞买。

第三十一条　按照约定由委托人移交拍卖标的的，拍卖成交后，委托人应当将拍卖标的移交给买受人。

第三节 竞买人

第三十二条 竞买人是指参加竞购拍卖标的的公民、法人或者其他组织。

第三十三条 法律、行政法规对拍卖标的的买卖条件有规定的，竞买人应当具备规定的条件。

第三十四条 竞买人可以自行参加竞买，也可以委托其代理人参加竞买。

第三十五条 竞买人有权了解拍卖标的的瑕疵，有权查验拍卖标的和查阅有关拍卖资料。

第三十六条 竞买人一经应价，不得撤回，当其他竞买人有更高应价时，其应价即丧失约束力。

第三十七条 竞买人之间、竞买人与拍卖人之间不得恶意串通，损害他人利益。

第四节 买受人

第三十八条 买受人是指以最高应价购得拍卖标的的竞买人。

第三十九条 买受人应当按照约定支付拍卖标的的价款，未按照约定支付价款的，应当承担违约责任，或者由拍卖人征得委托人的同意，将拍卖标的再行拍卖。拍卖标的再行拍卖的，原买受人应当支付第一次拍卖中本人及委托人应当支付的佣金。再行拍卖的价款低于原拍卖价款的，原买受人应当补足差额。

第四十条 买受人未能按照约定取得拍卖标的的，有权要求拍卖人或者委托人承担违约责任。买受人未按照约定受领拍卖标的的，应当支付由此产生的保管费用。

第四章 拍卖程序

第一节 拍卖委托

第四十一条 委托人委托拍卖物品或者财产权利，应当提供身份证明和拍卖人要求提供的拍卖标的的所有权证明或者依法可以处分拍卖标的的证明及其他资料。

第四十二条 拍卖人应当对委托人提供的有关文件、资料进行核实。拍卖人接受委托的，应当与委托人签订书面委托拍卖合同。

第四十三条 拍卖人认为需要对拍卖标的进行鉴定的，可以进行鉴定。

鉴定结论与委托拍卖合同载明的拍卖标的的状况不相符的，拍卖人有权要求变更或者解除合同。

第四十四条 委托拍卖合同应当载明以下事项：

（一）委托人、拍卖人的姓名或者名称、住所；

（二）拍卖标的的名称、规格、数量、质量；

（三）委托人提出的保留价；

（四）拍卖的时间、地点；

（五）拍卖标的的交付或者转移的时间、方式；

（六）佣金及其支付的方式、期限；

（七）价款的支付方式、期限；

（八）违约责任；

（九）双方约定的其他事项。

第二节 拍卖公告与展示

第四十五条 拍卖人应当于拍卖日七日前发布拍卖公告。

第四十六条 拍卖公告应当载明下列事项：

（一）拍卖的时间、地点；

（二）拍卖标的；

（三）拍卖标的展示时间、地点；

（四）参与竞买应当办理的手续；

（五）需要公告的其他事项。

第四十七条 拍卖公告应当通过报纸或者其他新闻媒介发布。

第四十八条 拍卖人应当在拍卖前展示拍卖标的，并提供查看拍卖标的的条件及有关资料。拍卖标的的展示时间不得少于两日。

第三节 拍卖的实施

第四十九条 拍卖师应当于拍卖前宣布拍卖规则和注意事项。

第五十条 拍卖标的无保留价的，拍卖师应当在拍卖前予以说明。

拍卖标的有保留价的，竞买人的最高应价未达到保留价时，该应价不发生效力，拍卖师应当停止拍卖标的的拍卖。

第五十一条 竞买人的最高应价经拍卖师落槌或者以其他公开表示买定的方式确认后，拍卖成交。

第五十二条　拍卖成交后，买受人和拍卖人应当签署成交确认书。

第五十三条　拍卖人进行拍卖时，应当制作拍卖笔录。拍卖笔录应当由拍卖师、记录人签名；拍卖成交的，还应当由买受人签名。

第五十四条　拍卖人应当妥善保管有关业务经营活动的完整账簿、拍卖笔录和其他有关资料。前款规定的账簿、拍卖笔录和其他有关资料的保管期限，自委托拍卖合同终止之日起计算，不得少于五年。

第五十五条　拍卖标的需要依法办理证照变更、产权过户手续的，委托人、买受人应当持拍卖人出具的成交证明和有关材料，向有关行政管理机关办理手续。

第四节　佣金

第五十六条　委托人、买受人可以与拍卖人约定佣金的比例。

委托人、买受人与拍卖人对佣金比例未作约定，拍卖成交的，拍卖人可以向委托人、买受人各收取不超过拍卖成交价百分之五的佣金。收取佣金的比例按照同拍卖成交价成反比的原则确定。

拍卖未成交的，拍卖人可以向委托人收取约定的费用；未作约定的，可以向委托人收取为拍卖支出的合理费用。

第五十七条　拍卖本法第九条规定的物品成交的，拍卖人可以向买受人收取不超过拍卖成交价百分之五的佣金。收取佣金的比例按照同拍卖成交价成反比的原则确定。拍卖未成交的，适用本法第五十六条第三款的规定。

第五章　法律责任

第五十八条　委托人违反本法第六条的规定，委托拍卖其没有所有权或者依法不得处分的物品或者财产权利的，应当依法承担责任。拍卖人明知委托人对拍卖的物品或者财产权利没有所有权或者依法不得处分的，应当承担连带责任。

第五十九条　国家机关违反本法第九条的规定，将应当委托财产所在地的省、自治区、直辖市的人民政府或者设区的市级人民政府指定的拍卖人拍卖的物品擅自处理的，对负有直接责任的主管人员和其他直接责任人员依法给予行政处分，给国家造成损失的，还应当承担赔偿责任。

第六十条　违反本法第十一条的规定，未经许可登记设立拍卖企业的，由工商行政管理部门予以取缔，没收违法所得，并可以处违法所得一倍以上五倍以下的罚款。

第六十一条 拍卖人、委托人违反本法第十八条第二款、第二十七条的规定，未说明拍卖标的的瑕疵，给买受人造成损害的，买受人有权向拍卖人要求赔偿；属于委托人责任的，拍卖人有权向委托人追偿。拍卖人、委托人在拍卖前声明不能保证拍卖标的的真伪或者品质的，不承担瑕疵担保责任。因拍卖标的存在瑕疵未声明的，请求赔偿的诉讼时效期间为一年，自当事人知道或者应当知道权利受到损害之日起计算。

因拍卖标的存在缺陷造成人身、财产损害请求赔偿的诉讼时效期间，适用《中华人民共和国产品质量法》和其他法律的有关规定。

第六十二条 拍卖人及其工作人员违反本法第二十二条的规定，参与竞买或者委托他人代为竞买的，由工商行政管理部门对拍卖人给予警告，可以处拍卖佣金一倍以上五倍以下的罚款；情节严重的，吊销营业执照。

第六十三条 违反本法第二十三条的规定，拍卖人在自己组织的拍卖活动中拍卖自己的物品或者财产权利的，由工商行政管理部门没收拍卖所得。

第六十四条 违反本法第三十条的规定，委托人参与竞买或者委托他人代为竞买的，工商行政管理部门可以对委托人处拍卖成交价百分之三十以下的罚款。

第六十五条 违反本法第三十七条的规定，竞买人之间、竞买人与拍卖人之间恶意串通，给他人造成损害的，拍卖无效，应当依法承担赔偿责任。由工商行政管理部门对参与恶意串通的竞买人处最高应价百分之十以上百分之三十以下的罚款；对参与恶意串通的拍卖人处最高应价百分之十以上百分之五十以下的罚款。

第六十六条 违反本法第四章第四节关于佣金比例的规定收取佣金的，拍卖人应当将超收部分返还委托人、买受人。物价管理部门可以对拍卖人处拍卖佣金一倍以上五倍以下的罚款。

第六章　附则

第六十七条 外国人、外国企业和组织在中华人民共和国境内委托拍卖或者参加竞买的，适用本法。

第六十八条 本法施行前设立的拍卖企业，不具备本法规定的条件的，应当在规定的期限内达到本法规定的条件；逾期未达到本法规定的条件的，由工商行政管理部门注销登记，收缴营业执照。具体实施办法由国务院另行规定。

第六十九条 本法自 1997 年 1 月 1 日起施行。

文物拍卖管理暂行规定

（2003 年 6 月 19 日国家文物局第二十一次局长办公会议审议通过）

第一条　为加强对文物拍卖的规范管理，保护祖国历史文化遗产，根据《中华人民共和国文物保护法》、《中华人民共和国拍卖法》和《中华人民共和国文物保护法实施条例》等有关法律法规，制定本规定。

第二条　以下列物品为拍卖标的的拍卖活动，适用本规定：

（1）1949 年以前的各种艺术品、工艺美术品；

（2）1949 年以前的文献资料以及具有历史、艺术、科学价值的手稿和图书资料；

（3）1949 年以前，反映各民族社会制度、社会生产、社会生活的代表性实物；

（4）1949 年以后，与重大历史事件、革命运动或者著名人物有关的，具有重要纪念意义、教育意义或者史料价值的实物；

（5）1949 年以后，国家文物局公布的列入限制出境范围的中国已故著名书画家作品。

第三条　依法设立的拍卖企业从事本规定第二条所列文物拍卖活动的（以下称文物拍卖企业），须经所在地的省、自治区、直辖市文物行政部门审核同意后，向国家文物局申请文物拍卖许可证。

第四条　申请文物拍卖许可证时，应当提供下列材料：

（1）拍卖企业设立时，所在地的省、自治区、直辖市拍卖行业管理部门的审核许可文件和工商行政管理部门颁发的营业执照复印件；

（2）注册资本的验资证明；

（3）5 名以上取得高级文物博物专业技术职务的文物拍卖专业人员的资格证明材料；

（4）所在地的省、自治区、直辖市文物行政部门的审核意见。

第五条　国家文物局应当自收到申请之日起 30 个工作日内作出批准或者不批准的决定。决定批准的，发给文物拍卖许可证；决定不批准的，应当书面通知当事人并说明理由。文物拍卖许可证不得出租、出借或转让。

第六条　从事文物拍卖的专业人员应当符合下列条件并取得文物拍卖专业人员资格：

（1）熟知国家文物保护的法律、法规和规章；

（2）具备一定的文物保护知识和鉴定能力；

（3）具备一定的文物拍卖运作知识和能力。

第七条　文物拍卖专业人员资格由国家文物局认定。经认定合格的，发给文物拍卖专业人员资格证书。

第八条　国家文物局对取得文物拍卖许可证的拍卖企业和取得文物拍卖专业人员资格证书的人员进行年审。

第九条　文物拍卖企业应当在每年三月底之前向所在地的省、自治区、直辖市人民政府文物行政部门报送年审表。

省、自治区、直辖市人民政府文物行政部门根据企业经营情况和文物拍卖专业人员从业情况提出初审意见后报国家文物局；国家文物局作出合格或者不合格的年审结论，并发布公告。

第十条　文物拍卖企业拍卖的文物，在拍卖前必须经所在地的省、自治区、直辖市人民政府文物行政部门审核。

省、自治区、直辖市人民政府文物行政部门审核拍卖标的时应当征求有关文物专业机构或专家意见。不能形成一致意见的，应当报国家文物局审核。

文物行政部门不负责对文物拍卖标的出具真伪鉴别证明或价格评估证明。

参加文物拍卖标的审核的专家，不得在文物拍卖企业任职。

第十一条　省、自治区、直辖市人民政府文物行政部门应当在拍卖公告发布日 15 日前将拍卖标的资料及审核意见报国家文物局备案。

第十二条　下列文物不得作为文物拍卖标的：

（1）依照法律应当上交国家的中国境内出土的文物；

（2）依照法律应当移交文物行政部门的文物，包括国家各级执法部门在查处违法犯罪活动中依法没收、追缴的文物；

（3）银行、冶炼厂、造纸厂以及废旧物资回收单位拣选的文物；

（4）国有文物收藏单位以及其他国家机关、部队和国有企业、事业组织等收藏、保管的文物；

（5）国有文物购销经营单位收存的珍贵文物；

（6）非国有馆藏珍贵文物；

（7）物主处分权有争议的文物；

（8）其他依法律法规规定不得流通的文物。

第十三条　文物拍卖企业为使竞买人了解文物拍卖标的是否准许携运出境，可事先征求文物进出境审核机构意见。买受人如将文物携运出境，须依法另行办理文物出境审核手续。

第十四条　文物拍卖企业在境外征集的文物拍卖标的，携运入境时，应向海关申报，经海关将文物加封后，交由当事人报文物进出境审核机构办理临时进境手续。

临时进境文物在境内的滞留期一般不超过十二个月，如有特殊需要，应当办理延期手续，延期不得超过六个月。

第十五条　来自境外的文物拍卖标的的拍卖成交后需要出境时，符合下列情形之一的，按国家有关私人携带文物出境的规定办理手续：

（1）买受人为境内公民或法人的；

（2）在境内滞留时间超过本办法第十四条规定的期限的。

第十六条　国家对文物拍卖企业拍卖的珍贵文物拥有优先购买权。

国家文物局和省、自治区、直辖市文物行政部门可以要求拍卖企业对拍卖标的中具有特别重要历史、科学、艺术价值的文物定向拍卖，竞买人范围限于国有文物收藏单位。

第十七条　文物拍卖企业应当在文物拍卖活动结束后 30 天内，按照《中华人民共和国文物保护法实施条例》第四十三条第一款规定的内容，将该次文物拍卖记录报所在地的省、自治区、直辖市文物行政部门备案。

国家优先购买的文物的拍卖记录，由省、自治区、直辖市文物行政部门报国家文物局备案。

第十八条　文物拍卖企业未经省、自治区、直辖市文物行政部门批准，不得利用互联网举行文物拍卖活动。经批准可以利用互联网举行文物拍卖活动的文物拍卖企业，在开展文物拍卖活动时，应当遵守本规定的规定。

第十九条　文物拍卖企业违反本规定的，由文物行政部门责令改正。情节严重的，由原发证机关吊销许可证书。

第二十条　本规定自发布之日起实施。

文物藏品定级标准

（文化部令第 19 号 2001 年 4 月 5 日文化部部务会议通过）

根据《中华人民共和国文物保护法》和《中华人民共和国文物保护法实施条例》的有关规定，特制定本标准。

文物藏品分为珍贵文物和一般文物。珍贵文物分为一、二、三级。具有特别重要历史、艺术、科学价值的代表性文物为一级文物；具有重要历史、艺术、科学价值的为二级文物；具有比较重要历史、艺术、科学价值的为三级文物。具有一定历史、艺术、科学价值的为一般文物。

一、一级文物定级标准

（一）反映中国各个历史时期的生产关系及其经济制度、政治制度，以及有关社会历史发展的特别重要的代表性文物；

（二）反映历代生产力的发展、生产技术的进步和科学发明创造的特别重要的代表性文物；

（三）反映各民族社会历史发展和促进民族团结、维护祖国统一的特别重要的代表性文物；

（四）反映历代劳动人民反抗剥削、压迫和著名起义领袖的特别重要的代表性文物；

（五）反映历代中外关系和在政治、经济、军事、科技、教育、文化、艺术、宗教、卫生、体育等方面相互交流的特别重要的代表性文物；

（六）反映中华民族抗御外侮，反抗侵略的历史事件和重要历史人物的特别重要的代表性文物；

（七）反映历代著名的思想家、政治家、军事家、科学家、发明家、教育家、文学家、艺术家等特别重要的代表性文物，著名工匠的特别重要的代表性作品；

（八）反映各民族生活习俗、文化艺术、工艺美术、宗教信仰的具有特别重要价值的代表性文物；

（九）中国古旧图书中具有特别重要价值的代表性的善本；

（十）反映有关国际共产主义运动中的重大事件和杰出领袖人物的革命实

践活动，以及为中国革命做出重大贡献的国际主义战士的特别重要的代表性文物；

（十一）与中国近代（1840～1949年）历史上的重大事件、重要人物、著名烈士、著名英雄模范有关的特别重要的代表性文物；

（十二）与中华人民共和国成立以来的重大历史事件、重大建设成就、重要领袖人物、著名烈士、著名英雄模范有关的特别重要的代表性文物；

（十三）与中国共产党和近代其他各党派、团体的重大事件，重要人物、爱国侨胞及其他社会知名人士有关的特别重要的代表性文物；

（十四）其他具有特别重要历史、艺术、科学价值的代表性文物。

二、二级文物定级标准

（一）反映中国各个历史时期的生产力和生产关系及其经济制度、政治制度，以及有关社会历史发展的具有重要价值的文物；

（二）反映一个地区、一个民族或某一个时代的具有重要价值的文物；

（三）反映某一历史人物、历史事件或对研究某一历史问题有重要价值的文物；

（四）反映某种考古学文化类型和文化特征，能说明某一历史问题的成组文物；

（五）历史、艺术、科学价值一般，但材质贵重的文物；

（六）反映各地区、各民族的重要民俗文物；

（七）历代著名艺术家或著名工匠的重要作品；

（八）古旧图书中有具有重要价值的善本；

（九）反映中国近代（1840～1949年）历史上的重大事件、重要人物、著名烈士、著名英雄模范的具有重要价值的文物；

（十）反映中华人民共和国成立以来的重大历史事件、重大建设成就、重要领袖人物、著名烈士、著名英雄模范的具有重要价值的文物；

（十一）反映中国共产党和近代其他各党派、团体的重大事件，重要人物、爱国侨胞及其他社会知名人士的具有重要价值的文物；

（十二）其他具有重要历史、艺术、科学价值的文物。

三、三级文物定级标准

（一）反映中国各个历史时期的生产力和生产关系及其经济制度、政治制度，以及有关社会历史发展的比较重要的文物；

（二）反映一个地区、一个民族或某一时代的具有比较重要价值的文物；

（三）反映某一历史事件或人物，对研究某一历史问题有比较重要价值的文物；

（四）反映某种考古学文化类型和文化特征的具有比较重要价值的文物；

（五）具有比较重要价值的民族、民俗文物；

（六）某一历史时期艺术水平和工艺水平较高，但有损伤的作品；

（七）古旧图书中具有比较重要价值的善本；

（八）反映中国近代（1840～1949年）历史上的重大事件、重要人物、著名烈士、著名英雄模范的具有比较重要价值的文物；

（九）反映中华人民共和国成立以来的重大历史事件、重大建设成就、重要领袖人物、著名烈士、著名英雄模范的具有比较重要价值的文物；

（十）反映中国共产党和近代其他各党派、团体的重大事件，重要人物、爱国侨胞及其他社会知名人士的具有比较重要价值的文物；

（十一）其他具有比较重要的历史、艺术、科学价值的文物。

四、一般文物定级标准

（一）反映中国各个历史时期的生产力和生产关系及其经济制度、政治制度，以及有关社会历史发展的具有一定价值的文物；

（二）具有一定价值的民族、民俗文物；

（三）反映某一历史事件、历史人物，具有一定价值的文物；

（四）具有一定价值的古旧图书、资料等；

（五）具有一定价值的历代生产、生活用具等；

（六）具有一定价值的历代艺术品、工艺品等；

（七）其他具有一定历史、艺术、科学价值的文物。

附：一级文物定级标准举例

一、玉、石器　时代确切，质地优良，在艺术上和工艺上有特色和有特别重要价值的；有确切出土地点，有刻文、铭记、款识或其他重要特征，可作为断代标准的；有明显地方特点，能代表考古学一种文化类型、一个地区或作坊杰出成就的；能反映某一时代风格和艺术水平的有关民族关系和中外关系的代表作。

二、陶器　代表考古学某一文化类型，其造型和纹饰具有特别重要价值的；有确切出土地点可作为断代标准的；三彩作品中造型优美、色彩艳丽、具有特别重要价值的；紫砂器中，器形完美，出于古代与近代名家之手的代表性作品。

三、**瓷器** 时代确切,在艺术上或工艺上有特别重要价值的;在纪年或确切出土地点可作为断代标准的;造型、纹饰、釉色等能反映时代风格和浓郁民族色彩的;有文献记载的名瓷、历代官窑及民窑的代表作。

四、**铜器** 造型、纹饰精美,能代表某个时期工艺铸造技术水平的;有确切出土地点可作为断代标准的;铭文反映重大历史事件、重要历史人物的或书法艺术水平高的;在工艺发展史上具有特别重要价值的。

五、**铁器** 在中国冶铸、锻造史上,占有特别重要地位的钢铁制品;有明确出土地点和特别重要价值的铁质文物;有铭文或错金银、镶嵌等精湛工艺的古代器具;历代名人所用,或与重大历史事件有直接联系的铁制历史遗物。

六、**金银器** 工艺水平高超,造型或纹饰十分精美,具有特别重要价值的;年代、地点确切或有名款,可作断代标准的金银制品。

七、**漆器** 代表某一历史时期典型工艺品种和特点的;造型、纹饰、雕工工艺水平高超的;著名工匠的代表作。

八、**雕塑** 造型优美、时代确切,或有题记款识,具有鲜明时代特点和艺术风格的金属、玉、石、木、泥和陶瓷、髹漆、牙骨等各种质地的、具有特别重要价值的雕塑作品。

九、**石刻砖瓦** 时代较早,有代表性的石刻;刻有年款或物主铭记可作为断代标准的造像碑;能直接反映社会生产、生活,神态生动、造型优美的石雕;技法精巧、内容丰富的画像石;有重大史料价值或艺术价值的碑碣墓志;文字或纹饰精美,历史、艺术价值特别重要的砖瓦。

十、**书法绘画** 元代以前比较完整的书画;唐代以前首尾齐全有年款的写本;宋代以前经卷中有作者或纪年且书法水平较高的;宋、元时代有名款或虽无名款而艺术水平较高的;具有特别重要价值的历代名人手迹;明清以来特别重要艺术流派或著名书画家的精品。

十一、**古砚** 时代确切,质地良好,遗存稀少的;造型与纹饰具有鲜明时代特征,工艺水平很高的端、歙等四大名砚;有确切出土地点,或流传有绪,制作精美,保存完好,可作断代标准的;历代重要历史人物使用过的或题铭价值很高的;历代著名工匠的代表作。

十二、**甲骨** 所记内容具有特别重要的史料价值,龟甲、兽骨比较完整的;所刻文字精美或具有特点,能起断代作用的。

十三、**玺印符牌** 具有特别重要价值的官私玺、印、封泥和符牌;明、清篆刻中主要流派或主要代表人物的代表作。

十四、**钱币** 在中国钱币发展史上占有特别重要地位、具有特别重要价值的历代钱币、钱范和钞版。

十五、牙骨角器 时代确切，在雕刻艺术史上具有特别重要价值的；反映民族工艺特点和工艺发展史的；各个时期著名工匠或艺术家代表作，以及历史久远的象牙制品。

十六、竹木雕 时代确切，具有特别重要价值，在竹木雕工艺史上有独特风格，可作为断代标准的；制作精巧、工艺水平极高的；著名工匠或艺术家的代表作。

十七、家具 元代以前（含元代）的木质家具及精巧冥器；明清家具中以黄花梨、紫檀、鸡翅木、铁梨、乌木等珍贵木材制作、造型优美、保存完好、工艺精良的；明清时期制作精良的髹饰家具；明清及近现代名人使用的或具有重大历史价值的家具。

十八、珐琅 时代确切，具有鲜明特点，造型、纹饰、釉色、工艺水平很高的珐琅制品。

十九、织绣 时代、产地准确的；能代表一个历史时期工艺水平的具有特别重要价值的不同织绣品种的典型实物；色彩艳丽，纹饰精美，具有典型时代特征的；著名织绣工艺家的代表作。

二十、古籍善本 元代以前的碑帖、写本、印本；明清两代著名学者、藏书家撰写或整理校订的、在某一学科领域有重要价值的稿本、抄本；在图书内容、版刻水平、纸张、印刷、装帧等方面有特色的明清印本（包括刻本、活字本、有精美版画的印本、彩色套印本）、抄本；有明清时期著名学者、藏书家批校题跋、且批校题跋内容具有重要学术资料价值的印本、抄本。

二十一、碑帖拓本 元代以前的碑帖拓本；明代整张拓片和罕见的拓本；初拓精本；原物重要且已佚失，拓本流传极少的清代或近代拓本；明清时期精拓套帖；清代及清代以前有历代名家重要题跋的拓本。

二十二、武器 在武器发展史上，能代表一个历史阶段军械水平的；在重要战役或重要事件中使用的；历代著名人物使用过的、具有特别重要价值的武器。

二十三、邮品 反映清代、民国、解放区邮政历史的、存量稀少的；中华人民共和国建国以来具有特别重要价值的邮票和邮品。

二十四、文件、宣传品 反映重大历史事件，内容重要，具有特别重要意义的正式文件或文件原稿；传单、标语、宣传画、号外、捷报；证章、奖章、纪念章等。

二十五、档案文书 从某一侧面反映社会生产关系、经济制度、政治制度和土地、人口、疆域变迁以及重大历史事件、重要历史人物事迹的历代诏谕、文告、题本、奏折、诰命、舆图、人丁黄册、田亩钱粮簿册、红白契约、文据、书札等官方档案和民间文书中，具有特别重要价值的。

二十六、名人遗物　已故中国共产党著名领袖人物、各民主党派著名领导人、著名爱国侨领、著名社会活动家的具有特别重要价值的手稿、信札、题词、题字等以及具有特别重要意义的用品。

注：二、三级文物定级标准举例可依据一级文物定级标准举例类推。

参 考 文 献

1. 奥基夫：《世界珍邮》，王安军译，人民邮电出版社 1996 年版。

2. 巴罗：《不再神圣的经济学——巴罗经济学评论集》，苏旭霞、仇焕广译，中信出版社 2003 年版。

3. 鲍文清：《启功杂忆》，中国青年出版社 2004 年版。

4. 博恩：《迈克·戴尔传》，子娅、张小君译，东方出版社 2004 年版。

5. 波特：《国家竞争优势》，李明轩、邱如美译，华夏出版社 2002 年版。

6. 曹燮文：《古董"托"演三簧，民国瓷成清代货》，载《东南早报》2005 年 11 月 6 日。

7. 常宁生：《艺术巨商——著名画商利奥·卡斯蒂里与现代艺术》，江苏美术出版社 2001 年版。

8. 陈宝定：《现代民间收藏指南》，黄山书社 2001 年版。

9. 陈伯君、胡文忠：《中国邮市忧思录》，四川文艺出版社 1992 年版。

10. 陈官忠：《浙江省民间文物收藏的现状和对策》，载《中国文物报》2006 年 1 月 4 日。

11. 陈惠雄：《快乐论》，西南财经大学出版社 1988 年版。

12. 陈璐：《一个赝品收藏爱好者的生财之道》，载《周末报》2005 年 5 月 11 日。

13. 陈明远：《文化人的经济生活》，文汇出版社 2005 年版。

14. 陈念、张男、文敏：《桃源县大批民间收藏者被拘传罚款》，载《中国商报》2003 年 3 月 27 日。

15. 成立：《京城文物市场赝品占九成》，载《燕赵都市报》2001 年 11 月 24 日。

16. 邓翔：《你的家底值多少钱？——一个电视栏目掀起的涟漪》，载《新闻周刊》2004 年 4 月 8 日。

17. 翟振明：《哲学分析示例：语言的与现象学的》，载《哲学研究》2003 年第 3 期。

18. 丁岭燕：《听古玉专家讲那段过去的玉》，载《三晋都市报》2004 年 12 月 8 日。

19. 丁肇文：《理智虚高：拷问文物艺术品拍卖市场的高价位》，载《北京晚报》2005 年 12 月 21 日。

20. 凡勃伦：《有闲阶级论——关于制度的经济学研究》，蔡受百译，商务印书馆 1964 年版。

21. 方翔：《机构的艺术品投资攻略——析英国铁路养老基金会的艺术品拍卖纪录》，载《上海证券报》2004 年 9 月 4 日。

22. 飞石：《千瓷竞妍　满室生辉——柏林夏洛特堡宫中国古瓷陈列室印象》，载《人民日报·海外版》2001 年 10 月 8 日。

23. 冯骥才：《巴黎，艺术至上》，作家出版社 2002 年版。

24. 傅旭明：《艺术品投资：当中国炒家成为主力》，载《中国经济时报》2005 年 3 月 3 日。

25. 葛元煦：《沪游杂记》，上海古籍出版社 1989 年版。

26. 郭娜：《手稿收藏家赵庆伟：一个有钱人的精神寄托》，载《三联生活周刊》2005 年第 47 期。

27. 郭润康：《集邮传真》，科学普及出版社 1995 年版。

28. 哈罗德：《凯恩斯传》，刘精香译、谭崇台校，商务印书馆 1995 年版。

29. 寒光：《谁来解除艺术品拍卖的畸形利益链条》，载《艺术市场》2005 年第 10 期。

30. 何激蓓、牟晓珀：《暗访成都"菜画作坊"》，载《蜀报》2000 年 12 月 2 日。

31. 胡慧平：《古玩市场进入"黄金时代"》，载《人民政协报》2005 年 12 月 19 日。

32. 胡劲华：《外资银行垂慕中国艺术品》，载《金融、收藏与艺术品投资》2005 年第 2 期。

33. 华特森：《名画的秘密》，载《编译参考》1999 年第 4 期。

34. 黄有光：《效率、公平与公共政策：扩大公共支出势在必行》，社会科学文献出版社 2003 年版。

35. 霍布斯鲍姆：《极端的年代》，郑明萱译，江苏人民出版社 1998 年版。

36. 江宏：《艺术与经济关系刍议》，载方全林主编《走向市场的艺术》，学林出版社 1997 年版。

37. 姜奇平：《锚定的价值取向》，载《互联网周刊》2004 年 11 月 11 日。

38. 静其：《当拍卖成为一种游戏》，载《艺术市场》2005 年第 9 期。

39. 凯恩斯：《就业、利息和货币通论》，徐毓枬译，商务印书馆 1983 年版。

40. 凯夫斯：《创意产业经济学：艺术的商业之道》，孙绯等译，新华出版社 2004 年版。

41. 拉丰、马赫蒂摩：《激励理论：委托—代理模型》（第一卷），陈志俊译，中国人民大学出版社 2002 年版。

42. 李发贵、李勇：《中国古玩辨伪》，四川大学出版社 1995 年版。

43. 李昉：《太平广记》，中国文史出版社 2003 年版。

44. 李辉主编：《黄永玉自述》，大象出版社 2004 年版。

45. 李军：《合肥古玩城赝品占八成》，载《江淮晨报》2001 年 11 月 1 日。

46. 李嘉图：《政治经济学及赋税原理》，郭大力、王亚南译，商务印书馆 1972 年版。

47. 李若菱：《泰迪熊》，河北教育出版社 2003 年版。

48. 李向民：《精神经济》，新华出版社 1999 年版。

49. 李雪梅主编：《民间收藏指南》，中国国际广播出版社 1991 年版。

50. 廖国一、覃锦清：《小古董大价钱》，漓江出版社 1994 年版。

51. 廖文伟、刘英奇：《古玩——情趣与财富共增的投资方式》，湖南科学技术出版社 2001 年版。

52. 梁红英、赵德威：《景德镇瓷器仿古作伪探秘》，载《文汇报》2000 年 9 月 5 日。

53. 梁志伟：《古玩市场还价诀窍实例》，载《收藏》2005 年第 2 期。

54. 林家治、薛亦然、姜晋、门睿：《让你价值连城——收藏家发迹的秘密》，中国经济出版社 2004 年版。

55. 林行止：《经济门楣》，社会科学文献出版社 2002 年版。

56. 林行止：《名画交易：欣赏价值重于投资回报》，载《万象》2002 年 4 第 2 期。

57. 林一平、郑鑫尧：《拍卖指南》，上海科学技术出版社 1994 年版。

58. 刘刚、刘晓琼：《艺术市场》，江西美术出版社 1998 年版。

59. 刘建伟：《谁在伤害艺术》，东方出版社 2004 年版。

60. 刘江华、王岩：《黄胄，〈守望者〉真伪引发争议》，载《北京青年报》2005 年 7 月 27 日。

61. 刘宁元：《拍卖法原理与实务》，上海人民出版社 1998 年版。

62. 刘世锋：《构建和谐诚信的艺术品市场——访文化部文化市场司副司长张新建》，载《文物天地》2005 年第 9 期。

63. 刘晓君、席西民：《拍卖理论与实务》，机械工业出版社 2001 年版。

64. 刘亚军：《打假乎？修法乎？》，载《收藏》2000 年第 11 期。

65. 刘宇：《邮购骗术大揭秘》，载《云南法制报》2003 年 11 月 6 日。

66. 洛尔：《价值再发现：走近投资大师格雷厄姆》，机械工业出版社 2000 年版。

67. 罗文华：《怎样收藏字画》，蓝天出版社 2004 年版。

68. 陆欣、强浩：《浅析"赝品"拍卖的法律问题》，载《安徽律师》2002 年第 1 期。

69. 马尔萨斯：《政治经济学原理》，厦门大学经济系翻译组译，商务印书馆 1962 年版。

70. 马广彦：《明清民窑青花瓷器的价位走势》，《收藏》2001 年第 7 期。

71. 玛吉：《战胜华尔街：成功投资的心理学与哲学》，吴溪译，机械工业出版社 2003 年版。

72. 马继东：《炎黄故土上淘金——零距离接触西安古玩市场》，载《艺术市场》2003 年第 8 期。

73. 马继东：《书画鉴定，究竟谁做主?》，载《中国文化报》2005 年 6 月 14 日。

74. 马金、朱雪利：《书画拍卖渐显理性投资氛围》，载《今日早报》2004 年 8 月 17 日。

75. 马俊、汪寿阳、黎建强：《e‑Auction：网上拍卖的理论与实务》，科学出版社 2003 年版。

76. 《资本论》第 1 卷，中共中央编译局译，人民出版社 1958 年版。

77. 《马克思恩格斯全集》第 26 卷，中共中央编译局译，人民出版社 1974 年版。

78. 马未都、王春元：《马说陶瓷》，中国青年出版社 1997 年版。

79. 麦基尔：《漫步华尔街》，骆玉鼎、彭晗译，上海财经大学出版社 2002 年版。

80. 梅楚英：《抗战选题连环画价格攀升》，载《北京青年报》2005 年 7 月 4 日。

81. 孟静：《电视热了古玩业》，载《三联生活周刊》2004 年 7 月 14 日。

82. 米勒主编：《开放的思想和社会：波普尔思想精粹 》，张之沧译，江苏人民出版社 2000 年版。

83. 米勒主编：《西洋古玩收藏指南》，胡瑞璋译，上海辞书出版社 2004 年版。

84. 牟建平：《当前书画造假"十大手段"剖析》（上），载《艺术市场》2005 年第 2 期。

85. 牟建平：《当前书画造假"十大手段"剖析》（下），载《艺术市场》2005 年第 3 期。

86. 牟晓珀：《成都"菜画"市场价格调查》，载《蜀报》2000 年 12 月 2 日。

87. 穆勒：《政治经济学原理》，赵荣潜译，商务印书馆 1991 年版。

88. 奈斯比特、阿伯丹：《2000 年大趋势：90 年代十大新趋向》，贾冠颜译，中国人民大学出版社 1991 年版。

89. 奈特：《风险、不确定性和利润》，王宇、王文玉译，中国人民大学出版社 2005 年版。

90. 派恩、吉尔摩：《体验经济》，夏业良、鲁炜等译，机械工业出版社 2002 年版。

91. 庞巴维克：《资本实证论》，陈端译，商务印书馆 1964 年版。

92. 普卢默：《大众心理与走势预测》，张海涛、赵洪清译，华夏出版社 2001 年版。

93. 忻文：《画价》，载《绍兴晚报》2005 年 8 月 1 日。

94. 秦杰：《收藏爱好者的"淘宝乐园"》，载《人民政协报》2004 年 12 月 24 日。

95. 邱勇：《现代家庭投资理财百科全书》，广东人民出版社 1997 年版。

96. 任建军：《收藏品金融化》，载《金融、收藏与艺术品投资》2004 年第 1 期。

97. 萨伊：《政治经济学概论》，陈福生、陈振骅译，商务印书馆 1963 年版。

98. 上海财经大学集邮联合会：《邮品经济学》，上海财经大学出版社 2000 年版。

99. 沈煜笠：《衰年变法，返璞归真——齐白石艺术浅议》，载齐良迟主编《齐白石艺术研究》，商务印书馆 1999 年版。

100. 司马迁：《史记》，中华书局 2000 年版。

101. 亚当·斯密:《国民财富的性质和原因的研究》,郭大力、王亚南译,商务印书馆 1972 年版。

102. 斯蒂格利茨:《经济学》,梁小民、黄险峰译,中国人民大学出版社 2000 年版。

103. 史晶楠:《民间收藏鉴定谁来规范》,载《中国文化报》2006 年 1 月 16 日。

104. 施蛰存、沈建中:《唐碑百选》,上海教育出版社 2001 年版。

105. 孙祁祥:《保险学》,北京大学出版社 1996 年版。

106. 孙轶青:《艺术品市场散论》,载《收藏》2000 年第 11 期。

107. 谭天:《从广州艺术博览会说起》,载方全林主编:《走向市场的艺术》,学林出版社 1997 年版。

108. 童曙泉:《九成假宝敲醒收藏人:谨防五种高危赝品》,载《北京日报》2005 年 6 月 3 日。

109. 托夫勒:《第三次浪潮》,朱志焱等译,新华出版社 1996 年版。

110. 汪丁丁:《在市场里交谈》,上海人民出版社 2003 年版。

111. 王孟奇:《高卧斋闲话》,载《美术报》2003 年 2 月 22 日。

112. 王玮:《关于赝品的生存哲学》,载《新世纪周刊》2005 年 8 月 8 日。

113. 王显诏:《参观第一次全国美术展览会纪略》,载《广东省二师月刊》1930 年第 5~6 期。

114. 王宗琦、许鹏:《三大怪象冷了成都收藏市场》,载《中国文化报》2005 年 8 月 5 日。

115. 魏玉光:《藏品的价格》,载《中国商报》2006 年 1 月 12 日。

116. 文先国:《收藏家:读书与眼力》,载《中国文物报》2001 年 3 月 18 日。

117. 沃森:《拍卖索斯比:一次针对国际著名拍卖公司的秘密调查行动》,张力译,内蒙古人民出版社 1999 年版。

118. 伍棠棣主编:《心理学》,人民教育出版社 2003 年版。

119. 吴醒民:《西安首届民间收藏理论研讨会反响强烈》,载《收藏》2000 年第 11 期。

120. 吴自牧:《梦粱录》,中华书局 1985 年版。

121. 萧臣:《登上收藏之巅》,载《中国收藏》2004 年第 9 期。

122. 奚恺元:《经济学发展的新方向》,中欧国际工商学院(演讲稿)

2002 年 12 月 26 日。

123. 希勒：《非理性繁荣》，廖理、范文仲、夏乐译，中国人民大学出版社 2004 年版。

124. 溪明、铁源、荣升：《实用收藏知识全书》，华龄出版社 1994 年版。

125. 西尼尔：《政治经济学大纲》，蔡受百译，商务印书馆 1977 年版。

126. 西艺：《英国古玻璃灯再创拍卖纪录》，载《晶报》2004 年 7 月 20 日。

127. 夏家新：《从 33 个废纸箱中寻"宝"》，载《经济日报》2005 年 6 月 28 日。

128. 夏叶子：《艺术品投资学》，中国水利电力出版社 2005 年版。

129. 晓涵：《收藏金融化与中国艺术品市场》，载《金融、收藏与艺术品投资》2005 年第 1 期。

130. 肖龙、汪明：《收藏投资顾问》，远方出版社 1998 年版。

131. 刑捷、汤乔：《"南谢""北徐"之争终有结论，〈张大千仿石溪山水图〉是假画》，载《扬子晚报》1999 年 1 月 14 日。

132. 许群、张乐、华灵蒂：《长三角收藏骤然升温，是涨势还是价格虚火》，载《经济参考报》2005 年 8 月 8 日。

133. 徐燕：《北京消协公布八大投诉热点，邮购投诉名列前茅》，载《人民日报》2005 年 1 月 24 日。

134. 薛求知、黄佩燕、鲁直、张晓蓉：《行为经济学——理论与应用》，复旦大学出版社 2003 年版。

135. 薛易来：《大老板赵庆伟潘家园淘宝》，载《华夏时报》2004 年 11 月 1 日。

136. 薛易来：《文化单位的废品也能淘出巨宝》，载《民营经济报》2005 年 12 月 10 日。

137. 闫文健：《赵庆伟：边缘收藏者》，载《中国乡镇企业报》2004 年 9 月 3 日。

138. 杨明旭：《大众收藏指南》，江西人民出版社 1994 年版。

139. 杨新：《我看第四次书画作伪高潮》，载《文物天地》2005 年第 2 期。

140. 尧小锋：《盘点热气灼人的 2004 年市场》（上），载《艺术市场》2004 年第 12 期。

141. 尧小锋：《启功涨？刘炳森跌？》，载《艺术市场》2005 年第 11 期。

142. 叶永青：《九十年代中国艺术市场巡礼》，载方全林主编《走向市场的艺术》，学林出版社 1997 年版。

143. 于敢勇、清然：《赝品困扰民间收藏》，载《中山日报》2005 年 3 月 14 日。

144. 玉龙：《张大千》，湖北人民出版社 2002 年版。

145. 约翰斯：《现代画廊一百年》，载方全林主编《走向市场的艺术》，学林出版社 1997 年版。

146. 詹森、马克林：《企业理论：管理者行为、代理费用与产权结构》，载盛洪主编《现代制度经济学》，北京大学出版社 2003 年版。

147. 章利国：《艺术市场调查与预测初探》，载方全林主编《走向市场的艺术》，学林出版社 1997 年版。

148. 张男：《贺岁金条及时变现还是待机收藏》，载《中国商报》2005 年 12 月 11 日。

149. 张然：《关于艺术品投资的对话》，载《市场报》2005 年 12 月 28 日。

150. 张锐：《"热钱"撞击中国》，载《决策与信息》2005 年第 8 期。

151. 张文标、肖中仁、吴伟忠、方晓：《连环画市场投资冷热谈》，载《中国商报》2004 年 4 月 5 日。

152. 张五常：《经济解释：张五常经济论文选》，易宪容等译，朱泱校，商务印书馆 2002 年版。

153. 张五常：《经济解释》，花千树出版公司 2002 年版。

154. 张五常：《经济大师考古记》，载《东亚经济评论》2005 年 12 月 15 日。

155. 张信哲：《玩物"哲"学》，新星出版社 2005 年版。

156. 张萱：《疑耀》，中华书局 1985 年版。

157. 张幼云：《论艺术接受者的趣味结构》，载方全林主编《走向市场的艺术》，学林出版社 1997 年版。

158. 张泽贤：《民国书影过眼录续集》，上海远东出版社 2006 年版。

159. 张正恒：《中国画要论》，中央民族大学出版社 1996 年版。

160. 赵汝珍编述、石山人标点：《古玩指南全编》，北京出版社 1992 年版。

161. 赵希鹄：《洞天清禄集》，中华书局 1985 年版。

162. 郑董：《与大师谈艺——大石斋唐云》，上海古籍出版社 2004 年版。

163. 诤言：《鉴定岂能当儿戏——由"珠海风波"看书画鉴定的混乱局面》，载《北京日报》2005 年 6 月 28 日。

164. 郑逸梅：《珍闻与雅玩》，北京出版社 1998 年版。

165. 周凤迟：《热门邮品今如何》，载《晚晴报》2005 年 12 月 15 日。

166. 周国梅、荆其诚：《心理学家获 2002 年诺贝尔经济学奖》，载《心理科学进展》2003 年第 1 期。

167. 周坚、费亮：《民间文物收藏几大法律问题》，载《人民政协报》2004 年 8 月 12 日。

168. 周文翰：《中国文物艺术品市场大跃进》，载《凤凰周刊》2005 年 8 月 31 日。

169. 朱浩云：《艺术品市场该不该打假》，载《国际金融报》2001 年 2 月 7 日。

170. 朱浩云：《中国第四次收藏的高潮即将来临》，载陈少能主编《中华收藏文化论文选》，香港名人出版社 2001 年版。

171. 祝君波：《朵云轩拍卖的 100 件高价书画分析》（上），载《东方经济》2003 年第 5 期。

172. 祝君波：《朵云轩拍卖的 100 件高价书画分析》（下），载《东方经济》2003 年第 7 期。

173. 朱文杰：《业余收藏乐趣多》，载《中国商报》2005 年 9 月 11 日。

174. 朱祖威主编：《中华世界邮票目录·亚洲卷》，人民邮电出版社 1993 年版。

175. R. Frank, *Luxury Fever: Why Money Fails to Satisfy in an Era of Excess*, New York: The Free Press, 1999.

176. M. Friedman, *There's No Such Thing As a Free Lunch*, La Salle, Chicago: Open Court Publishing Company, 1975.

177. M. Gee, Dealers, *Critics, and Collectors of Modern Painting: A Spects of the Parisian Art Market between* 1910 *and* 1930, New York: Garland, 1981.

178. W. Goetzmann, Accounting for Taste: Art and the Financial Markets over Three Centuries. *American Economic Review*, 1993, 83, (5): 1370 – 1376.

179. M. Goldhaber, *The Attention Economy and the Net*, http: // www. firstmonday. dk/issues/issue2 – 4/goldhaber/index. html, 1997.

180. M. Goldhaber, *Art and the Attention Economy in Real Space and Cyberspace*, http: //www. ise. deltp/english/kolumnen/gol/2241/1. html, 1997.

181. M. Goldhaber, *Attention Economics and the Productivity Paradox*, http://www.ise.deltp/english/kolumnen/gol/2695/1.html, 1997.

182. International Monetary Fund, *World Economic Outlook and International Capital Market*, Washington D. C. , 1998.

183. D. Kahneman & A. Tversky, Prospect Theory: An Analysis of Decision under Risk, *Econometrica*, 1979, 47: 263 – 291.

184. G. Keen, *Money and Art: A Study Based on the Times – Sotheby Index*, New York: Putnam, 1971.

185. R. Lane, *The Loss of Happiness in Market Democracies*, New Haven: Yale University Press, 2000.

186. G. Lang & K. Lang, Recognition and Reknown: The Survival of Artistic Reputation. *American Journal of Sociology*, 1988, 98: 79 – 109.

187. J. Mei & M. Moses, Art as an Investment and the Underperformance of Masterpieces, *American Economic Review*, 2002, 92, (5): 1656 – 1668.

188. W. Mitchell, *Business Cycles and their Causes*, Berkeley: University of California Press, 1941.

189. K. Mok, V. Woo & K. Katherina, Modern Chinese Paintings: An Investment Alternative, *Southern Economic Journal*, 1993, 59, (April): 808 – 816.

190. A. Oswald, The Hippies Were Right All Along About Happiness, *Financial Times*, 2006 – 1 – 18.

191. Reitlinger, Gerald, *The Economics of Taste: The Rise and Fall of the Picture Market* (1760 – 1960), Holt: Rinehart and Winston, 1964.

192. L. Saigol, Big Spenders Turn Gaze From Blue Chips to Blue Period, *Financial Times*, 2004 – 11 – 1.

193. A. Tversky & D. Kahneman, Loss Aversion and Riskless Choice: A Reference Dependent Model. *Quarterly Journal of Economics*, 1991, 107: 1039 – 1061.

后　记

　　周其仁说过："经济学理论——当然要好的——将助我们有如神功。"对于这句话，我一直深信不疑。当我读高中的时候，曾经在相当长的一段时间里，对政治经济学教材上的一些话感到百思而不得其解。例如，"商品的价值量是由生产商品的社会必要劳动时间决定的，商品以价值量为基础实现等价交换，其表现形式就是商品的价值决定价格，供求关系影响价格"。因为我始终想不明白，那些价值连城的收藏品的价格，怎么会是由"社会必要劳动时间"决定的呢？事实上，马克思早就在《资本论》一书中指出："那些本身没有任何价值，即不是劳动产品的东西（如土地），或者至少不能由劳动再生产的东西（如古董、某些名家的艺术品等）的价格，可以由一系列非常偶然的情况来决定。"

　　在我念大学以后，开始比较系统地学习新古典经济学。我原以为自己在高中时的这些疑惑，应该可以在新古典经济学中找到完美的答案。遗憾的是，在新古典经济学中，对于收藏品的价格问题，似乎同样从不加以深究。就我的阅读经验而言，在新古典经济学的标准教材里，唯一提到收藏品的地方，几乎总是在讲到供给的价格弹性问题时，经济学家们终于想起了收藏品这个供给无弹性的少见例子。不过，收藏品的供给真的完全没有弹性吗？那些发行量很大的 JT 邮票，还有非限量发行的招贴画的供给弹性，不就大得惊人吗？虽然我也曾经牵强附会地给过自己一些解释，但是，那些非常勉强的解释，就连我自己也难以相信。

　　正是这一系列始终困惑我的问题，促使我不断对收藏投资的相关问题进行经济学意义上的思考。到了大学四年级的时候，我曾经一度打算把毕业论文的题目锁定在收藏投资领域。可是，关于收藏投资的前期研究成果实在是凤毛麟角，以至于我最终还是不得不转而选择了风险投资方面的题目下笔。即使如此，我对收藏投资的研究兴趣依然没有减弱。记得本雅明（Benjamin）曾经说过，作家实际上是因为不满意别人写的书，才自己动笔写书的。本雅明讲的没有错。在完成毕业论文之后，我索性一不做，二不休，利用"SARS"肆虐广州，自己被"困"校园的两个多月时间，完成了我的处女作《收藏投资的理论与实务》。

尽管我可以用诸如"即使处女作的质量不高，读者也会原谅你"之类的话来安慰和搪塞自己，然而，当这本书在 2004 年 9 月由浙江大学出版社出版之后，我仍然常常感到有些忐忑不安。因为随着阅读的逐渐深入，我从穆勒、凡勃伦和凯恩斯等许多前辈大师的经典名著中受益良多。并且不断产生了一些新的想法和思路。问题是，其中的一些观点却与我在上一本书中的论述不尽相同。加尔布雷斯（Galbraith）曾经坦言："传统观点的作用在于，使我免于从事痛苦的思考工作。"我得承认，在我撰写《收藏投资的理论与实务》的时候，每当自己遇到难以解决的困难，就下意识地生搬硬套那些"传统的观点"。不过，随着时间的推移，我却不得不面对这样的事实：某些观点实在是经不起仔细推敲的。为了部分地纠正自己的错误，我利用读研究生期间的业余时间，开始对收藏投资领域的主要问题进行了一些经验研究。并且将其中的一部分阶段性成果先后发表在了《收藏》、《收藏·拍卖》、《艺术市场》、《价格月刊》、《私人理财》、《金融经济》、《金融时报》、《金融投资报》和《上海证券报》等报刊上。更为系统的阶段性成果，则是现在的这本《收藏投资学》。

正如加伯（Garber）所说："未来永远笼罩在迷雾之中，我们永远也不知道将来会发生什么事情。然而，我们必须根据我们对未来的最佳预期来配置投资资源。有时候，会出现一种令人心悦诚服的理论，这种理论允许我们比过去'更好'地看清楚未来。这就是经济研究所要做的事情。"从某种意义上讲，这实际上正是我在这本书中试图要做的事情。

最后，同时也是最重要的，我要将这本书献给我的父亲马国栋先生和母亲杨亚萍女士。我知道，自从 1999 年，我独自一人远离成都，负笈广州之后，他们便无时无刻不在牵挂着漂泊在外的游子。他们头上的白发，显然因为我这个固执、任性，甚至仍然有几分孩子气的儿子，又多生了几缕。每念及此，我的泪——就忍不住欲夺眶而出！他们一直以来对我的尊重、理解、宽容和关爱，实在是我殒身难报的！

马 健 谨 识
2006 年 2 月于成都通锦桥
2006 年 5 月于南京四牌楼